合同会社の法と実務

弁護士法人　中央総合法律事務所
オブカウンセル
京都大学名誉教授
森本　滋 編

商事法務

はしがき

　本書は、平成27年4月に刊行した『取締役会の法と実務』と平成28年11月に刊行した『募集株式発行の法と実務』に続く、『法と実務』シリーズの第三作目である。本書も、前二冊と同様、弁護士法人中央総合法律事務所の中堅・若手の弁護士と編者との10か月にわたる研究会の成果をとりまとめたものである。

　合同会社は、会社法において新たに導入された会社形態である。合同会社は、ここ数年、積極的に利用されるようになっている。しかし、合同会社法の規定の解釈に明確でない点が少なくない。また、多様な合同会社の利用形態に対応する様々なモデル定款例が提案されているが、権威ある模範定款例はなお確立していない。本書は、合同会社の利用をさらに促進する観点から、合同会社について、法と実務の両面から総合的に検討するものである。

　本書第1編「合同会社の法」第1章総論は、合同会社、非公開会社、有限責任事業組合を比較した後、理論的観点から重要な法的問題を中心に合同会社の基本的枠組みについて検討している。第2章合同会社の設立は、設立手続について登記を中心に概説し、併せて、定款の相対的記載事項全般について、定款例の検討を詳細に行っている。第3章合同会社の社員と社員の変動は、社員の資格、持分の譲渡、社員の加入・退社に係る法規定を概説し、社員に関する具体的な定款例を提示している。第4章合同会社の管理運営は、定款による柔軟な管理運営機構の選択可能性について検討した後、法人業務執行社員と会社の関係について、会社に対する責任も含めて、総合的に検討する。第5章合同会社の計算は、計算書類制度と資本制度について概説した後、利益配当と出資・持分の払戻しについて検討し、合同会社の税務についても触れている。第6章合同会社と会社の種類の変更・組織変更・組織再編行為においては、主として、合同会社と株式会社間の組織変更、さらに、合同会社と株式会社間の合併について検討されている。第7章合同会社の解散・清算は、合同会社の解散・清算の全般的な検討を行っている。

はしがき

　第2編「合同会社の実務」においては、第1編における合同会社法の全般的検討を基礎に、専門家集団の事業と合同会社（第1章）、同族会社と合同会社（第2章）、合弁事業と合同会社（第3章）、大会社の完全子会社としての合同会社（第4章）に分けて、統計データ等を参照しつつ利用実態を調査し、それぞれの合同会社にとって特徴的な定款例の定め方を検討し、各章の末尾に、定款記載例のモデルを示している。

　本書の第1の特徴は、合同会社の法理論と法解釈を扱う第1編と合同会社の実務を扱う第2編を有機的に結合して、合同会社法の理論と解釈論の精緻化を図っていることである。本書の第2の特徴は、多面的に定款記載例の検討を行っていることである。第1編の各章において、各章が取り扱う事項について、様々な角度から想定される定款記載例について検討し、それを基礎に、第2編の各章において、それぞれの利用形態に適合的な定款記載例の全体像を提案しているのである。本書の第3の特徴は、法務省資料等を引用しつつ、登記手続について詳細に記述して、実務の便宜に配慮していることである。本書が、合同会社法の解釈と合同会社の利用促進に何某か役立つことができれば望外の幸せである。

　日々多忙な弁護士業務の合間を縫って、編者の様々な注文にも適切に対応して、本書の各章の原稿を完成させた同僚弁護士に御礼申し上げる。また、引用文献や引用条文について丁寧にチェックし、貴重なアドバイスをいただいた商事法務書籍出版部の澁谷禎之氏に心から感謝申し上げる。

平成31年1月

弁護士法人中央総合法律事務所
弁護士（オブカウンセル）
森　本　　　滋
京都大学名誉教授

目　次

はしがき／i
凡　例／xii

第1編　合同会社の法

第1章　総　論 ─────────────── 2

第1節　序　説 …………………………………………………… 2
　1　合同会社の創設／2
　2　社員の自己責任と社員の利益保護／3
　3　会社債権者保護／4

第2節　合同会社と非公開会社・有限責任事業組合 …………… 5
　1　序／5
　2　法人格の有無／6
　3　有限責任性／8
　4　管理運営機構／10
　5　社員の移動／12
　6　計算等／13
　7　合同会社と有限責任事業組合のメリット・デメリット／15

第3節　合同会社の基本的枠組み ……………………………… 18
第1款　序　説 …………………………………………………… 18
第2款　設　立 …………………………………………………… 18
　1　序／18
　2　定款の作成／18
　3　出資の履行／21
　4　設立の登記／23

目　次

第3款　持分の譲渡・社員の加入・退社 ………………………………… 23
　　1　序／23
　　2　社員の新規加入／24
　　3　持分の譲渡／25
　　4　相続等による持分の一般承継／26
　　5　退　　社／27
第4款　管理運営 …………………………………………………………… 32
　　1　序／32
　　2　業務の決定／33
　　3　業務の執行・代表／34
　　4　業務執行社員の法的地位／35
　　5　業務執行社員の任務懈怠責任／38
　　6　非業務執行社員の法的地位／41
　　7　法人業務執行社員の職務執行者／42
第5款　合同会社の計算等 ………………………………………………… 44
　　1　序／44
　　2　計算書類／45
　　3　資本制度／47
　　4　利益配当・出資の払戻し／48
第6款　合同会社の解散・清算 …………………………………………… 50
　　1　解散事由／50
　　2　清　　算／50

第2章　合同会社の設立 ——————————— 53

第1節　概説——合同会社の設立手順 …………………………………… 53
第2節　定款の作成 ………………………………………………………… 55
　　1　序／55
　　2　手続的な事項／55
　　3　絶対的記載事項／56

4　相対的記載事項／61
　　5　任意的記載事項／81
　第3節　定款作成後の手続 …………………………………… 84
　　1　必要な事項の決定／84
　　2　出資の履行／85
　第4節　設立の登記 …………………………………………… 86
　　1　登記申請人／86
　　2　登記事項／86
　　3　添付書類／89
　　4　費　　用／91
　　5　登記申請書／92
　第5節　合同会社の設立無効・取消し ……………………… 97
　　1　序／97
　　2　形成の訴えとしての合同会社の設立無効・取消しの訴え／98
　　3　無効事由／99
　　4　取消事由／100
　　5　無効、取消判決の効果／101

第3章　合同会社の社員と社員の変動 ───── 102

　第1節　序　　説 ……………………………………………… 102
　第2節　社員の員数と資格 …………………………………… 103
　　1　社員の員数／103
　　2　社員の資格／104
　第3節　合同会社の社員の責任 ……………………………… 107
　第4節　持分の譲渡・質入れ・自己持分の取得の禁止 …… 109
　　1　持分の譲渡／109
　　2　自己持分の取得禁止／114
　第5節　社員の加入 …………………………………………… 114
　　1　社員の加入の態様・手続／114

2　新たに出資をして加入する場合／115
　　3　持分を譲り受けて加入する場合／116
　　4　相続または合併によって持分を承継して加入する場合／117
　　5　登　　記／121
第6節　社員の退社 …………………………………………… 123
　　1　退社事由と退社の手続／123
　　2　任意退社／128
　　3　法定退社／131
　　4　持分差押債権者の請求による退社／134
　　5　退社に伴う持分の払戻し／134

第4章　合同会社の管理運営 ── 139

第1節　序説──合同会社の管理運営機構の特色 …………… 139
第2節　定款による柔軟な管理運営機構の選択 ……………… 140
　　1　序／140
　　2　社員の意思決定に係る特則／142
第3節　定款の定めによる業務執行社員制度 ………………… 150
　　1　序／150
　　2　定款の定めによる業務執行社員制度の下における業務の決定／152
　　3　定款で定めた業務執行社員の辞任・解任／153
第4節　代表社員の選定・権限 ………………………………… 155
第5節　法人業務執行社員と職務執行者 ……………………… 157
第6節　業務執行社員と会社の関係 …………………………… 161
　　1　善管注意義務、忠実義務／161
　　2　競業の禁止／162
　　3　利益相反取引の制限／165
　　4　報酬請求権／167
第7節　業務執行社員の合同会社に対する損害賠償責任 …… 168
　　1　合同会社に対する損害賠償責任／168

2　第三者に対する損害賠償責任／171

　　3　社員に対する責任追及の訴え／172

第8節　定款において業務執行社員を定めた場合の非業務執行社員の地位 … 173

　　1　序／173

　　2　業務・財産状況の調査権／173

　　3　報告義務／174

第5章　合同会社の計算 ── 176

第1節　序　　説 … 176

　　1　合同会社の制度趣旨／176

　　2　合同会社の計算等に関する特則／177

第2節　計算書類制度 … 178

　　1　会計の原則／178

　　2　会計帳簿・計算書類の作成／178

　　3　臨時計算書類・連結計算書類／180

　　4　計算書類の確定／181

　　5　計算書類の内訳／183

　　6　計算書類の備置・閲覧等／189

第3節　資本金の額の増加・減少 … 193

　　1　資本金の額／193

　　2　出資の履行／194

　　3　資本金の額の増加／197

　　4　資本金の額の減少／199

第4節　損益の分配・利益の配当と持分の払戻し … 201

　　1　利益の配当・損益の分配に関する規律／201

　　2　利益配当規制／204

　　3　出資の払戻し／208

　　4　合同会社の社員の退社に伴う払戻し／209

第5節 補論——合同会社の税務 …………………………………… 210
1 法人税の課税／210
2 社員に対する課税／210
3 損益の分配にかかる課税／211
4 利益の配当にかかる課税／211
5 連結納税制度／212

第6章 合同会社と会社の種類の変更・組織変更・組織再編行為 — 214

第1節 序　説 ……………………………………………………… 214
1 序／214
2 持分会社の種類の変更／215

第2節 合同会社から株式会社への組織変更 ……………………… 216
1 序／216
2 手　続／217
3 登　記／224

第3節 株式会社から合同会社への組織変更 ……………………… 228
1 序／228
2 手　続／230
3 登　記／234

第4節 合同会社の合併・会社分割・株式交換 …………………… 236
1 序／236
2 合　併／237
3 会社分割／243
4 株式交換／246

第7章 合同会社の解散・清算 ——————————————— 248

第1節 序　説 ……………………………………………………… 248

第 2 節 解　　散 …………………………………………………… 249
　　1　解散事由／249
　　2　合同会社の継続／251
　　3　解散した合同会社の制限／251
　　4　定款の記載例／252
　　5　登　　記／252
第 3 節 清　　算 …………………………………………………… 255
　　1　序／255
　　2　清算人／256
　　3　財産目録および貸借対照表の作成／258
　　4　清算手続／258
　　5　清算事務の終了の社員の承認（667 条 1 項）／261
　　6　帳簿資料の保存／261
　　7　登　　記／262

第 2 編　合同会社の実務

第 1 章　専門家集団の事業と合同会社 ───────── 268

第 1 節　序 ……………………………………………………………… 268
第 2 節　専門家集団の事業の特色と定款の定め方 ……………… 270
　　1　序／270
　　2　管理運営／271
　　3　社員総会制度の下における議決権と決議方法／274
　　4　競業の制限／277
　　5　損益分配・利益配当／278
　　6　入社・持分の譲渡／280
　　7　退　　社／283

目　次

第3節　専門家集団の事業としての合同会社の具体的な活用事例 … 285
　1　士　　業／285
　2　コンサルティング会社／286
　3　第一次産業／287

第4節　定款記載例 …………………………………………………… 289

第2章　同族会社と合同会社 ── 298

第1節　序 …………………………………………………………… 298
　1　同族会社の定義／298
　2　同族会社の数・規模／298
　3　同族会社の特徴と合同会社との適合性／299

第2節　同族会社の合同会社における定款の定め方 ……………… 301
　1　序／301
　2　社員および出資／302
　3　管理運営／304
　4　損益分配・利益配当／315
　5　社員の変動（入社・持分の譲渡・退社）／319

第3節　まとめ ……………………………………………………… 327

第4節　定款記載例 ………………………………………………… 328

第3章　合弁事業と合同会社 ── 345

第1節　序　　説 …………………………………………………… 345
　1　合弁事業と合弁会社／345
　2　合弁会社の立上げ時における検討事項／346
　3　株式会社（非公開会社）形態と合同会社形態／350

第2節　株式会社形態の合弁会社の立上げ時における検討課題 … 351
　1　序／351
　2　出資割合の決定／351
　3　機関設計／352

4　業務執行者の選定／353
　　5　利益配当／353
　　6　持分の譲渡、払戻し／354
第3節　合同会社形態の合弁会社の定款例 …………………………… 355
第4節　結語──合同会社形態の合弁会社活用のメリット ……… 371
第5節　定款記載例 ……………………………………………………… 372

第4章　大会社の完全子会社としての合同会社 ── 378

第1節　序　　説 ………………………………………………………… 378
第2節　定款例の検討 …………………………………………………… 383
　　1　序／383
　　2　業務執行・代表社員／385
　　3　職務執行者の選任／387
　　4　業務執行社員・職務執行者の報酬／392
　　5　社員・職務執行者の合同会社に対する任務懈怠責任／393
　　6　計　　算／394
第3節　定款記載例 ……………………………………………………… 395

　事項索引／400
　執筆者紹介／405

凡　例

1　法令等

　各規定の内容は、特に断りのない限り、平成30年9月1日現在の内容に基づく。ただし、民法については平成29年5月26日成立「民法の一部を改正する法律」改正後の条項を参照する。

　改正時点を明らかにするため必要な場合は、法律名に、「平成26年改正前」などの語を付して表示している。また、旧仮名の条文を引用する際は、読みやすさを考慮し、ひらがな等へ置き換えて表示している。

　本文中、条文番号のみを示している場合は会社法を意味し、他には主に下記の略称を用いる。

略称	正式名称
平成26年改正会社法	会社法の一部を改正する法律（平成26年6月27日法律第90号）
平成17年改正前商法	平成17年7月26日法律第87号による改正前の商法（明治32年3月9日法律第48号）
会社法整備法	会社法の施行に伴う関係法律の整備等に関する法律（平成17年7月26日法律第87号）
施行規則	会社法施行規則（平成18年2月7日法務省令第12号）
計算規則	会社計算規則（平成18年2月7日法務省令第13号）
民訴法	民事訴訟法（平成8年6月26日法律第109号）
LLP法	有限責任事業組合契約に関する法律（平成17年5月6日法律第40号）
LLP法施行令	有限責任事業組合契約に関する法律施行令（平成17年7月29日政令第269号）
LLP法施行規則	有限責任事業組合契約に関する法律施行規則（平成17年経済産業省令第74号）
商登法	商業登記法（昭和38年7月9日法律第125号）
商登則	商業登記規則（昭和39年3月11日法務省令第23号）
登税法	登録免許税法（昭和42年6月12日法律第35号）

2 文献等

正式名称のほか、以下の略語を用いる。

〔文献略語〕

相澤哲編著・一問一答 新・会社法〔改訂版〕（商事法務、2009）
相澤哲編著・立案担当者による新・会社法の解説（別冊商事法務295号）（商事法務、2006）
相澤哲編著・立案担当者による新会社法関係法務省令の解説（別冊商事法務300号）（商事法務、2006）
相澤哲ほか編著・論点解説 新会社法（商事法務、2006）
上柳克郎ほか編集代表・新版注釈会社法（〇）（有斐閣、1985〜2000）
江頭憲治郎・株式会社法〔第7版〕（有斐閣、2017）
江頭憲治郎編著・合同会社のモデル定款——利用目的別8類型（商事法務、2016）
江頭憲治郎＝中村直人編・論点体系 会社法（〇）（第一法規、2012・2015）
江頭憲治郎＝森本滋編集代表・会社法コンメンタール（〇）（商事法務、2008〜2018）
江頭憲治郎＝門口正人編・会社法大系（〇）（青林書院、2008）
江頭憲治郎・「「会社法制の現代化に関する要綱案」の解説（Ⅷ・完）」旬刊商事法務1729号（2005）
江頭憲治郎・「合同会社制度のメリット」門口正人判事退官記念・新しい時代の民事司法（商事法務、2011）
江頭憲治郎ほか・「〔座談会〕合同会社等の実態と課題（上）・（下）」旬刊商事法務1944号、1945号（2011）
大杉謙一・「新しい事業組織形態（日本版ＬＬＣ）の構想［Ⅰ］」旬刊商事法務1648号（2002）
大杉謙一・「持分会社・民法組合の法律問題」岩原紳作＝山下友信＝神田秀樹編集代表・会社・金融・法［上巻］（商事法務、2013）
太田達也・合同会社の法務・税務と活用事例（税務研究会出版局、2014）
小川秀樹＝相澤哲編著・通達準拠 会社法と商業登記（金融財政事情研究会、2008）
奥島孝康＝落合誠一＝浜田道代編・新基本法コンメンタール会社法（3）〔第2版〕（日本評論社、2015）
筧康生＝神﨑満治郎＝立花宣男編集代表・詳解商業登記（下）〔全訂第2版〕（金融

凡 例

財政事情研究会、2015）
神崎満治郎・「合同会社」設立・運営のすべて（中央経済社、2014）
酒井恒雄＝野入美和子・「「そこから先」を知るための定款対談──合同会社編第○回」登記情報664号〜673号（2017）
酒巻俊雄＝龍田節編集代表・逐条解説会社法（○）（中央経済社、2008〜2016）
宍戸善一編・ベンチャー企業の法務・財務戦略（商事法務、2010）
宍戸善一・「合弁合同会社」前田重行先生古稀記念・企業法・金融法の新潮流（商事法務、2013）
宍戸善一・「合名会社・合資会社・日本版ＬＬＣ」ジュリスト1267号（2004）
宍戸善一・「持分会社」ジュリスト1295号（2005）
清水建成＝近藤陽子・「合弁事業の法形態選択」現代企業法研究会編・企業間提携契約の理論と実務（判例タイムズ社、2012）
商事法務編・会社法施行に伴う商業登記関係通達・登記記録例（別冊商事法務297号）（商事法務、2006）
棚橋元・「新しい企業形態──合同会社・有限責任事業組合・投資事業有限責任組合」江頭憲治郎編・株式会社法体系（有斐閣、2013）
中村信夫・「合同会社制度と法制上の問題」法律のひろば2016年8月号
仲谷栄一郎＝田中良・「合同会社の定款」資料版商事法務350号（2013）
新家寛＝桑田智昭・「合同会社の活用に際しての留意点」資料版商事法務344号（2012）
松井信憲・商業登記ハンドブック〔第3版〕（商事法務、2015）
弥永真生・コンメンタール会社計算規則・商法施行規則〔第3版〕（商事法務、2017）
蒔田英人編著・合同会社の法制度と税制〔第2版〕（税務経理協会、2015）
和仁亮裕＝遠藤聖志・「合同会社」新しい会社法制の理論と実務（別冊金融・商事判例）（経済法令研究会、2006）

〔雑誌等の略語〕

民商……民商法雑誌
ジュリ……ジュリスト
法教……法学教室
法時……法律時報
商事……旬刊商事法務

金法……金融法務事情

3 判例等

年月日・出典の示し方は、以下のとおりである。
最判昭和 48・5・22 民集 27 巻 5 号 655 頁
　……最高裁昭和 48 年 5 月 22 日判決最高裁判所民事判例集 27 巻 5 号 655 頁

〔判例集略語〕

民集……最高裁判所民事判例集
刑集……最高裁判所刑事判例集
判時……判例時報
判タ……判例タイムズ
金法……金融法務事情
金判……金融・商事判例

第1編

合同会社の法

第1編　合同会社の法

第1章　総　論

第1節　序　説

1　合同会社の創設

　会社法は、アメリカのLLC（Limited Liability Company）をモデルに、自由な企業の内部設計を可能にする企業形態として、合同会社を創設した。合同会社について、当初、構成員が物的資本と人的資本の両方を拠出することに配慮して、利益と支配の分配において個別の調整が必要となるような、①ジョイント・ベンチャー（合弁事業）型、②ベンチャー・ビジネス型、③専門家集団型、および、④投資ファンド型の4つの類型による利用が想定されていた[1]。しかし、現実に主として利用されているのは、外資系子会社のほか、一般消費者を顧客とする小規模企業（法人成り企業）や資産流動化の受け皿のようである[2]。これらは、設立・運営コストが低いことがメリットとされている。

　合同会社は、会社の内部関係については組合的規律を採用しつつ[3]、社員の全てが有限責任を享受する会社形態（営利社団法人）であり、持分会社の

---

(1)　宍戸・日本版LLC33頁。
(2)　江頭編著・モデル定款2頁〜10頁。再生エネルギー事業の受け皿のほか、資産管理会社としても利用されているが、合同会社の利用は多くはないようである。ベンチャー企業においては、自由に利益配分等を行うことがメリットとされているが、課税上の懸念からこのメリットが現実化しないようである（これについて本書203頁参照）。投資ファンドについてはパススルー課税が認められないこと（二重課税問題）がその原因と考えられている。
(3)　立案担当者は、組合的規律とは、原則として全員一致で定款の変更その他の会社の在り方が決定され、社員自らが会社の業務の執行に当たる規律としている（一問一答175頁）。

一類型として規制されている（持分単一主義・持分不均一主義・定款自治の最大限の尊重）。合同会社制度を一言で説明すると、①設立費用が安く、簡易迅速に設立でき、②会社の内部的規律について最大限に定款自治を認めて迅速な意思決定と機動的な経営を可能にし、③会社成立後の運営コストも安い、④社員有限責任の会社形態である。

合同会社においては、株主総会や取締役・取締役会はなく、迅速な意思決定と機動性の高い経営ができる。計算書類の公告義務はなく、大規模会社にも、会計監査人の設置や内部統制システム整備義務はない。法人も業務執行社員・代表社員になることができる。このほか、合同会社は、株式会社と異なり、会社更生法の適用はない（同法2条1項）。これは、担保権が更生担保権とならないことを意味し、仕組み案件等においてメリットになると指摘されている[4]。

なお、社員は、そのニーズに適合するように、定款において自由に取り決めをすることができるが、これは、定款作成について高度の専門的知識が必要となることを意味し、それがこの制度利用の阻害要因ともなると指摘されている[5]。

2 社員の自己責任と社員の利益保護

会社法は、合同会社について1つのモデルを提示するにすぎない。事業の実施の円滑化を図るために、共同事業を行う当事者間において当該事業に伴う利害状況に最適なルールを自由に設定することが合同会社における基本的な立法政策とされ、株式会社のように、会社をめぐる利害関係者の利益を保護するための規制は積極的には設けられていないと説明されている[6]。組合

---

[4] 棚橋・企業形態623頁。このほか、江頭ほか・座談会（上）8頁［新家寛］参照。
[5] 近時、様々なモデル定款例が提示されている。江頭編著・モデル定款は、8類型のモデル定款を提示し、仲谷＝田中・定款は、証券化・流動化と外資系子会社に特化した定款例を提示する。神﨑・設立・運営の全てにおいても、5類型の定款例が掲載されている。このほか、登記情報664号～673号掲載の酒井＝野入・定款対談の定款例参照。

的規律による企業経営の機動性を重視し、社員の利益保護は自己責任原則に委ねられるのである。

　合同会社においては、当該会社の設立目的と規模、さらに、社員の員数・属性等に配慮して、それに適合的な定款規定を設けることにより、社員の利害を調整しつつ、その事業の実施の円滑化を図ることが求められるが、定款において、管理運営機構や社員の権利をどのように定めるかによって、合同会社の性格は大きく変わる。合同会社の設立に際して、さらに、会社成立後に合同会社に参加しようとする者は、定款内容を十分に吟味して社員となるかどうか判断しなければならない。これまで一人合同会社が多いためか、あまり顕在化していないが、多数の者が参加する合同会社において、法的知識や交渉能力が脆弱な者の利益が不当に害されることのないよう、配慮する必要がある。

　定款自治の最大限の尊重と社員の自己責任原則を規制の基本とする合同会社の制度趣旨は尊重されなければならないが、定款自治の限界についても検討する必要があろう。さらに、社員の正当な利益が不当に抑圧されることがないよう、裁判所には、信義誠実の原則・権利濫用の禁止・公序良俗違反等の一般法理を弾力的に運用することも期待されよう。また、社員となるべき者の意思表示について慎重に判断することも必要となろう[7]。

3　会社債権者保護

　合同会社の社員全員が（間接）有限責任を享受することから、会社債権者を保護するため、合同会社について、会社の外部関係を中心に、基本的に株式会社に準じた規制が設けられている。合同会社の債権者保護の基本は、①会社の財産状況や運営機構の適切な開示（計算書類の閲覧制度・資本金の額や業務執行社員・代表社員の登記等）、②会社財産が適切に留保される仕組み（出

---

(6)　立案担当者155頁。
(7)　合同会社への出資について、株式会社法51条・102条5項・6項・211条のような特別規定はない（832条1号参照）。

資の全額払込制度・労務出資の否定・利益配当等の財源規制・資本減少の際の債権者異議制度等）であるが、株式会社に比べて資本制度は脆弱であり（さらに、業務執行社員に対する報酬の支払いによる会社財産の空洞化の危険）、計算書類の公告制度はない。大規模会社にも、会計監査人の設置や内部統制システムの整備が義務づけられていない。

　立案担当者は、合同会社においては、法規制が緩やかであるため、法的知識や交渉能力が低い者が安易に社員や債権者となれば、その利益を害されるおそれもあるが、民事の一般原則に従い、会社、社員、債権者その他の者の自己責任により贖われるべき問題であるとする[8]。これは合同会社の内部関係（社員の利益保護）の規制方針としては基本的に妥当であるが、会社債権者保護の観点からは問題であり、業務執行社員の第三者に対する責任（597条）や法人格否認の法理の弾力的運用が求められよう。

第2節　合同会社と非公開会社・有限責任事業組合

1　序

　合同会社創設の主たる動機は、パススルー課税（損益を直接構成員にパススルーして法人と構成員の二重課税を回避する税務上の取扱い）であった。しかし、わが国の税体系上、法人格の認められる組織は法人課税を受けなければならないとして、これは否定された。そこで、パススルー課税の利益を享受するため、有限責任事業組合契約に関する法律により、有限責任事業組合制度が設けられた[9]。有限責任事業組合は、民法上の組合を基礎に、出資者全員の有限責任を担保する営利目的の事業組織であり、組合員が組合の業務とし

---

[8]　立案担当者155頁。
[9]　篠原倫太郎「有限責任事業組合契約に関する法律の概要」商事1735号（2005）6頁。有限責任事業組合は、ベンチャー企業や中小企業と大企業の連携，大企業同士の共同研究開発、ITや金融分野における専門技能を有する人材による共同事業等を振興し、新たな産業の創造を促進しようとするものであるとされるが、これらは、合同会社の活用事例と基本的に同様である。

第1編　合同会社の法

て行う行為は商行為とされる（LLP法3条1項・10条）。

　以下において、合同会社と非公開会社、それに、有限責任事業組合の概括的比較を行う[10]。なお、合同会社や非公開会社において業務制限は設けられていないが、有限責任事業組合の業務について、各種士業や射幸性の認められる業務に係る業務制限規定が設けられている（LLP法7条、LLP法施行令1条・2条）[11]。さらに、LLP法は、不当に債務を免れる目的で組合契約を濫用することを禁止する（同法3条3項）。合同会社の社員の債権者は、社員がその債権者を害することを知って会社を設立したときは、合同会社設立取消しの訴えを提起することができる（832条2号）。また、平成26年改正会社法23条の2は、詐害的事業譲渡に係る譲受会社に対する履行の請求制度を設けた。有限責任事業組合については、同趣旨の商法18条の2の規定の適用が問題となりうるのであろう。

2　法人格の有無

　株式会社や合同会社は、定款を作成して出資を履行した後、設立の登記をすることにより、法人として成立する（49条・579条）。有限責任事業組合について、組合契約の効力発生の登記制度が設けられているが（LLP法57条）、それは組合契約の効力発生要件（組合の成立要件）ではない。組合員が組合契約を締結して出資を履行することにより、組合契約の効力が生じ（LLP法3条——有限責任事業組合の成立）、組合契約書には、組合契約の効力発生年月日が記載される（LLP法4条3項5号）。

　合同会社のメリットは、法人格が認められるということである。法人格を有しない有限責任事業組合は、事業活動を行うに際して、法的な契約の当事

---

[10]　これらを要領よく比較整理するものとして、棚橋・企業形態626頁〜652頁のほか、和仁＝遠藤・合同会社209頁〜213頁、宍戸・ベンチャー企業202頁〜230頁。さらに、江頭ほか・座談会（上）10頁〜20頁、江頭ほか・座談会（下）27頁〜38頁参照。
[11]　各種士業については、業法規制に委ねる趣旨であろう（これについて本書268頁参照）。射幸性の認められる業務については、有限責任の特権の濫用等、有限責任事業組合の健全な発展のための制約なのであろう。

者（権利義務の帰属主体）となることはできない。民法上の組合において、業務執行者または組合名義で契約を締結する等の実務処理が認められているが（組合代理方式）、当該契約から生ずる権利義務関係は総組合員の共有に属する（民法668条——合有的帰属）。事業を行うに際して公的な許認可が必要となる場合、法人格を有する合同会社であれば会社自体が許認可を取得すれば足りるが、有限責任事業組合の場合は、弾力的な運用が認められているが、各組合員が許認可を取得することが必要となる[12]。

　組合財産の独立性を確保するため、組合員は、組合財産を自己の固有財産および他の組合の財産と分別して管理しなければならない（LLP法20条）。従来から、代表者の定めのある組合には訴訟当事者能力が認められているが（民訴29条。最判昭和37・12・18民集16巻12号2422頁）、有限責任事業組合について、債務名義・仮差押命令・仮処分命令に表示された当事者が組合である場合において、強制執行等をすることができる人的範囲や組合財産に対する強制執行等の禁止に係る規定が設けられている（LLP法21条・22条）。民法上の組合には不動産の登記請求権は認められず、組合が所有する不動産について組合員の共有登記をすることとなるが（最判昭和33・7・22民集12巻12号1805頁）、LLP法74条により、組合財産である不動産について共有物分割禁止の定めを登記しなければ、清算前にこれを第三者に対抗することはできない。さらに、有限責任事業組合は、法人格がないため、特許権者となることができないが（組合員全員の共有）、特許法施行規則の改正（平成17年経済産業省令118号）により、特許登録原簿上に有限責任事業組合の財産である旨の記載をすることが認められている[13]。

　このように有限責任事業組合について、法人格のないことが事業活動をする上で大きな障害とならないように配慮されているが（私法上の法主体性の事実上の承認）[14]、法的には権利主体性が認められていないため、法人と比

---

(12)　許認可の取得に際して、必要に応じて共同で手続を行うのであろう。これについて、宍戸・ベンチャー企業213頁注46、葭田編著・法制度と税制77頁。なお、岐阜地決平成30・3・13金商1545号60頁参照。
(13)　清水＝近藤・法形態選択340頁参照。民法上の組合についても同様である。

べて、その権利関係は不安定なものとなる。なお、法人格を有しない任意組合や有限責任事業組合は有限責任事業組合の組合員にはなれない（LLP法1条・3条1項参照）。

3　有限責任性

構成員の有限責任について、非公開会社、合同会社と有限責任事業組合の間に実質的差異はない（104条・580条2項、LLP法15条）[15]。出資に係る払込みまたは給付の全部をすることにより、出資者は株主・社員・組合員となる（34条本文・50条・208条1項・2項・209条1項・578条本文・604条3項、LLP法3条1項・24条2項）。出資の目的は、金銭その他の財産に限定される（199条1項2号・576条1項6号括弧書・LLP法11条）。

計算等についても、会計の原則、会計帳簿制度、貸借対照表等の作成・保存ないし備置・債権者の閲覧等請求権、財産分配の制限とその違反に対する責任等について、基本的に同趣旨の規定が設けられている（431条～465条、614条～636条、LLP法28条～36条参照）。

なお、株式会社が、合同会社と有限責任事業組合の業務執行社員・組合員となる場合に、第三者に対する責任が認められることが非公開会社に対するデメリットとされることがあるが、後述のように（40頁参照）、これを強調することには疑問がある。また、法人格のない有限責任事業組合の債務が合有的に組合員に帰属することと有限責任の関係が問題とされることがあるが、有限責任が認められる前提として、組合財産の独立性や組合財産の維持制度が設けられているのであり、組合員は、組合財産を引き当てとしてその責任を負うと解することで足りる[16]。

---

(14) 和仁＝遠藤・合同会社209頁、江頭ほか・座談会（上）12頁～13頁、宍戸・持分会社116頁注24参照。
(15) 非公開会社には、合同会社や有限責任事業組合にはない、資本充実の観点からの規制が設けられている（52条・52条の2等）。
(16) 棚橋・企業形態635頁～638頁。

> **COLUMN**
> **LLP法の組合債権者保護規制**

　民法上の組合と異なるLLP法の組合債権者保護規制をまとめて整理する。組合事業の財産的基礎となる組合財産を適切に確保するため、出資の履行が組合契約（組合員の加入）の効力発生要件とされている（LLP法3条1項・24条2項）。金銭その他の財産のみを出資の目的とすることができる。債権を出資の目的とするときは、出資組合員に担保責任が課せられる（LLP法16条）。組合財産の分配規制のほか（LLP法34条～36条）、上述の組合財産の独立性を確保する規定が設けられている（LLP法20条～22条）。また、組合員が、自己の職務執行を行うについて悪意重過失があったときは、第三者に生じた損害の賠償責任を負わなければならない（LLP法18条）。

　組合契約の絶対的記載事項が法定されている。組合契約は書面で作成し、組合員が署名・記名押印した上（LLP法4条1項。電磁的記録による作成について同条2項参照）、主たる事務所に備え置き、組合債権者の閲覧に供しなければならない（LLP法31条4項～6項）。組合契約が効力を生じたときは、組合契約効力発生の登記をしなければならない（LLP法57条。変更の登記について58条）。この登記により、有限責任事業組合と取引関係に入る者の利害に重大な影響を与える事項が公示され、登記の消極的・積極的公示力と不実登記の効力が認められている（LLP法8条。会社法908条参照）。

　組合契約において、1年以内の期間である事業年度を確定しなければならない（LLP法4条3項8号・4項）。事業年度ごとに財務諸表が作成され（LLP法31条2項）、財務諸表は、主たる事務所に備え置き、組合債権者の閲覧等に供しなければならない（LLP法31条1項～4項・6項）。

　解散後であっても、清算が結了するまでは、清算の目的の範囲内において、有限責任事業組合はなお存続するものとみなされる（LLP法38条――組合員有限責任の維持）。組合財産を公平に分配するため、清算手続が法定されている（任意清算の排除）。債権者に対する債権申出に係る公告・催告制度が設けられ（LLP法38条）、債権申出期間内は清算中の組合の債務を弁済することができない。債務の弁済前の残余財産の分配が制限されている（LLP法46条～49条。清算からの除斥について50条参照）。

4　管理運営機構

　非公開会社においては、株主資格と機関が分離され、株主総会・取締役制度が設けられている。法人取締役は認められていない（331条1項1号）。株主の基本的権利について属人的定めを設けることができるが（109条2項）、そのような会社においても株主平等原則が全面的に排除されるわけではない。大会社規制として、大会社には会計監査人・（監査等委員会設置会社・指名委員会等設置会社以外の会社における）監査役設置、さらに、内部統制システムの整備が義務づけられている（327条3項・328条2項・348条4項）。

　合同会社においては、法定の機関は設けられていない（社員の自己機関性）。総社員（他の社員全員）の同意・承認を要する重要事項が法定されているが、原則として定款自治が認められる（594条1項・637条・781条1項等参照）。社員が原則として業務執行を行い、法人業務執行社員が認められる[17]。他方、定款で、業務執行社員制度を設けることができる。業務を執行しない社員が認められるのである。

　有限責任事業組合においても、法定の機関は設けられていない（組合員の自己機関性）。合同会社と同様、法人業務執行者が認められ、職務執行者制度が設けられている（598条、LLP法19条）。有限責任事業組合は、「個人又は法人が出資して、それぞれの出資の価額を責任の限度として共同で営利を目的とする事業を営むことを約」するものであり（LLP法3条1項）、合同会社よりも共同事業性が強固に規制されている。これにより、組合事業の健全性が高まり、組合債権者への安易なリスク転嫁や租税回避的な利用を防止することが期待されている[18]。

　組合員は、組合の業務を執行する権利を有し義務を負い、共同事業性が損なわれない範囲において、他の組合員または第三者に業務の一部を委任することができるにすぎない（LLP法13条1項・2項）[19]。組合員に対する業務

---

[17]　これは、親会社が、業務執行社員として、その職務執行者により（598条）、合同会社を管理運営することができることを意味する（宍戸・合弁合同会社218頁）。

[18]　篠原・前掲注（9）の文献13頁。

執行の一部委任は、登記事項でなく、組合員の業務執行権に加えた制限は、善意の第三者に対抗することはできない（LLP法13条3項）。

　組合契約の変更（脱退による組合員の変更に係る事項の変更は除く）は総組合員の同意を要する（LLP法5条）。業務執行の決定についても原則として総組合員の同意によらなければならない。重要な財産の処分・譲受けおよび多額の借財を除いて、組合自治が認められている。なお、一定の重要な財産の処分・譲受けおよび多額の借財に係る組合員の同意要件を総組合員の3分の2まで軽減することはできる（LLP法12条、LLP法施行規則5条参照）。

　株式会社の取締役と合同会社の業務執行社員について、強行規定として、善管注意義務と忠実義務に係る規定が設けられ、法定責任として会社に対する任務懈怠責任と第三者に対する責任が規定されている（330条＝民法644条、会社法355条・423条1項・429条・593条1項・2項・596条・597条）。有限責任事業組合の組合員は、委任に関する規定の準用により、業務執行について善管注意義務を負うが（LLP法56条＝民法671条＝644条）、これは任意規定である。忠実義務に係る規定は設けられていない。これと関連するのか、競業取引・利益相反取引に関する規定は設けられていない。

　有限責任事業組合の組合員は、組合業務に関して第三者に損害が生じたとき、組合財産をもって当該損害を賠償する責任を負う（LLP法17条）。これは、間接的に、組合員有限責任を明らかにしているのであろう。当該業務を行った組合員は、不法行為等の個人責任を負う場合もあるが、組合員が、自己の職務を行うについて悪意重過失があったときは、第三者に生じた損害の賠償責任を負う（LLP法18条）[20]。組合員の有限責任事業組合に対する責任は規定されていない。これは、組合員相互の契約関係として処理されること

---

(19)　形式的に業務執行に携わっているだけで、実質的な業務に携わっていない場合は、一部委任とはならない（棚橋・企業形態628頁）。
(20)　これは組合員が行った業務執行行為に関する対第三者責任であり、他の組合員に対する監視・監督義務違反に基づく対第三者責任は生じないと解されている（篠原・前掲注（9）12頁）。「職務」の中に他の組合員に対する監視・監督義務は含まれていないというのである。これについて、本書41頁参照。

となる。

5　社員の移動

　株式会社における株主の新たな加入は第三者に対する募集株式の発行または募集の方法による自己株式の処分であり、非公開会社において、それは株主総会の特別決議事項となる（199条1項・2項・309条2項5号）。合同会社と有限責任事業組合における社員・組合員の加入は定款・組合契約の変更事項であり、総社員・総組合員の同意を要する（637条、LLP法5条1項）。有限責任事業組合において、これは強行規定とされているが、合同会社においては、定款で別段の定めをすることができる。

　株主は、株式譲渡により投下資本を回収することが原則である。株式譲渡制限制度も、株式譲渡自由の原則のうち相手方選択の自由を制限するだけで、譲渡を希望する株主に公正な価格での売却の機会が保障されている（140条・144条）。買受人を見つけられないとき、非公開会社は、会社財産をもって当該株式を買い取らなければならない。これに対して、合同会社や有限責任事業組合においては、持分譲渡自由の原則は採用されておらず、持分の譲渡を絶対的に禁止することもできる。構成員の投下資本回収手段として保証されているのは、（やむを得ない事由による）任意退社により持分の払戻しを受けることである（606条、LLP法25条）。

　株主の株式買取請求権の行使や会社による自己株式の有償取得は会社財産からの投下資本回収方法であり、その経済的実質は（一部）退社であるが、取得自己株式は消滅しない。これに対して、合同会社は自己持分を譲り受けることができない（587条1項）。自己持分の取得という形での投下資本の回収は否定されているのである。

　有限責任事業組合の組合員は、組合契約書に別段の定めがない限り、やむを得ない場合を除いて、任意に組合を脱退することができない（LLP法25条）。LLP法26条は、法定脱退事由として、死亡、破産手続開始決定や後見開始の審判を受けたことのほか、除名をあげるだけである（LLP法26条）。合同会社においては、任意退社が認められ、総社員の同意や定款で定めた事

由の発生が法定退社事由とされている（606条・607条１項１号・２号）。この相違は、共同事業性（構成員間の結合関係）の強固性に関わるのであろう。

6　計算等

　非公開会社、合同会社、有限責任事業組合のいずれにおいても、会計帳簿の作成・保存・提出命令、計算書類（財務諸表）の作成、保存・備置・閲覧等について、基本的に同様に規制されている[21]。

　株式会社と合同会社の計算書類は、貸借対照表、損益計算書、株主（社員）資本等変動計算書および注記表である。有限責任事業組合の財務諸表とは、貸借対照表、損益計算書とそれらの附属明細書である（LLP法31条３項）。資本制度のない有限責任事業組合に資本等変動計算書制度はない。

　非公開会社においては、配当阻止数としての資本制度と法定準備金制度が設けられている（445条）。合同会社において、資本制度は設けられているが（914条５号）、法定準備金制度はなく、資本制度も株式会社の場合より柔軟である。

　有限責任事業組合と合同会社のいずれにおいても、構成員の損益分配の割合は原則として出資の価額に応じて定められる。有限責任事業組合においては、総組合員の同意により（LLP法33条）、合同会社においては、定款において（622条１項）、別段の定めをすることができる。

　合同会社においては、利益の配当と出資の払戻しが区別されている。これに対して、有限責任事業組合においては利益の配当と出資の払戻しの区別はなく、組合事業から生ずる損益は組合員に帰属するものとされ、組合員に帰属する組合財産の分配構成が採用され、分配可能額と剰余金に相当する額を基礎とする組合財産の分配規制が設けられている（LLP法34条）。分配可能

---

(21)　有限責任事業組合法の定める「会計帳簿」は、株式会社や合名会社の会計帳簿とは異なるもののようである（LLP法29条、LLP法施行規則10条・11条参照）。組合員は会計帳簿の写しの交付を受けることができる（LLP法29条３項）。なお、組合員に財務諸表の閲覧等請求権は明示的には認められていない（LLP法31条６項参照）。組合員の組合の業務・財産状況検査権は認められている（LLP法56条、民法673条）。

額とは、分配日における純資産額から300万円（組合員による出資の総額が300万円未満の場合は、組合員の出資総額）を控除した額である（LLP法施行規則37条）。剰余金に相当する額とは、原則として分配日における純資産額から組合員による出資の総額を控除した額である（LLP法施行規則38条）。組合財産は、その分配の日における分配可能額を超えて、分配することができない（LLP法34条1項）。分配の日における組合の剰余金に相当する額を超えない場合は、業務執行事項として組合員に組合財産を分配することができるが、それを超える場合には、総組合員の同意によらなければならない（LLP法34条2項）。当該超過額等は組合契約書に記載され（LLP法34条3項）、組合債権者の閲覧等に供せられる（LLP法31条6項）。

　株式会社においては、原則として株主総会が剰余金の配当について決定する。合同会社においては、社員が利益配当を請求するものとされているが、定款で、社員または業務執行社員の過半数をもって、利益配当の決定をするものとすることができる（621条1項・2項）。合同会社においては、利益の配当・出資の払戻規制が設けられ（628条・632条）、退社に伴う持分の払戻しについては、持分払戻額が剰余金額を超える場合に、債権者異議手続が採用されている（635条）。株式会社においては、株主に対する出資の払戻しは否定され、剰余金の配当等の制度（剰余金の配当と株主との合意による自己株式の有償取得）が設けられ、分配可能額に基く配当等の規制がある（461条）。さらに、剰余金の配当について、純資産額が300万円以下の場合の特別規制が設けられているが（458条）、合同会社にこのような規制はない。

　合同会社と非公開会社については、違法配当等の場合の会社に対する責任規定が設けられ（462条・463条1項・629条・630条1項。欠損が生じた場合について465条・631条)、会社債権者も、その債権額を限度として、違法配当等を受けた社員・株主に対して当該配当・分配額相当額の支払いを求めることができる（463条2項・630条2項）。合同会社においては、出資の払戻し・持分の払戻しに係る社員の責任も規定されている（633条・634条・636条）。

　分配可能額（原則として、純資産額から300万円を控除した額）を超えて組合財産の分配を受けた有限責任事業組合の組合員は、組合に対して、分配額

に相当する金銭の支払義務を負い、分配額が分配可能額を超過した額で、組合に対する支払義務を履行した額を控除した額を限度として、組合債務を弁済する責任を負う（LLP法35条。欠損が生じた場合について、36条参照）。

7　合同会社と有限責任事業組合のメリット・デメリット

　合同会社と有限責任事業組合の活用が想定される事業分野に大きな相違はない[22]。その基本的相違は法人格とパススルー課税の有無という点にあり、この点に配慮しつつ、合同会社と有限責任事業組合のいずれの企業形態を選択するか決定されることとなる。

　パススルー課税の特典を享受するため、有限責任事業組合は、総組合員の同意要件の緩和が認められない等の組合員自治が制約的であり（1人の組合員に拒否権が認められる）、非業務執行組合員は認められない等、合同会社よりも規制色が強い。また、有限責任事業組合は、組合契約を基礎とするため、組合員が1人となることが解散事由となる（LLP法37条2号）。完全子会社類似の形態が認められないのである。

　合同会社の有限責任事業組合に対するメリットは法人格を有することである。有限責任事業組合においても、法人格のないことが事業活動をする上で大きな障害とならないように配慮されているが[23]、法人格がある合同会社の方が権利義務の帰属関係が明確であり、また、会社財産の独立性が法的に確立していることもあって、実務感覚として、合同会社の方が好まれるのであろう。また、合同会社は、会社法の定める「会社」であり、株式会社への組織変更や株式会社との合併等をすることができる。有限責任事業組合は、株式会社への組織変更や株式会社との合併等をすることができない。将来、株式会社化、とりわけ、株式公開を目指そうとする事業体には合同会社が適切である。

---

(22)　根田正樹＝矢内一好編・合同会社・LLPの法務と税務（学陽書房、2005）176頁。
(23)　経済産業省産業組織課発行の平成17年6月付「LLPに関する40の質問と40の答え」問34において、「融資条件にかなえば、金融機関から、LLPの事業について融資を受けることも可能です」と回答されている。

第1編　合同会社の法

　パススルー課税を積極的に望む事業者は有限責任事業組合を利用すると推測される。また、会社法は、非公開会社について、株主平等原則の例外として株主の基本的権利に係る属人的定めを認める等（109条2項）、定款自治の範囲を拡大し、規制を大幅に柔軟化した。このため、合同会社がどの程度利用されるか危惧されたが、実務上、有限責任事業組合よりも合同会社が積極的に利用されている[24]。とりわけ、永続性のある事業、発展性のある事業については、有限責任事業組合よりも合同会社にメリットがある。合同会社の利用は着実に増えており、平成28年度末現在の合同会社は約12万8千社（この1年で約2万1千社増）ということであり[25]、今後ますます、合同会社が利用されるように思われる。

> **COLUMN　特例有限会社と合同会社**
>
> 　会社法整備法により、従来の有限会社は株式会社として存続するが（会社法整備法2条1項）、その商号中に「有限会社」という文字を用いなければならない（会社法整備法3条1項）。これを特例有限会社という（会社法整備法3条2項括弧書）。特例有限会社は、定款を変更して、その商号中に「株式会社」という文字を用いる商号の変更をすることができ、その変更登記をすることにより、通常の株式会社に移行する（会社法整備法45条）。この場合、特例有限会社については解散の登記、商号変更後の株式会社については設立の登記をし

[24] 有限責任事業組合においては、組合員が共同事業を行うことが前提となるので、専門技能を有する事業者や個人間の連携による事業展開に適するとされ、学術研究・専門技術サービスや地域の活性化・社会貢献活動のための事業体として利用されていると指摘されている（棚橋・企業形態624頁）。

[25] 松井信憲「商業・法人登記制度をめぐる最近の動向」商事2155号（2018）43頁。株式会社は約181万社（約5万3千社増）、特例有限会社は約159万社（約2万5千社減）である。なお、東京商工リサーチが2018年5月23日に公表したデータによると、2017年の新設法人は約13万社であり、株式会社が約9万社、合同会社が約2万7千社であり、構成比が20％を超えたということである。また、平成25年末現在の有限責任事業組合総数は5084件であり、同年の新規設立総数は410件（合同会社14581社）である（東京商工リサーチ・平成25年度有限責任事業組合等の活用実績等に関する調査報告書）。

なければならない（会社法整備法46条）。

　通常の株式会社に移行した特例有限会社は、再び、特例有限会社となることはできない。特例有限会社は、株式会社として、合併、会社分割をすることはできるが、自らが存続会社または分割承継会社となる吸収合併または吸収分割をすることはできない（会社法整備法37条）。株式交換や株式移転はできない（会社法整備法38条）。

　特例有限会社も株式会社であり、非公開会社に関する会社法規定が原則として適用されるが、整備法は、特例有限会社に関する会社法の特則を定めている。特例有限会社には、計算書類の公告に関する規定は適用されない。計算書類の支店における備置・閲覧等の義務もない（会社法整備法28条）。定款の定めによっても、取締役会、会計参与、監査役会、会計監査人、監査等委員会、指名委員会等を置くことはできない（会社法整備法17条1項）。株主総会、取締役のほか、監査範囲限定監査役を置くことができるにすぎない（会社法整備法24条）。このため、328条2項の規定も適用されない（会社法整備法17条2項）。取締役について任期規制はなく（会社法整備法18条）、内部統制システム整備に関する規定や取締役の株主に対する報告義務に関する348条3項・4項、357条の規定も適用されない（会社法整備法21条）。休眠会社のみなし解散制度も適用されない（会社法整備法32条）。

　このように特例有限会社は、合同会社に近い制度設計とされているが、会社の内部的規律について広範に定款自治が認められるわけではない。法人取締役は認められていない。他方、株主以外の者を取締役（代表取締役）とすることができる。株主総会は必須の機関である。株主平等原則に関する109条1項の規定は適用除外されていない。特例有限会社においても株式譲渡制限制度が適用され、株式の譲渡を禁止することはできない（なお、会社法整備法9条参照）。募集株式の発行に際して、現物出資に係る検査役調査制度の適用がある。取締役の会社に対する任務懈怠責任の免除について、総株主の同意等の厳格な制限がある。定款の変更その他の重要事項に係る株主総会の決議要件について、厳格化することはできるが、その要件の緩和には制約がある。また、特例有限会社も株式会社として会社更生法の適用を受ける。

　特例有限会社よりも定款自治を享受するためには、合同会社への組織変更や合同会社を存続会社とする合併等が検討課題となろう[26]。

第3節　合同会社の基本的枠組み

第1款　序　説

　次章以下において、合同会社法全般について詳しく解説・検討される。本節においては、①設立、②持分の譲渡・社員の加入・退社、③管理運営、④計算等、⑤解散・清算に分けて、理論的観点を中心に、合同会社の基本的枠組みについて概説する。

第2款　設　立

1　序

　合同会社の設立手続は、①定款の作成、②出資の履行、③設立の登記に分かれる。株式会社の設立と異なり、発起人制度は採用されていない。社員が原則として業務執行機関となるため、取締役等の機関の選任手続もない。

2　定款の作成
(1)　序

　合同会社を設立するには、その社員となろうとする者が定款を作成し、その全員がこれに署名または記名捺印しなければならない（575条1項。電磁的記録による作成について同条2項）。合同会社の原始定款に公証人の認証は必要でない。株式会社に比して利害関係人の数が少なく、複雑な法律関係の生ずることも少ないことから、公証人を関与させて定款作成に伴う紛争と不正行為を防止する必要性が低いことが理由とされるが[27]、5万円の公証人の認証手数料（公証人手数料令35条）の節約（さらに、時間の節約）が決定的な

---

(26)　会社更生法の適用を免れたい会社のほか、対外的な活動をほとんどしない会社（資産管理会社やグループ全体の事務の管理等）や「LLC」というイメージを重視する会社は、合同会社に組織変更するメリットがあると指摘されている（郡谷大輔編著・中小会社・有限会社の新・会社法（商事法務、2006）430頁～431頁）。

(27)　小川＝相澤282頁～283頁。

理由のように思われる[28]。公証人の認証に際して求められる印鑑証明書の添付等の手続を回避する趣旨もあろう。しかし、立法論的には、公証人の認証による適法性確保機能に配慮する必要があるように思われる。株式会社や有限責任事業組合と異なり（31条2項、LLP法31条5項・6項）、定款の備置・閲覧等に関する規定は設けられていない。社員は、社員間の基本的な合意文書である定款を閲覧することができるのであろう。会社債権者は、登記により、定款の絶対的記載事項の実質的内容を知ることができるが、相対的記載事項や任意的記載事項を確認することはできないこととなる。

(2) 定款の記載事項

定款には、目的、商号、本店所在地（住所──4条参照）を記載しなければならない。これは法人である合同会社（3条）の同一性を確認するものである。さらに、社員の氏名・名称と住所、その社員が全員有限責任社員である旨、そして、社員の出資の目的およびその価額を記載しなければならない（576条1項・4項）。これらにより、合同会社の構成員（原則的業務執行者）と財産関係の基礎が明らかとなる。社員は一人でよい（641条4号参照）。株式会社と同様、一人合同会社の設立・存続が認められるのである。法人も社員となることができるが、法人格が認められていない有限責任事業組合は社員となることができない。

会社法は、定款の相対的記載事項を多数定めているが、さらに、解釈上の相対的記載事項も認められる。合同会社においては、定款自治が最大限に認められるのである。

---

[28] 司法書士に依頼して、電子定款を作成するときは、定款の原本に係る4万円の印紙税の納付が不要となり（印紙税法別表一の六参照）、設立のための費用は、登録免許税（最低6万円）と司法書士に支払う報酬となる。

COLUMN 定款自治の限界

　合名会社の定款の変更に総社員の同意を要求し、定款で別段の定めをすることができる旨の明示的な規定を有していなかった平成17年改正前商法72条の解釈として、これは任意規定であり、社員の多数決によって定款を変更する旨の定款の定めも有効であると解されていた。637条は、定款変更について、総社員の同意を要するものとしつつ、定款で別段の定めをすることができる旨の明文の規定を設け、別段の定めについて制限を設けていない。このため、社員または業務執行社員の過半数の同意により定款を変更することはもちろん、特定の業務執行社員（代表社員）に定款変更権限を委任することも、当該定款変更に総社員の同意が得られていることを理由に、認められると解されている(29)。

　合同会社において、定款自治は最大限尊重されるべきであり、特定の業務執行社員（代表社員）に定款変更権限を委任する定款規定を設けることに同意した社員の自己責任の問題として、法（裁判所）が関与する必要はないということもできよう。社員が2人の合同会社において、そのうちの1人を業務執行社員とし、その業務執行社員に定款変更権限を認める定款規定を当然に違法無効のものとする必要はない。

　しかしながら、合同会社には様々なものがあり、定款の定めにもいろいろなものがある。特定の社員に一般的包括的に定款変更権限を委任するということは、定款で定めることができる会社の基本的事項や社員の重大な経済的利害に関わる事項の決定を当該社員に白紙委任することを意味する。これを無制限に認めることは、総社員の同意を基礎に柔軟な管理運営を認めようとする合同会社制度の趣旨から疑問となる(30)。合同会社について画一的処理は問題であるが、そもそも、総社員の同意が定款自治の基礎にあり、これが社員の利益保護にとって決定的な意義を有する。また、定款自治は、合同会社制度の健全かつ効率的な発展のために認められるのであり、無限定なものではない。

　一般論として、社員の法的地位や持分権に決定的な影響を与える定款規定の創設または不利益変更はそれにより重大な不利益を受ける社員の同意を求めるべきであるが、少なくとも、個別規定において総社員の同意を要するものとさ

(29) 立案担当者166頁、論点解説605頁〜607頁。
(30) 権限委任を受けた業務執行・代表社員には善管注意義務・忠実義務を尽くして定款変更権限を行使することが求められるが、争いが生ずるとき、損害賠償責任による他の社員の利益保護には限界がある（損害額の立証・柔軟な責任減免制度等）。

れている事項について定款で別段の定めをする場合、さらには、当該別段の定めを特定の社員の不利益に変更する場合には、総社員（少なくとも、当該社員）の同意を要すると解しつつ、それから逸脱する必要性ないし合理性が特に認められる場合に、例外的取扱いを検討することが妥当なように思われる[31]。

3 出資の履行

(1) 全額払込制度

合同会社の社員となろうとする者は、定款作成後合同会社の設立登記をする時までに、その出資に係る金銭の全額を払い込み、現物出資財産の全部を給付しなければならない（578条本文）。株式会社のように、払込取扱銀行制度は設けられていない。代表社員となるべき者に直接払い込むこともできるが、設立登記に際して、金銭の払込みがあったことを証する書面が要求されるため、実務上、銀行等において払い込むことになろう。

全額払込制度により、社員は、株主と同様、会社成立後は会社債権者に対して直接責任を負わないが、社員となるべき者が設立の登記までに出資を履行していない例外的場合は、出資の価額を限度として合同会社の債務を弁済する責任を負うこととなる（580条2項）。また、無限責任社員が退社することにより合資会社が合同会社となる場合には、出資未履行有限責任社員の責任が問題となる（639条2項、640条2項）[32]。株主の責任は、その有する株式の引受価額を限度とする旨明示的に定められている。合同会社についてそのような規定が設けられていないのは、これらのことに配慮しているのであろう。しかし、それらは例外的場合であり、合同会社の社員の責任を「間接有限責任」とすることに問題はなかろう。

なお、合同会社の社員がその責任の限度を誤認させる行為をしたときは、

---

(31) 会社法コンメ（14）58頁［大杉謙一］参照。個別規定の文言と趣旨に照らしつつ、当該条項の必要性（目的の合理性）と相当性（手段の合理性）を勘案して、定款条項の有効性を総合的に判断すべきであるとする（48頁～49頁）。このほか、会社法コンメ（15）121頁～123頁［宍戸善一］参照。
(32) 本書216頁参照。

その誤認に基づいて会社と取引をした者に対して、誤認させた責任の範囲内で会社の債務を弁済しなければならない（588条2項）。これは、禁反言・権利外観法理に基づく責任である。

(2) 出資規制

社員の出資の目的は、金銭その他の財産（金銭等――151条1項柱書括弧書）に限られる（576条1項6号括弧書）。

株式会社において、現物出資に係る検査役の調査制度が設けられている（33条1項～9項）。定款に記載された現物出資財産の総額が500万円を超えないときは検査役調査は免除される等の緩和策が講じられているが（33条10項）、ベンチャー企業立上げに際して500万円を超える知的財産権等を現物出資の目的とするときは、これが大きな問題となる[33]。

合同会社においては、現物出資に係る検査役の調査制度は設けられていない。財産引受けや設立費用等の変態設立制度も設けられていない。出資された財産の価額等が不足する場合の責任規定や出資の履行を仮装した場合の責任等に関する規定もない（52条・52条の2参照）。

(3) 出資行為と民法等の適用

株式会社において、出資について心裡留保や虚偽表示に関する民法の規定は適用されず、錯誤や詐欺・強迫を理由とする取消の主張に制限が設けられている（51条・102条5項・6項・211条）。合同会社には、このような特別規定はなく、社員の出資行為について、民法の意思表示に係る規定が適用される。法的知識や交渉能力が脆弱な者が合同会社に出資する際、十分な情報の提供がなかった場合や異例の定款規定の内容について十分に理解することができなかった場合に、意思表示理論により保護する余地が生ずるのである。

また、社員が、民法その他の法律の規定により、設立に係る意思表示を取り消すことができるときは、当該社員は、会社設立取消しの訴えを提起する

---

[33] 江頭ほか・座談会（上）11頁［黒田裕］。

ことができる（832条1号）。

4　設立の登記

　合同会社は、本店の所在地において設立の登記をすることによって成立する（579条）。設立の登記は、会社を代表すべき社員が行う。会社法914条は、目的、商号、本店・支店の所在場所、資本金の額等、11号に分けて、設立登記事項を定めている（914条）。また、支配人の登記もしなければならない（918条）。

　合同会社の業務を執行する社員の氏名・名称および合同会社を代表する社員の氏名・名称と住所が登記事項である（914条6号・7号）。定款に別段の定めが設けられていない場合、全ての社員が業務を執行する社員として登記され、代表社員が定められていない場合にも、全ての社員が会社を代表する社員として登記される。法人社員が合同会社を代表するときは、当該社員の職務執行者の氏名と住所も登記しなければならない（914条8号）。他方、社員の氏名・名称と住所は登記事項でない。これについて、社員の持分譲渡の対抗要件との関係において、立法論的に疑問とされている[34]。

　本店・支店の所在場所や資本金の額は定款の記載事項ではないが、登記事項であり（914条3号・5号）、設立登記までに決定しなければならない。これは、業務執行事項として、原則として、社員（業務執行社員が定められている場合は、業務執行社員）の過半数をもって決定する（590条1項・591条1項）。

　登記費用（登録免許税）は、株式会社では最低15万円とされているが、合同会社では6万円である（登税法別表一24（一）イハ参照）。

第3款　持分の譲渡・社員の加入・退社

1　序

　社員の加入には、①入社契約（社員関係の成立を目的とする特殊の契約）により社員以外の者が新たに社員資格を取得する場合、②持分の譲受けにより

---

(34)　江頭ほか・座談会（上）15頁〔江頭憲治郎〕。

譲受人が社員資格を承継的に取得する場合、③社員の死亡等により相続人等の一般承継人が当該社員資格を承継取得する場合がある。

会社法604条1項・3項は、「新たに社員を加入させる場合」について規定する。これは、①についての規定である。これに対して、「社員の加入」の効力発生要件を定める会社法604条2項は、①だけでなく、②の場合にも適用され、②の場合には、この規定とともに、持分の譲渡に係る585条の規定が適用される。③については、会社法608条が、明示的に604条2項の規定の適用を除外している。

2　社員の新規加入

合同会社は、新たに社員を加入させることができる（604条1項）。これは社員以外の者が入社契約に基づき新たに出資をして合同会社に加入する場合である。定款の絶対的記載事項である「社員の氏名又は名称及び住所」および「社員の出資の目的（有限責任社員にあっては、金銭等に限る。）及びその価額又は評価の標準」を変更することにより、定款に記載された者が社員となる（576条1項4号・6号、604条2項）。この定款変更も、定款に別段の定めがない限り、総社員の同意により行われる（637条）。新たな社員の出資により資本金の額が増加するときは、変更後の資本金の額を登記する必要がある（914条5号）。新たな社員が業務執行社員・代表社員となるときも、同様である（914条6号～8号）。

社員の新規加入に係る定款変更の別段の定めとして、代表社員の同意があれば足りるとするほか[35]、業務執行社員の過半数の同意を必要とする例も考えられる[36]。社員の新規加入の効力は、当該社員に係る定款の変更をした時に生ずるのが原則であるが（604条2項）、定款の変更をした時にその出資に係る払込みまたは給付の全部または一部を履行していない場合には、当

---

(35)　この場合、登記申請の添付書面として、定款の変更に係る総社員の同意書に代えて、定款および代表社員の同意書が必要となる（松井637頁）。
(36)　会社法大系(1)350頁［太田穣］。

該払込みまたは給付を完了した時に社員になる（604条3項）。

3　持分の譲渡

　持分譲渡自由の原則は採用されていない。社員は、他の社員全員の承諾がなければ、その持分の全部または一部を他人に譲渡することができない（585条1項）。非業務執行社員は、業務執行社員全員の承諾があるときは、その持分の全部または一部を他人に譲渡することができる（585条2項）。この場合、業務執行社員の全員の同意によって当該持分譲渡に関する定款変更をすることができる（585条3項——持分譲渡要件と定款変更要件の整理）。これらについて、定款で別段の定めをすることができる（585条4項）。

　持分譲渡の場合は、会社に新たな出資はされないため、資本金の額の変動は問題とならないが、社員に係る定款規定の変更が必要となる（576条4号〜6号）。このため、持分譲渡について定款で別段の定めを設ける場合、当該持分譲渡要件と社員に係る定款変更要件の整合性に留意する必要がある（585条3項参照）。持分の譲受人が業務執行社員となる場合には、その登記が必要となり、持分の全部譲渡によって業務執行社員が退社した場合は、その旨の登記も必要となる（914条6号・915条1項）。

　持分の譲渡に係る定款の別段の定めとして、一定の場合には承諾を要しないとすることや業務執行社員の過半数の承諾によるものとすることが考えられる。譲渡が承認されない場合に、譲渡制限株式のような投下資本の回収確保措置は法定されていないが、定款でこのような定めを設けることもできる。他方、譲渡を絶対的に禁止することもできる。退社の自由を担保に、持分譲渡について完全な定款自治が認められるのである。

　合同会社は、持分の全部または一部を譲り受けることができない（587条1項）。譲渡以外の方法により合同会社が自己持分を取得する場合、その持分は消滅し、会社が自己持分を保有することはできない（587条2項）。

　持分譲渡の対抗要件について、民法467条をこの場合にも適用して、会社に対する対抗要件として通知が必要となり、第三者対抗要件については、確定日付のある会社の承諾を取得するというのが実務上の対応のようであ

る[37]。

　持分に対する質権の設定に係る規定はないが、質権の設定に際して、実務上、会社法585条1項を類推して、他の社員全員の承諾を取得することが多いようである[38]。質権実行に際しても、定款に別段の定めがない限り、再度、他の社員全員の同意を取得することが多いとされている[39]。このような二度の承諾を不要とするため、質権設定に際して質権実行の事前承認を求めることも考えられるが、その有効性に疑義があるため、定款において、質権実行時における再度の承諾を不要とする旨、明記することがあると指摘されている[40]。

4　相続等による持分の一般承継

　社員間の人的信頼関係を基礎とする合同会社において、持分が相続等の一般承継により当然に相続人等に移転することは、他の社員の利害に大きな影響を及ぼす。このため、社員の死亡または合併（当該法人である社員が消滅する場合に限る）は当該社員の法定退社事由とされ（607条1項3号・4号）、一般承継人が当該退社員の持分の払戻請求権を承継して、合同会社に対し持分払戻請求をすることになる。

　社員が死亡し、または合併により消滅した場合において、当該社員の相続人その他の一般承継人が当該社員の持分を承継する旨を定款で定めることができる（608条1項）[41]。このような定款規定を設けた場合、一般承継人は、持分を承継した時に当然に当該持分を有する社員となり（608条2項）、当該一般承継人に係る定款変更がされたものとみなされる（608条3項）。

---

(37)　江頭ほか・座談会（上）15頁［新家］。太田・活用事例4頁。
(38)　仲谷＝田中・定款22頁。
(39)　江頭編著・モデル定款39頁。
(40)　仲谷＝田中・定款22頁。
(41)　相続人の持分承継に係る定款規定について、酒井＝野入・定款対談第5回100頁～106頁参照。

5 退　社

(1) 序

　会社法606条以下が定める退社とは、合同会社の存続中に特定の社員たる資格（持分）が絶対的に消滅することをいう。社員の持分全部の譲渡により、当該社員は退社し、持分譲受人が社員となるが、これは606条以下の規定が定める「退社」ではない。定款で相続または合併の場合の一般承継制度が設けられている場合も同様である。

　合同会社の社員が退社する原則的場合として、任意退社（606条）と法定退社事由に該当する場合（607条1項）がある[42]。社員が退社した場合には、当該社員の退社時に、当該社員に係る定款の定めを廃止する定款の変更をしたものとみなされ（610条）、これに対応した定款の見直し（定款規定の整理）は代表社員が適宜行うこととなる[43]。業務執行社員・代表社員が退社した場合には、業務執行社員・代表社員に係る変更の登記が必要となる（914条1項6号〜8号）

(2) 任意退社

　合同会社の存続期間を定めなかった場合、または、ある社員の終身の間会社が存続することを定款で定めた場合には、各社員は、事業年度の終了の時において退社することができる（606条1項前段）。定款で別段の定めをすることができる（606条2項）。この定款の定めについて特に限定はなく、退社の条件を容易にすることも困難にすることもできる。入社後一定期間は退社することができない旨の定めはもちろん、一般的に退社することができない旨の定款の定めも有効である。

　任意退社制度は社員の投下資本の回収の機会を確保するために不可欠の制

---

[42] 社員は、このほか、609条1項（持分を差し押さえた債権者による当該社員の退社請求）、642条2項（合同会社の解散後の継続に同意しなかった社員の退社）および845条（合同会社の設立・取消判決確定後に会社を継続する場合のその原因がある社員の退社）の規定に従い退社する。

[43] 神﨑・設立・運営のすべて140頁。

度であり、各社員は、やむを得ない事由があるときは、いつでも退社することができる（606条3項）。この規定が強行規定であるかどうか確立した解釈はないとされるが[44]、会社法606条2項との関連において、同条3項は定款自治を認めない趣旨の規定であると解することが合理的である。最判平成11・2・23民集53巻2号193頁も、やむを得ない事由があっても任意の脱退を許さない旨の（民法上の）組合契約は、組合員の自由を著しく制限するものであり、公の秩序に反するとしている。

COLUMN やむを得ない事由

「やむを得ない事由」とは、定款規定を定めた時や入社・設立時に前提としていた状況等が著しく変更され、もはや当初の合意に従い社員であり続けることが困難となった場合をいうと説明されている。自然人の社員にとっては、社員の一身上の事由である心身の故障や経済的困窮、さらには、急に資金が入用になったなどが「やむを得ない事由」の具体例として挙げられる。合弁会社のケースでは、会社経営をめぐる対立が深刻で、いわゆるデッドロック状態に陥っている場合が「やむを得ない事由」に該当すると解される[45]。

「やむを得ない事由」は、合同会社の設立目的のほか、社員構成や属性を基礎に、持分譲渡等の社員の投下資本回収を確保する他の手段の利用可能性にも配慮しつつ、退社する社員側の事情と退社によって影響を受ける会社側の事情に配慮しつつ総合的に判断することとなろう[46]。

(3) 法定退社

607条1項は、①定款で定めた事由の発生、②総社員の同意、③死亡、④合併（合併により法人である社員が消滅する場合に限る）、⑤破産手続開始の決定、⑥解散、⑦後見開始の審判を受けたこと、⑧除名、を法定退社事由とし

---

(44) 江頭編著・モデル定款172頁。
(45) 宍戸・合弁合同会社235頁。
(46) 棚橋・企業形態643頁〜645頁。詳細は、本書129頁〜131頁参照。

て定める。法定退社事由がある場合には、予告の有無またはやむを得ない事由の有無にかかわらず、社員は当然に退社する。定款で、破産手続開始決定や後見開始の審判を受けたこと、合併・破産手続開始決定以外の解散によって退社しない旨定めることができる（607条1項5号～7号・2項）。

定款で定めた事由の発生が第1の法定退社事由である（607条1項1号）。合同会社は、社員相互の信頼関係を基礎とするため、強行規定や公序良俗に反しない限り、定款で自由に退社事由を定めることができる。定款において、社員の定年制や社員であるための条件・資格を定めたときは、その年齢の到来、条件・資格の喪失により、当該社員の意思如何に関わらず、当然に退社となる。

総社員の同意によっても社員は退社する（607条1項2号）。総社員の同意とは申出者（この者は退社を望んでいる）を除くすべての社員の同意を意味する。総社員の同意要件を定款により緩和し、社員の過半数、あるいは、業務執行社員の同意のみによって退社することを認めることもできるが、これは定款で定めた退社事由となる。

> **COLUMN 社員の除名制度**
>
> 　会社は、特定の事由がある場合に、対象社員以外の社員の過半数の決議（決定）に基づき、対象社員の除名の訴えを提起することができる（859条——除名請求制度）。除名事由は、出資の義務を履行しないこと、競業禁止の規定に違反したこと、業務を執行するに当たって不正の行為をし、または業務を執行する権利がないのに業務の執行に関与したこと、合同会社を代表するに当たって不正の行為をし、または代表権がないのに合同会社を代表して行為をしたことのほか、重要な義務を尽くさないことである。これらは、その社員とともに会社を継続することが経済上、信用上困難となると目すべき事由である（東京地判平成9・10・13判時1654号137頁）。
>
> 　合同会社の社員の除名に係る859条は強行規定であり、この趣旨に反する定款規定は無効となる。前掲・東京地判平成9・10・13も、右規定は、強行法規と解するのが相当であり、右規定が除名事由を限定している趣旨に反して

> 定款で退社事由を追加したり、除名の手続を軽減したりすることは許されないとした上で、定款で定めることのできる退社事由は、退社事由が具体的に特定されていて、その発生が客観的に認識でき、当該退社事由の存否をめぐって社員間に紛争の生ずる余地のないような事由で、かつ、公序良俗に反しないものに限られ、単に他の社員との間に対立があるというだけで他の社員の過半数の決議により当該社員を退社させることができるような定款の定めは、無効であるとしている。

(4) 持分の払戻し

社員は、退社によって社員としての地位(持分)を失い、他方、持分の払戻しを受けることができる(611条1項本文)。持分は、その出資の種類を問わず、金銭で払い戻すことができる(611条3項)。

退社員に払い戻される「持分」とは、会社財産に対して有する分け前を意味する。この退社員と会社との間の計算は、退社時における会社の財産状況に従ってしなければならない(611条2項。なお、4項参照)[47]。この場合の財産評価方法は、事業の存続を前提とするものとなる(協同組合に関して、最判昭和44・12・11民集23巻12号2447頁)[48]。これに対して、退社員が払戻しを受ける額(持分相当分)の算定方法について規定はなく、定款に別段の定めがなければ、出資の価額に応ずることになるが、定款に定めがあればこれに従うことになると解されている[49]。

退社員に対する持分の払戻しに際して、会社全体の資本金の額を減少することができるが、それは持分払戻額から持分払戻日における剰余金額を控除して得た額を超えてはならず(626条3項・4項)、債権者保護手続を要する(627条。さらに、635条参照)。持分の払戻しに際して、資本減少が行われな

---

[47] 除名による退社の場合、「退社の時」は「除名の訴えを提起した時」とされ、訴え提起日以後の法定利率による利息も支払わなければならない(611条5項・6項)。
[48] 東京地判平成7・4・27判時1541号130頁は、DCF法と純資産方式を併用している。継続企業価値よりも清算価値を基準とすべきであるとする見解として、宍戸・合弁合同会社236頁。
[49] 宍戸・合弁合同会社236頁、論点解説590頁参照。

い場合には、当該退社員以外の社員に帰属していた剰余金が退社員への持分払戻金に充当され、退社員に計上されていた資本金の額は、残存する社員にその出資の割合に応じて配分される[50]。

　退社員は、会社財産に対して、強制執行を行って持分全額の払戻しを受けることができる。退社員に対する持分の払戻しについて、利益配当や出資の払戻しの場合のような財源規制は設けられていないが、持分払戻額が当該持分の払戻しをする日における剰余金額を超える場合には、債権者異議手続が必要となる（635条）[51]。これに違反して持分が払い戻された場合、退社員は、持分払戻額に相当する金銭支払義務を負い、持分払戻しに関する業務を行った社員は、過失ある場合には、退社員と連帯して、支払義務を負う（636条1項）。この義務は総社員の同意により、持分の払戻しをした時における剰余金額を限度として免除することができる（636条2項）。

> **COLUMN　持分払戻請求権の強行法規性**
>
> 　合名会社の持分の払戻しに係る平成17年改正前商法89条は、労務や信用出資との関連においてであるが、持分の払戻しについて定款で別段の定めを設けることを認めていた。このことにも配慮してか、持分の払戻しに関する規定は会社の内部関係の問題であるから、定款により持分の払戻しをしない旨定めることができると解されていた。東京高判昭和40・9・28下民集16巻9号1465頁は、平成17年改正前商法89条ただし書は注意的のものであり、合名会社の社員が除名によって退社したときは持分の払戻請求権を失う旨の定款の規定は合名会社が内部関係において定款をもって規律し得る事項に属するものであると判示している。
>
> 　会社法は、持分の払戻しについて、明示的に定款で別段の定めをすることを認めていないが、一般には、会社の内部関係に関する会社法611条1項・2項は任意規定であり、定款自治が妥当し、持分払戻請求権を否定する定款規定

---

(50)　江頭ほか・座談会（下）35頁［江頭］、新家＝桑田・留意点38頁～39頁、論点解説602頁～604頁参照。
(51)　この詳細は、本書209頁～210頁参照。

も有効であると解されている(52)。

しかし、合同会社の内部関係に関する事項は任意規定であると解するとしても、定款自治が無制限に認められるものであるか、検討を要する(53)。

個々の退社員が払戻しを受ける額、すなわち、持分の算定（評価）については、出資の価額によることなく、定款自治が認められる。しかし、持分譲渡の自由が認められていない合同会社において、持分払戻請求権を著しく制限することは、実質的に社員の投下資本回収の途を否定することとなり、社員の権利を著しく害し、公序良俗に反する可能性がある(54)。また、やむを得ない事由による退社が強行法的に保証されている。これは、退社することにより持分の払戻しを受けることを前提とするものであり、この場合には、持分払戻請求権を否定することはできないと解するべきである。

少なくとも、持分払戻請求権を否定する定款規定は総社員の同意に基かなければならず、さらに、当該合同会社において、そのような定款規定を設けることに合理性が認められなければならない。

なお、合弁事業の維持・発展の観点から、一定期間内の退社を抑制するため、○年○月○日までに退社した社員は、その持分の払戻しを受けることができない旨の定款規定には合理性が認められよう(55)。

第4款　管理運営

1　序

合同会社において、機動的、弾力的かつ効率的な会社経営を可能にするため、経営管理機構全般について定款自治が認められている。株式会社の株主総会に相当する社員総会制度は法定されていないが、定款で、社員の同意・承認・承諾・決定を組織的に行うための任意設置の機関として社員総会を設け、招集手続等について定め、柔軟な議決権構成を採用することができる。

---

(52)　論点体系(4) 458頁［和田宗久］。このほか、酒井＝野入・定款対談第6回38頁参照。
(53)　会社法コンメ(14) 48頁〜49頁［大杉］。なお、前掲注31も参照。
(54)　持分の譲渡について先買権者制度等の投下資本回収手段が確保されていない場合には、持分の払戻請求権を否定することは公序良俗に違反する可能性が高くなろう（宍戸・持分会社114頁）。
(55)　江頭編著・モデル定款176頁。会社法コンメ(14) 59頁〜60頁［大杉］は、除名による脱退については、持分の払戻しをしない旨の定款規定の合理性を認める。

定款の規定により、社員以外の者を業務執行者とすることができるかどうかが問題とされている。会社法は、業務執行社員と会社の関係のほか、競業禁止・利益相反取引の制限や会社または第三者に対する責任について、業務執行社員を前提に規定している。さらに、業務執行社員以外の業務執行者の登記制度もない（591条・914条6号7号）。したがって、会社法は、社員以外の者を業務執行者とすることは予定していないと解することが合理的である。業務執行権限（会社代表権限）を有するのは社員に限られるのである（社員の自己機関性）。

なお、定款で、「会計監査人」を置くことはできる。これは、かつての有限会社における会計監査人と同様、会計専門家の監査を受けることにより会計の正確性・適正さを確保するための任意設置の機関であり、当然には、株式会社の会計監査人に関する規定の適用を受けるものではない。

2 業務の決定

社員が2人以上ある場合に、会社の業務は、社員の過半数をもって決定する（590条2項）。定款で2人以上の業務執行社員を定めた場合は、会社の業務は、業務執行社員の過半数をもって決定する（591条1項前段）。常務については[56]、各社員・各業務執行社員が単独で行うことができるが、その完了前に他の社員（他の業務執行社員）が異議を述べたときは、原則に戻る（590条3項・591条1項後段）。なお、支配人の選任・解任は業務執行事項であるが、その有する包括的な代理権等の重要性に鑑み、定款で業務執行社員を定めた場合においても、定款に別段の定めがない限り、社員の過半数をもって決定するものとされている（591条2項）。

以上の定めは任意規定であり、定款で自由に会社の業務決定方法を定める

---

[56] 業務執行の決定と関連して、「常務」とその他の業務執行事項を区別する必要がある。株式会社において、代表取締役職務代行者は、常務に属しない行為をするには、裁判所の許可を得なければならない（352条1項、合同会社について603条1項）。この場合の「常務」とは、当該会社において日常行われるべき通常の業務を意味する（最判昭和50・6・27民集29巻6号879頁）。合同会社においても同様に解されよう。

ことができる。社員総会制度は、この別段の定めである。社員の決定について、頭数をベースとするのでなく、出資額や労務の貢献に配慮した多数決方法を採用することもできる。

　株式会社の株主総会や取締役会において、可否同数の場合、議長に決裁権を認めることができるかどうか議論されている。株主総会においては、株主平等原則との関連が、取締役会においては、通常議長となるべき代表取締役の専横の危険等が問題とされるのである。合同会社においては、株主平等原則に対応する社員平等原則はなく、可否同数の場合、社員全員の同意によりあらかじめ定めた「調停者」の決定に従う旨の定款規定も有効である[57]。

　定款の変更について、総社員の同意が求められているが、定款で別段の定めを設けることができる（637条）。他の社員全員の承諾によるものとされている持分の譲渡や競業の承認についても同様である（585条1項・4項・594条1項）。なお、違法な利益配当・利益配当後の欠損発生・出資払戻しに係る総社員の同意による責任免除については、定款自治は認められていない（629条2項ただし書・631条2項・633条2項ただし書参照）。

3　業務の執行・代表

　社員は、定款に別段の定めがある場合を除いて、会社の業務を執行する（590条1項——社員の自己機関性）。会社法591条1項は「業務を執行する社員を定款で定めた場合」について規定するが、これには、定款に業務執行社員の氏名・名称を記載する場合だけでなく、業務執行社員を定める旨の一般規定を定款に設ける場合も含まれる[58]。定款において、業務執行社員を総社員の同意または社員の過半数により決定する旨定めるほか、任意の社員総会制度を設け、業務執行社員を社員総会で決定するものとすることもできる。

　定款の定めによる業務執行社員の任期に法的な制約はない。これは、定期的に業務執行社員を変更するための定款変更等の手続と当該変更登記の必要

---

(57)　江頭編著・モデル定款199頁。この場合の「調停者」は社員でなくてもよいとする。
(58)　松井611頁、676頁参照。

がないことを意味する（手続と登記費用の節約）。

業務執行社員は、原則として会社を代表するが（599条1項本文・2項）、定款の定めにより特定の業務執行社員を会社代表者とし、または、定款の定めに基づく社員の互選によって、業務執行社員の中から合同会社を代表する社員を定めることができる（599条3項）。合同会社を代表する社員は、業務に関する一切の裁判上または裁判外の行為をする包括的な代表権を有する（599条4項）。合同会社はこの権限の範囲を制限することはできるが、当該制限について善意の第三者に対抗することができない（599条5項）。

COLUMN　互選の意義

599条3項は、「社員」の互選によって、「業務執行社員」の中から、代表社員を定めるものとする。実務上、「互選」という用語の一般的理解を基礎に、「社員の互選」が「業務執行社員の互選」と読み替えられている。

しかし、会社法は、「社員」と「業務を執行する社員」を明確に区別している（591条1項・2項、647条1項3号参照）。会社を代表する業務執行社員の選定は重要な決定であるため、定款で業務執行社員が定められている場合であっても、業務執行社員でなく、社員の決定に委ねることには合理性がある（591条2項参照）。業務執行社員も社員であるため、「社員の互選により（社員である）業務執行社員の中から」と規定されていると説明することができる。

このいずれの見解にも理由があり、「定款の定めに基づく社員の互選」にはこの両者を含むと柔軟に解釈することが妥当であろう[59]。

4　業務執行社員の法的地位

全ての社員が業務執行社員となり、会社意思形成に参画し業務を執行するのは、入社契約に基礎を置く法律関係である。この場合、社員の間で、業務執行に係る役割分担（営業担当・財務担当・研究開発担当等）が取り決めら

---

[59] 江頭編著・モデル定款48頁は、定款所定の代表社員に事故がある場合、「互選」を「他の社員（事故ある社員以外の）の過半数をもって選定する」と読み替えている。

れ、各社員は、それぞれの担当分野の業務を執行することとなるが、このために、社員関係とは別個の委任契約の成立を観念する必要は特にない。

　当該社員は、自らの財産でなく、会社財産の管理を行うのであり、その実質は委任関係と異ならない。このため、会社法は、業務を執行する社員に対して委任に関する規定と同様の規定を設け、また、「委任」を「職務」と読み替えて、多数の委任に関する規定を準用している（593条4項）。

　定款の定めにより特定の社員が業務執行社員となる場合の業務執行社員と会社の関係は、社員関係とは別個の委任契約に基づくものであると解する立場もないわけではない。しかし、全ての社員が業務執行社員となる場合と定款の定めにより特定の社員が業務執行社員となる場合の業務執行社員の法的地位（会社と業務執行社員の法律関係）に相違はない。いずれの業務執行社員も社員関係を基礎とすると解することが合理的である。定款の定めにより特定の社員を業務執行社員とするには当該社員の同意が必要となるが、そのことを理由に、社員関係とは別個の委任契約の成立を認める必要はない。

　民法上の組合において、組合契約の定めるところにより、その業務の決定および執行を1人または数人の組合員または第三者に「委任」することができる（民法670条2項）。第三者に委任する場合は委任契約が締結される。これに対して、組合員に委任することは組合契約が定めているのであり、それとは別個に委任契約が締結されるわけではない。このような理解に基づいて、業務を決定し執行する組合員について、委任の規定が準用されている（民法671条）と説明されている[60]。

　業務執行社員は、善良な管理者の注意をもって、その職務を行う義務を負い、法令定款を遵守し、会社のため忠実にその職務を行わなければならない（593条1項・2項——善管注意義務・忠実義務）。これは、株式会社の取締役の一般的義務（330条＝民法644条、会社法355条）と同趣旨の規定であり、

---

[60] 山本敬三・民法講義Ⅳ-1契約（有斐閣、2005）763頁。もっとも、組合契約とは別個に委任契約に基づいて業務執行を組合員中の特定の者に委任することも許されると解されている（新版注釈民法(17)（1993、有斐閣）98頁［森泉章］）。合同会社においては、第三者に業務執行を委任することは認められていない。

強行規定である（593条5項参照）。業務執行社員について、競業禁止・利益相反取引の制限規定が設けられているが（594条1項、595条1項）、これらについては、定款で別段の定めをすることが認められている。

業務執行社員に民法648条と648条の2の規定が準用されている（593条4項）。業務執行社員は、特約があれば、会社に対して報酬を請求することができるのである。

COLUMN　業務執行社員の報酬

業務執行社員に対する報酬の支払いについて、会社と業務執行社員の間に、入社契約とは別に、委任契約ないしそれと類似の契約が締結され、595条所定の利益相反取引に係る規定の適用を受けると解されている(61)。しかし、全ての社員が業務執行社員である場合に、報酬を支払う場合に限って、委任契約の締結を観念することには疑問がある。

業務執行社員に対する報酬特約は、社員としての資格における労務（サービス）提供の対価であると解することが合理的である。これは、593条4項後段の準用条文の整理（「委任」を「その職務」に読み替え）からも明らかとなろう。業務執行社員の労務提供に配慮して当該社員の損益分配・利益配当割合を定めることもできるが、その割合を複雑にしないため、さらに、合同会社の損益状況にかかわらず業務執行社員に金銭等を支給するためや税引前利益から支給することができるメリットを享受するため、報酬構成が採用されるのである(62)。

少数派社員である非業務執行社員の配当原資となる利益剰余金を生じさせない等の少数派社員の抑圧に報酬制度が利用され危険がある。このため、立法論として、業務執行社員の報酬は、定款に別段の定めがある場合を除いて、総社員の同意を要する旨の規定を設けることが提案されているが(63)、報酬の支払特約は、社員関係を律する定款規定の付属的内容として、総社員の同意を要するが、定款でその要件を緩和することができると解することが合理的である。

(61)　江頭編著・モデル定款43頁、論点体系(4)409頁〜410頁［橡川泰史］。
(62)　税法上、業務執行社員の報酬は役員報酬として処理されるが（法人税法2条15号、法人税法施行令7条1号）、それは「経営に従事している」ことを理由とし、その法律関係が社員関係であるか委任関係であるかどうかとは無関係である。

5　業務執行社員の任務懈怠責任

(1)　序

　業務執行社員は、その任務を怠ったときは、会社に対し、連帯して、これによって生じた損害を賠償する責任を負う（596条）。この業務執行社員の会社に対する任務懈怠責任は、株式会社の取締役等の会社に対する任務懈怠責任と同様（423条1項）、法定責任であるが、この責任の軽減免除について、424条〜427条のような規定はない[64]。したがって、これには定款自治が妥当することになるが、強行規定である善管注意義務と忠実義務に係る会社法593条1項と2項との関係を整理する必要がある。

(2)　責任の軽減免除要件

　会社法の立案担当者は、責任の軽減免除の自由を強調し、定款で善管注意義務を負わないのと同趣旨の事前の責任免除規定を設けることもできると解説している[65]。学説は一般に、任務懈怠責任の減免について定款自治が妥当し、公序良俗に反しない限り責任減免規定は有効であるとするが、定款に別段の定めがない場合であっても、業務執行社員との個別の契約で任務懈怠責任を事前に軽減・免除することができる、あるいは、595条1項の手続に従って責任を免除することができるとする見解もある[66]。

　この問題は、事前の一般的免責と個別的な事後的免責を区別し、さらに、一人合同会社を前提にするのか、そうでないのか区別して、議論する必要がある。

---

(63)　江頭・合同会社制度254頁。
(64)　特別の支払義務である利益配当に関する責任、欠損が生じた場合の責任、出資の払戻しに関する責任、持分払戻しに関する責任については、総社員の同意がその責任の全部または一部の免除の要件とされている（629条2項・631条2項・633条2項・636条2項）。
(65)　論点解説576頁参照。会社法593条1項と2項は具体的な権利義務を定めるものでなく、これらの義務違反によって損害賠償責任を負うという関係にあることから、責任追及の問題として解決すれば足りるとして、別段の定めについて規定しなかったというのである（立案担当者160頁）。
(66)　論点体系(4)419頁［檜川］、会社法コンメ(14)165頁［北村雅史］。

一人合同会社を前提とするようであるが、「当会社の業務を執行する社員が当会社に対して負う損害賠償責任は、これを免除する。」という定款規定が提示されている[67]。しかし、一般論として、業務執行社員が一切の任務懈怠責任を負わないのは、善管注意義務または忠実義務の定めの趣旨を無にするものであり、合同会社の維持・発展のために認められている定款自治の趣旨に反するとして、その効力を否定すべきである。

また、悪意ある任務懈怠について事前に責任を全部免除することは、公序良俗違反となろう。法令遵守が強調されている今日、重過失ある法令違反行為についても同様に解される。したがって、「業務執行社員の任務懈怠による会社に対する損害賠償責任は、故意又は重過失による場合を除き、これを免除する。」というような定款規定が妥当であろう。

これに対して、業務執行社員の責任の事後的免除については、業務執行社員に悪意がない限り、当該社員以外の社員あるいは業務執行社員の過半数の決議により、その責任を免除する旨の定款規定を設けることが認められよう。悪意ある場合には、総社員の同意を要することとなろう。

(3) 第三者に対する責任

業務執行社員がその職務を行うについて悪意または重過失があったときは、当該社員は、連帯して、これによって第三者に生じた損害を賠償する責任を負う（597条）。これは、429条1項が規定する株式会社の取締役等の第三者に対する責任と同趣旨の規定である[68]。業務執行社員の対第三者責任の減免規定も設けられていないが、規定の趣旨から（会社の外部関係）、定款自治は認められないと解されている（強行規定）。業務執行社員以外の社員については、不法行為責任等が問題となる[69]。

---

(67) 仲谷＝田中・定款24頁。
(68) 合同会社について、計算書類の虚偽記載に係る対第三者責任は設けられていない（429条2項参照）。これは計算書類の公開制度が設けられていないことを理由とするのであろう。株式会社における連結計算書類の虚偽記載についても、対第三者責任は規定されていない。

株式会社が完全子会社として合同会社を設立する場合、親会社は、業務執行社員として、第三者に対する責任を負う。このようなリスクが合同会社の利用を妨げる要因となるといわれる(70)。しかし、これは悪意重過失がある場合の責任であり、この「リスク」を強調することには疑問がある。また、今後、親会社の子会社管理責任が厳しく問われることとなる可能性があることにも留意すべきである。

むしろ、親会社による子会社管理の直接性というメリットを評価すべきである。株式会社形態の完全子会社の場合、親会社から派遣された取締役であっても、完全子会社の取締役は、自らの責任で当該子会社のために善管注意義務を尽くし忠実に職務を執行しなければならない（自己執行義務）。完全親会社といえども、子会社の取締役に対する指図権は法的には認められていないのである。これに対して、合同会社形態の完全子会社の場合、法人業務執行社員である完全親会社の職務執行者は、親会社との間に委任関係が認められ、親会社は職務執行者に指図することができ、職務執行者は指図遵守義務を負うこととなる。

合同会社の業務執行社員の他の業務執行社員の監視義務について、社員は出資者として業務を執行していることを理由に、これを否定する見解が一般的である(71)。社員の業務・財産状況調査権（592条）の「権利性」を強調して、社員は、適法性を確保するための義務（監視義務）まで負うものでなく、「その職務」の範囲は、取締役の場合と同一ではないとされるのである。

---

(69) 江頭・要綱案の解説7頁。
(70) 関口智弘＝西垣建剛「合同会社や有限責任事業組合の実務上の利用例と問題点」法時80巻11号（2008年）20頁。
(71) 立案担当者160頁〜161頁。これを認める見解として、会社法コンメ(14)147頁［尾関幸美］。合同会社の規模によっては、内部統制システムの整備義務を認める余地もあるとする。なお、有限責任事業組合の組合員は、合同会社の業務執行社員と異なり、監視義務を負わないとする見解がある（宍戸・持分会社117頁）。

> 業務執行社員は、自らのものでない会社財産を管理しており、そのために取締役と同様の善管注意義務・忠実義務を負い、しかも、報酬を受けることもできる。業務の執行は、各自が無関係に行うのでなく、連携することが求められる。したがって、他の業務執行社員の業務執行を積極的に調査する必要はないとしても、その業務執行の過程で他の業務執行社員の個別的法令に違反する業務執行または忠実義務違反となるような業務執行を知ったときは、その是正のため適切に対応しなければならないように思われる。
> 　監視義務は調査義務と是正義務から構成され、義務のレベルにも様々なものがあり、具体的な義務の内容について柔軟に解する余地があるとしても、非業務執行社員の利益保護や業務執行社員の第三者に対する責任に配慮するとき、業務執行社員に監視義務は一切ないということは問題であろう[72]。

6　非業務執行社員の法的地位

　定款で業務執行社員が定められる場合、それ以外の社員（非業務執行社員）は業務の決定や執行に原則として参画することはできない。非業務執行社員は経営から排除されるのである。このような非業務執行社員を保護するため、社員に経営監視権が認められている。

　第1に、社員一般について、業務執行社員に対する職務執行状況の報告請求権が認められている。業務執行社員は、会社または他の社員の請求があるときは、いつでもその職務の執行状況を報告し、その職務が終了した後は、遅滞なくその経過および結果を報告しなければならない（593条3項）。これは受任者の報告義務（民法645条）をベースに、合同会社と社員に対する報告義務に変容したものである。この報告義務については、全面的に定款自治が認められている（593条5項）。

　第2に、各社員は、裁判所の許可を要することなく、自ら直接または代理人（専門家）に委任して、会社の業務・財産状況を調査することができる（592条1項）[73]。これについても、定款で別段の定めを設けることができる

---

(72) 大規模な合同会社には内部統制システムの整備を義務づけるべきであるとの議論もあったが、パススルー課税の障害となってはならないという理由で、義務づけられなかったようである（江頭ほか・座談会（上）7頁［江頭］）。

が、事業年度の終了時または重要な事由があるときには、この社員の調査権を制限することはできない（592条2項）[74]。

社員による他の社員の責任追及の訴え提起権が認められている（602条）。各社員に例外的に会社代表権が認められるのであり、原告は、株主代表訴訟と異なり、会社である。社員に違法行為の差止請求権は認められていない。

なお、合同会社は、業務執行社員に、社員の除名事由に該当する事由が認められる場合のほか、職務執行に著しく不適任なときは、当該業務執行社員を被告として、訴えをもってその業務執行権または代表権の消滅を請求することができる（860条・861条2号）。これは各社員の権利ではない。合同会社が、当該業務執行社員以外の社員の過半数の決議（正確には、「決定」とすべきであろう）に基づき、訴えを提起するのである。

7　法人業務執行社員の職務執行者

(1)　序

法人業務執行社員・法人代表社員は、自ら、業務執行・会社代表行為を行うことはできない。当該法人の代表取締役等の代表者が合同会社の業務執行・会社代表行為を行うこととなるが、これは代表者にとって過重負担となるため、法人業務執行社員の職務執行者制度が設けられている。

法人業務執行社員は、その職務を行うべき者（職務執行者）を選任しなければならない（598条1項）。法人代表社員の職務執行者については、その氏名と住所が登記される（914条8号）[75]。法人業務執行社員が複数の職務執行

---

(73)　株式会社においては、少数株主権として、株主に、不正の行為または法令定款に違反する重大事実があることを疑うに足りる事由があるときに、裁判所に対して、業務・財産状況を調査する検査役選任請求権が認められている（358条）。

(74)　社員に計算書類の閲覧等請求権が認められている（618条1項）。これについても定款自治が認められるが、事業年度の終了時において閲覧等を制限することはできない（618条2項）。

(75)　代表社員の登記に関連して、法人代表社員の職務を行うべき者の選任は取締役会の専決事項であるとされている（平成18年3月31日法務省民商782号［民事局長通達］第4部第2　2(3)ア(ウ)）。これは、支配人の場合と同様、包括的代表権を行使することができるためであろう。

者を選任することも禁止されない。一人合同会社の場合、複数の職務執行者を選任する実益があるように思われる[76]。

職務執行者の資格に制限はない。法人業務執行社員の代表者が職務執行者となることもできる。当該法人の役員・従業員でない顧問弁護士等を職務執行者とすることもできる。したがって、当該法人と職務執行者の契約関係は委任契約や雇傭契約等、様々なものが考えられる[77]。両者の関係は業務執行社員である法人の純然たる内部関係であり、具体的な業務執行に際して、法人業務執行社員（その代表者）の個別の決裁が職務執行者に義務づけられている場合もあるようである[78]。

職務執行者の辞任・解任について特段の規定はない。職務執行者については、もっぱら法人社員の内部関係として処理されるのである。

COLUMN
法人業務執行社員とその職務執行者の職務権限の分配

法人業務執行社員の職務執行者とは、「業務を執行する社員の職務を行うべき者」である。職務執行者制度を設けた趣旨や業務執行社員でない法人社員に職務執行者制度が採用されていないことから、職務執行者が行うことができるのは、合同会社の社員の行為のうち業務執行社員としての職務行為、すなわち、業務執行関連事項であり、業務執行社員でない社員が社員として会社の意思決定に参画する行為は、職務執行者でなく、当該法人の代表者が行うこととなる[79]。

総社員や他の社員全員の同意・承認を要する会社事項、具体的には、定款変更、持分譲渡の承諾、総社員の同意による解散等は、会社の基本的組織事項で

---

[76] 一人合同会社において、法人業務執行社員の職務執行者を複数選任する場合に、そのうちの一人を代表社員としての職務執行者とすることに合理性があるようにも思われるが、会社法は、代表社員としての職務執行者の選任について明示的に規定していない。このため、実務上、全ての職務執行者が代表社員としての職務執行者として、登記されているようである（本書381頁～382頁の図表参照）。
[77] 論点解説580頁。
[78] 新家＝桑田・留意点34頁。
[79] 小川＝相澤286頁。

> あり、「業務執行関連事項」でない。このような合同会社の組織事項については、業務執行社員に権限が委譲されていない限り、その決定は法人社員自ら、すなわち、当該法人の代表者が行うこととなる。

(2) 職務執行者の法的地位

合同会社と法人業務執行社員の職務執行者の間に直接の契約関係は認められない。しかし、職務執行者について、593条～597条の規定が準用され（598条2項）、職務執行者には善管注意義務・忠実義務が課されるほか、競業・利益相反規制の適用を受け、対会社責任・対第三者責任を負う。会社法は、職務執行者と合同会社の関係を委任に準ずる関係と構成しているのである。職務執行者は、特約があれば、合同会社に報酬を請求することができるが、このために、合同会社と職務執行者の間の任用契約を観念する必要はない。

法人業務執行社員は、その職務執行者の選任監督に注意義務を尽くしておればよいとする見解もある[80]。しかし、法人業務執行社員と自然人である業務執行社員の責任が異なることは問題である。職務執行者の職務執行行為は、会社との関係では、当該法人の代表者の職務執行行為に準ずる法人業務執行社員の職務執行とみなされ、職務執行者に任務懈怠が認められる場合は、法人業務執行社員についても任務懈怠となり、両者は、連帯して、損害賠償責任を負うと解することが合理的である。

第5款　合同会社の計算等

1　序

合同会社の計算等については、持分会社一般に適用される規定（614条～624条）のほか、有限責任社員のみから構成される合同会社の債権者を保護するため、合同会社の計算等に関する特則（625条～636条）が設けられている。

---

(80) 論点体系(4)425頁［榮川］。会社と職務執行者の関係は法人業務執行社員の権限の復委任に類似する関係であるとする。

合同会社の会計は、一般に公正妥当と認められる企業会計の慣行に従う（614条）。合同会社は、会社計算規則の定めるところにより、適時に、正確な会計帳簿を作成し、閉鎖の時から10年間、その会計帳簿と事業に関する重要な資料を保存しなければならない（615条）。合同会社は、会社計算規則の定めるところにより、各事業年度に係る計算書類を作成し、作成した時から10年間、これを保存しなければならない（617条）。裁判所は、申立てによりまたは職権で、訴訟当事者に対して、会計帳簿および計算書類の全部または一部の提出を命ずることができる（616条・619条）。

　事業年度は、業務執行事項として、社員または業務執行社員の過半数をもって決定することができるが（590条2項・591条1項本文）、通常、定款に定められているようである。なお、事業年度は、株式会社の場合と同様、1年を超えることはできない（617条2項、計算規則71条2項後段）。

2　計算書類

(1)　序

　合同会社の計算書類は、貸借対照表・損益計算書・社員資本等変動計算書・注記表である（617条2項、計算規則71条1項2号）。株式会社と異なり、附属明細書や事業報告の作成は義務づけられていない。臨時計算書類・連結計算書類制度も設けられていない。貸借対照表の純資産の部の社員資本は、資本金と出資金申込証拠金、資本剰余金と利益剰余金に分けられる（計算規則76条3項）。株式会社のように（会社計算76条4項・5項参照）、資本剰余金が資本準備金とその他資本剰余金に、利益剰余金が利益準備金とその他利益剰余金に区別されていない。合同会社においては、法定準備金制度は設けられていないのである。

(2)　計算書類の「作成」と「確定」

　株式会社実務において、計算書類の作成と確定は異なるものと解されている。計算書類は、業務執行事項として、業務執行取締役が作成し（435条2項）、監査等の手続を経て、取締役会設置会社においては取締役会が承認し

た後、原則として定時株主総会における承認を受けることにより、計算書類は確定する（438条2項。会計監査人設置会社の特則について439条参照）。

　合同会社においては、決算手続ないし計算書類確定手続は法定されていない。計算書類は合同会社が作成する（617条2項）。それは権限ある社員（業務執行社員）が作成する。さらに、実務上、計算書類は、業務執行事項として、社員（業務執行社員）の過半数によって確定されることとなろう[81]。

　計算書類は、株式会社においても合同会社においても、作成の時から10年間、保存しなければならない（435条4項・617条4項）。合同会社の社員は、営業時間内はいつでも計算書類の閲覧等を請求することができるが、定款で、事業年度の終了時点において請求するものとすることができる（618条）。合同会社の債権者は、営業時間内はいつでも、作成した日から5年以内の計算書類の閲覧等を請求することができる（625条）。

(3)　計算書類の保存と備置

　株式会社においては、計算書類の保存（435条4項）と備置（442条1項）が区別されている。保存は事実行為であり、備置は閲覧等を円滑にするための法的制度である。合同会社において、計算書類の備置制度は設けられていない。持分会社一般について、会社債権者に対する計算書類の閲覧等請求権が認められていないからであろう。合同会社においては、会社債権者の閲覧等に供するため、計算書類を備置に準ずるような態様で適切に保存しなければならないと解される。

(4)　計算書類の公告

　合同会社において、計算書類の公告義務はなく、大会社に相当する場合であっても、会計監査人監査は強制されない。立案担当者は、会社と利害関係

---

(81)　神﨑・設立・運営のすべて121頁。松井605頁は、業務執行社員は、各事業年度終了日から3か月以内に計算書類を作成し、総社員の同意を求めなければならない旨の定款例をあげる。

のない不特定多数者に財産状況を開示させてまで取引を円滑化させる必要はないとするが[82]、パススルー税制を導入するためこれらの制度が採用されなかったとも指摘されている[83]。合同会社の負担を軽減しその効用を高めるためにあえて導入されなかったのであろう[84]。立法論として、大規模な合同会社については、計算書類の公開とともに会計監査人監査制度の導入を検討すべきである。

3 資本制度

　資本金の額は合同会社の登記事項であるが、資本制度は、大幅に柔軟化されている。出資された財産の価額の半分以上を資本金に計上する必要はない。資本準備金や利益準備金制度（資本の補完制度）もない（445条1項～4項参照）。会社成立後の出資に際して、資本金の額を増加させないこととして、出資価額全額を資本剰余金とすることにより、出資金を配当原資とすることができる。実務的には、増資のための登記が不要となって登録免許税を回避することが重要である。

　持分会社一般について、損失のてん補のために、その資本金の額を減少することができる（620条1項）。合同会社においては、それに加えて、出資の払戻しまたは持分の払戻しのために、資本金の額を減少することができる（626条）。合同会社の債権者は、上記いずれの資本金の額の減少についても異議を述べることができ、資本金の額の減少は、債権者異議手続が終了した日にその効力を生ずる（627条）。

---

(82)　立案担当者276頁～278頁。
(83)　江頭憲治郎「『会社法制の現代化に関する要綱案』の解説［I］」商事1721号（2005）6頁。
(84)　官報による決算公告費用は7万円程度であり、会計監査人監査を義務づけると、さらに費用が増加する。

4　利益配当・出資の払戻し

(1)　損益の分配と利益配当

　合同会社において、損益の分配と利益配当が区別して規定されている。損益の分配とは、計算書類の作成（確定）により明らかとなった会社の損益を帳簿上各社員に分配することを意味する（622条）。損益分配の割合は、原則として各社員の出資の価額に応じて定められるが、定款で別段の定めをすることができる（622条1項）。定款において、社員の労務提供にも留意して損益の分配基準を定めることができる[85]。

　利益配当とは、社員に利益として分配された会社財産を現実に払い戻すことを意味し（621条）、当該社員に割り振られている利益剰余金がその原資となる。

(2)　利益の配当

　事業年度ごとの計算書類の作成（確定）により会社の利益・損失が明らかになる。その後、損益分配の割合に応じて（原則として、当該事業年度の末日における各社員の出資の価額に応じて）、各社員に利益が分配され、社員は、会社に対して、利益の配当として、自己に分配されている利益の額に相当する会社財産の現実の払戻しを請求することができる（621条1項）。

　合同会社は、利益の配当により社員に対して交付する金銭等の帳簿価額が当該利益の配当をする日における利益額を超える場合には、当該利益の配当をすることができず、社員が利益の配当を請求しても請求を拒むことができる（628条）。この「利益額」とは、利益の配当をした日における利益剰余金の額と当該配当を請求した社員に既に分配されている利益の額（既に分配された損失の額および配当を受けた額を減じて得た額）のいずれか小さい額をいう（計算規則163条）[86]。株式会社におけるような純資産額が300万円を下

---

[85]　持分の大きさとの関連において、労務出資を認めるかどうかは言葉の問題となる（会社法コンメ(14)6頁～7頁［宍戸］）。
[86]　論点解説595頁。

回る会社の配当制限制度（458条参照）は設けられていない。

　会社は、利益の配当を請求する方法その他の利益の配当に関する事項を定款で定めることができる（621条2項）。会社運営の合理性の観点から、実務上、定款において、社員の過半数の同意によって利益配当について定め、社員は、この場合を除いて、会社に対して利益の配当を請求することができないものとされている。この場合は、社員の過半数の同意によって、社員が利益配当を請求しうる時期・方法・回数、当期に配当する利益額等が確定することとなる[87]。

(3)　出資の払戻し

　持分会社の社員は、会社に対して、出資の払戻しを請求することができるとされているが（624条1項）、合同会社において、社員は、定款を変更して、その出資の価額を減少する場合を除いて、出資の払戻しを請求することができない（632条1項）。

　資本金の額の減少には厳格な手続が求められるため、原則として、資本剰余金を減少させることにより出資の払戻しが行われる[88]。

　合同会社の出資払戻額（632条2項第1括弧書参照）が出資の払戻しを請求した日における剰余金額または出資の価額の減少額のいずれか少ない額を超える場合には、会社は、当該出資の払戻しをすることができない。出資の払戻請求を拒むことができるのである（632条2項）。

(4)　違法な配当・出資の払戻しと責任

　違法な配当・出資の払戻しに係る責任規定が設けられている（623条1項・629条～631条・633条・634条）。会社債権者保護のため、これらの責任について、定款で別段の定めを設けることはできない。

---

(87)　論点解説594頁、江頭ほか・座談会（下）34頁［新家］、江頭編著・モデル定款66頁～68頁参照。
(88)　郡谷大輔＝細川充「持分会社の計算（下）」商事1772号（2006）25頁。

第6款　合同会社の解散・清算

1　解散事由

　合同会社は、①定款で定めた存続期間の満了、②定款で定めた解散事由の発生、③総社員の同意、④社員が欠けたこと、⑤当該合同会社が消滅する合併、⑥破産手続開始の決定のほか、⑦会社の解散を命ずる裁判（解散命令・会社解散判決）により、解散する（641条）。①から④の事由により解散したときは、2週間以内に本店所在地において解散の登記をしなければならない（926条）。①から③の事由により解散した場合は、清算が結了するまで、社員の全部または一部の同意によって、合同会社を継続することができる（642条1項）。この場合、2週間以内に本店所在地において継続の登記をしなければならない（927条）。また、会社継続に同意しなかった社員は、退社する（642条2項）。

2　清　算

　上記⑤の事由および⑥の決定による場合（当該破産手続が終了していない場合）を除いて、解散した場合、および、設立無効の訴えに係る請求および設立取消しの訴えに係る請求を認容する判決が確定した場合に、清算がはじまる（644条）。

　清算とは、解散した会社が、現務を結了し、債権を取り立て、債務を弁済し、残余財産を社員に分配する等して、会社を消滅させる一連の手続を総称するものである。清算合同会社は、清算の目的の範囲内において、清算が結了するまでなお存続するものとみなされる（645条）。合同会社においては、会社債権者保護の観点から、任意清算は認められていない。会社法644条〜667条の規定に従って、清算手続が行われる（法定清算）。

　清算合同会社は清算人を置かなければならない（646条。清算人の登記について928条参照）。業務執行社員が原則として清算人となるが、定款で清算人を定めることのほか、社員（業務執行社員）の過半数の同意によって、清算人を定めることができる（647条1項）。これらにより清算人となる者がいないときは、裁判所が利害関係人の申立てにより清算人を選任する（647条2

項)。

　社員が欠けたことまたは解散を命ずる裁判により解散するときは、裁判所は、利害関係人もしくは法務大臣の申立てにより、または職権で、清算人を選任する（647条3項）。設立無効・取消判決が確定した場合は、裁判所は、利害関係人の申立てにより、清算人を選任する（647条4項）。これらの場合には、会社自治は認められず、裁判所が清算人を選任するのである。

　清算人は清算合同会社の業務執行機関であり（650条1項）、清算合同会社を代表するが（655条1項本文・2項）、清算人の中から代表清算人を定めることもできる（655条1項ただし書・3項）。法人清算人も認められる。この場合は、清算人の職務を行うべき者を選任し、その者の氏名・住所を社員に通知しなければならない（654条1項）。会社と清算人、さらに、会社と清算人の職務執行者の関係は委任に関する規定に従い、業務執行社員に係る593条2項（忠実義務）、594条（競業の禁止）、595条（利益相反取引の制限）の規定が準用され、対会社・対第三者責任に関する規定も設けられている（651条～653条・654条2項）。

　清算人は、就任後遅滞なく清算開始原因が生じた日における財産目録と貸借対照表を作成し、各社員にその内容を通知しなければならない（658条1項）。清算人の職務は、株式会社の場合と基本的に同様、現務の結了（解散時における業務を完了させること）、債権の取立・債務の弁済、残余財産の分配である（649条）。残余財産の分配の割合は、各社員の出資の価額に応じて定めることが原則であるが、定款自治が認められ、株式会社の場合のような細かな規定は設けられていない（666条・504条～506条参照）。

　清算合同会社は、清算事務が終了したときは、遅滞なく、清算に係る計算をして、社員の承認を受けなければならない（667条1項）。これにより、清算は結了し、清算合同会社の法人格は消滅する。なお、社員が1か月以内に計算について異議を述べなかったときは、社員は当該計算の承認をしたものとみなされる（667条2項）。これは、社員総会による計算の承認制度が設けられていないため、清算手続を迅速に結了するための特別規定であり、「1か月以内」とは、承認を求めるため計算関係書類を社員に提示した日から1

か月以内と解することになろう⁽⁸⁹⁾。清算人の職務執行に不正の行為があったときは、この承認擬制は適用されない。この規定は、不正の行為がない限り、計算の承認により清算人の任務懈怠責任が免除されることを含意していると解することが合理的である（507条4項参照）。

　清算人は、社員の承認を得た日から2週間以内に、本店所在地において清算結了の登記をしなければならない（929条3号）。この登記は、清算が結了し、清算合同会社が消滅したことを公示するものである。

（森本　滋）

---

(89)　会社法コンメ⑮227頁［川島いずみ］。

第2章 合同会社の設立

第1節　概説――合同会社の設立手順

　合同会社を設立する場合、概ね以下のような手順で設立手続を進めることになる。

① 設立にあたって必要となる基本的な事項の決定

　　定款の絶対的記載事項にあたる、目的、商号、本店の所在地、社員、出資財産とその価額は最低限決定する必要がある。その他、あらかじめ決定しておく必要がある事項、たとえば、合弁事業を行う会社として合同会社を設立するような場合には、合弁契約の内容（これを定款に盛り込むか否かは別途検討を要する）を決定しておく必要がある。

② 定款の作成

　　①で決定された内容に従い、定款を作成することになる。

③ 出資の履行

④ 登記申請手続

　　合同会社は、設立の登記をすることによって成立する（579条）。

⑤ 税務署、官公署への届出

　　設立後、税務署や、年金事務所等への届出をすることとなる。

COLUMN 株式会社の設立手続との相違

株式会社については、発起人が設立時発行株式の全部を引き受ける方法（25条1項1号。発起設立という）と発起人が設立時発行株式を引き受けるほか、設立時発行株式を引き受ける者を募集する方法（25条1項2号。募集設立という）のいずれも認められている。合同会社では、社員となろうとする者が定款を作成して、その全員がこれに署名し、または記名押印することとされ（575条）、この社員となろうとする者が出資の履行を行うことになる（578条）ため、募集設立のような方法は想定されていない。発起人制度もない。

また、合同会社でも、定款の作成後、設立の登記をする（会社が成立する）時までに、金銭出資は、金銭の全額の払い込み、現物出資の場合は、財産の全部の給付が求められるが（578条本文）、株式会社の場合と異なり、金銭出資の履行にあたって、払込取扱機関に対して金銭を払い込む必要はなく、直接代表社員に払い込むことも認められる。また、現物出資に関する検査役の調査や目的物不足額てん補責任制度も設けられていない。これは、株式会社では問題となる株主間の価値移転の問題については、総社員の一致により出資の目的および価額を決めることとされている持分会社においては考慮する必要がないからと説明されている[1]。会社法の立案担当者は、不足額のてん補責任がなくても、会社債権者との関係においては問題が生じないとする[2]が、不当評価があった場合に会社債権者の利益が害されてはならないとの理由から、社員は会社債権者に対して差額の責任をさらに負担すべきであるとする見解も多い[3]。

さらに、定款の公証人による認証も不要となり、登録免許税も含め、設立費用が安価となる。資本金の額についても、払込みまたは給付に係る額の2分の1以上を資本金として計上しなければならないという株式会社のような規制（445条2項）もない。

---

(1) 立案担当者156頁。
(2) 立案担当者156頁。
(3) 会社法コンメ(14)83頁〜84頁［今泉邦子］。

第2節　定款の作成

1　序

　合同会社では、定款自治が広く認められており、定款設計の自由度が高い点に特徴がある。その反面、各合同会社の活用形態に合わせて、一から定款を作成するとなると、多大な労力を要する場合もある。本節では、合同会社の設立時の定款作成の一助となるべく、定款作成にかかる手続的な事項のほか、絶対的記載事項、相対的記載事項、任意的記載事項に分けて、具体的な規定例を挙げて解説し、また、定款の記載をもってしても会社法の条文から変更することができない事項についても適宜触れることとしたい。

2　手続的な事項

　定款の作成には、公証人の認証は必要とされていない。これは、株式会社に比べ利害関係人の数が少なく、複雑な法律関係が生ずることも少ないことから、公証人を関与させて定款作成に伴う紛争と不正行為を防止する必要性が低いことによるとされている[4]。

　定款は、社員となろうとする者が作成し、その全員が署名または記名押印をしなければならない。定款は、電磁的記録をもって作成することも可能であり、この場合には、署名または記名押印に代えて電子署名を行わなければならない（575条2項、施行規則225条1項10号）。

　なお、定款を書面で作成した場合には、定款の原本1通につき、4万円の印紙税を納める必要がある（印紙税法別表一の六）が、電子定款の場合には、印紙税は課されない。電子定款を作成する場合には、一定の機器、ソフトを要するが、合同会社設立のためにこれらの機器等を用意することはかえって費用を要することが想定される。電子定款作成の機器等を有する司法書士に

---

[4] 筧＝神﨑＝立花（下）323頁。合名会社や合資会社のほか、かつての有限会社についても、定款の作成に公証人の認証は必要ではなかった。

登記申請を依頼する場合には、上記4万円の印紙税を節約するために電子定款で作成することが一般的である。

3 絶対的記載事項

576条1項では、以下のとおり、定款の絶対的記載事項が定められている。これらの記載を1つでも欠く場合には定款が無効となり、会社の設立無効原因となる。

したがって、合同会社の定款を作成するにあたっては、まずは、以下の各事項を漏らさず規定する必要がある。

(1) 目的（1号）

目的は会社の権利能力の範囲を示すものであり（民法34条）、登記事項（914条1号）である。目的の記載について、適法性、営利性、明確性が要求されるが、具体性については、平成18年3月31日民商782号通達第7部第2によって、登記官の審査の対象とならないとされ、抽象的、包括的な目的の記載でも認められるようになった。たとえば、「商取引」といったような記載でも足りることとなる。もっとも、目的の記載により会社の事業範囲が確定し、業務執行社員の競業禁止（594条）の範囲等にも影響を及ぼすため、定款にどのように目的を規定するのかは、会社の実態に応じて検討する必要がある。

定款記載例

```
第〇条（目的）
 当会社は、次の事業を営むことを目的とする。
  一 〇〇業
  二 〇〇業
  三 前各号に付帯関連する一切の事業
```

(2) 商号（2号）

会社は、その名称を商号とする（6条1項）。商号は登記される（914条2

号）。

　個人商人の場合と異なり、会社の商号は1つでなければならない。合名会社は、その商号中に、合同会社の文字を用いなければならず、その商号中に、他の種類の会社であると誤認されるおそれのある文字を用いてはならない（6条2項・3項）。

定款記載例

> 　第○条（商号）
> 　　当会社は、○○合同会社と称する。

(3)　本店の所在地（3号）

　本店の所在地は、独立最小行政区画（市町村、特別区）までの記載で足り、（大正13年12月17日民事1194号司法次官回答）、番地まで記載する必要はない。

　もっとも、登記事項としては、本店および支店の所在場所が登記事項とされ（914条3号）、番地の表示も必要となる。後述するとおり、定款に番地の記載がなければ、登記の際に番地を決定した旨の書類を作成することになるため、定款で番地まで記載しておくことも1つの方法である。しかし、この場合には、独立最小行政区画内で本店が変わった場合でも定款変更を要することになり、この手間を考えると、あえて番地まで定款に記載する必要は低いように思われる。

定款記載例

> 　第○条（本店所在地）
> 　　当会社は、本店を大阪府大阪市に置く。

(4)　社員の氏名または名称および住所（4号）、社員が無限責任または有限責任のいずれかであるかの別（5号）、社員の出資の目的（有限責任社員にあっては、金銭等に限る）およびその価額または評価の標準（6号）

会社法制定前は、株式会社と異なり、合名会社、合資会社について、社員が1人となったことが会社の解散事由とされていた（平成17年改正前商法94条4号・162条1項）が、会社法では、合同会社を含む持分会社においても、社員が欠けたことが解散事由とされ（641条4号）、社員が1人となっても解散しないことはもちろん、合名会社や合同会社においては、一人設立も認められることとなった(5)。

社員となり得る者は、自然人・法人を問わない。外国法人でもよい(6)。法人格を有しない組合は、社員となることができない。法人が業務執行社員となる場合には、当該法人は、業務執行社員の職務を行うべき自然人を選任し、他の社員にその者の氏名および住所を通知しなければならない（598条1項）。なお、銀行法12条の4、信用金庫法89条1項、協同組合による金融事業に関する法律6条1項、労働金庫法94条1項、保険業法100条の4等により、銀行、信用金庫、信用協同組合、労働金庫、保険会社等は、業務執行社員になることができないとの制約がある。

未成年者が起業をし、合同会社という形態を選択することも考えられるが、この場合の法定代理人の同意との関係を検討する。

なお未成年者が相続により持分を一般承継する場合も、同様の問題が生じる。

この点、未成年者については、社員となることのほか、社員としての権利の行使や義務の履行は、法定代理人の同意がなければ、取り消し得る行為となる

---

(5) 一人持分会社を認める理由として、社員が1人になった場合でも、新たな社員の加入や持分の譲渡等により社員が複数になる可能性があることが挙げられるが（立案担当者156頁）、学説では、一人合同会社には実務上ニーズがあり、一人合名会社を認めることに格別の問題はないことから、一人持分会社が認められることとなったと説明されている（江頭28頁）。

(6) 日本において自ら主体となって取引を継続して行っておらず、日本において外国会社の登記をしていないものでもよい（松井606頁）。

(民法5条1項・2項)[7]。では、未成年者が合同会社の社員となることについて法定代理人が同意した場合、社員としての権利行使や、義務の履行については、その都度法定代理人の同意を要するか。

　未成年者が合同会社の社員となることをもって、民法6条1項の「営業」と解するのであれば、この営業に関しては成年と同じ能力を有することになり、社員としての権利行使や義務の履行について同意は不要という整理ができる。もっとも、ここでいう営業は、利益を得る目的で同種の行為を反復・続行することをいう[8]ところ、合同会社の社員となることが「利益を得る目的で同種行為を反復・続行する」と解されるか否かは疑問が残る。また、民法6条1項によらずとも、社員となることの同意には、社員としての権利の行使や義務の履行の同意まで含まれるとの解釈もありえるが、そのような解釈が可能かは個別の事案ごとの判断になると思われる。したがって、都度の法定代理人の同意を不要としたい場合には、疑義が残らないよう、未成年者が社員となることの同意の際に、社員としての権利の行使や義務の履行についても、明示的に同意することが望ましい。

　なお、ここで問題となるのは、社員としての権利の行使や義務の履行のように社員と会社との内部関係に基づく行為に関することであって、業務執行社員となり、会社を代表してする対外的行為をするものは含まれない。このような行為についてはそもそも法定代理人の同意は不要と解される。この点については、取引の安全の観点から、未成年者も会社の代表として行為をする場合には、代理の規定（民法102条）の類推適用により能力者であることを要しないという説明が可能である[9]。また、未成年者保護の観点から、民法6条1項を

---

[7]　成年被後見人も社員となることができるが、社員となることのほか、社員としての権利の行使や義務の履行は、成年後見人によって行うのでなければ取り消し得る行為となる（民法8条・9条）。なお、法制審議会会社法制（企業統治等関係）部会第17回会議（平成30年10月24日）開催の部会資料26「企業法制（企業統治等関係）の見直しに関する要綱案（仮案）」によれば、会社法の一部改正によって、現行の会社法331条1項2号は削るものとした上で、成年被後見人が取締役、監査役、執行役、清算人、設立時取締役または設立時監査役に就任するには、その成年後見人において、本人の同意を得た上で、本人に代わって就任の承諾をしなければならないとされる見込みである。

[8]　谷口知平＝石田喜久夫編・新版注釈民法(1)総則(1)〔改訂版〕【復刻版】（有斐閣、2012）315頁以下［高梨公之＝高梨俊一］。

[9]　田中誠二＝喜多了祐・コンメンタール　商法総則（勁草書房、1968）114頁。

> 類推適用して、原則として法定代理人の同意は不要であると説明することも可能である。未成年者も報酬を受けることができる一方で、任務懈怠責任を問われるおそれがある。業務執行社員としての任務に堪えることができない事由がある場合、その法定代理人は、民法6条2項で許可の取消し等を行うことが必要となろう。

　社員間に緊密な関係が認められる合同会社には、株式会社と異なり出資に係る心裡留保や虚偽表示、さらには、錯誤や詐欺・強迫を理由とする特別規定（51条・102条5項・6項・211条）は設けられていない。社員が設立に係る意思表示を取り消すことができるとき、当該社員は会社設立取消しの訴えを提起することとなる（832条1号）。

　なお、社員に関する事項は、定款記載事項であるが、登記事項ではない。業務執行社員の氏名または名称、代表者社員の氏名または名称および住所、代表者社員が法人であるときは、当該社員の職務を行うべき者の氏名および住所が登記事項とされている。

　合同会社の社員は、全て有限責任となる。したがって、合同会社では、定款において、社員の全部を有限責任社員とする旨を記載し、または記録しなければならない（576条4項）。出資は、金銭等（151条で金銭その他の財産と定義されている）に限定されており（576条1項6号）、信用や労務の出資は認められていない。しかし、これは、価額の評価が可能な財産を出資の目的としなければならないとしているだけであって、労務出資や信用出資について、労務や信用に係るものであることを理由に禁じているわけではないから、これらと同等の効果が得られる報酬債権や営業権などの評価が可能な権利を出資の目的とすることは、定款の定め方次第で行うことができると整理されている[10]。

---

(10)　立案担当者156頁。

定款記載例1

> 第○条（社員及び出資）
> 　当会社の社員は、全て有限責任社員とし、その氏名又は名称及び住所並びに出資の目的及びその価額は次のとおりである。
> 　　　大阪府大阪市○区○町○番○号
> 　　　有限責任社員　○○
> 　　　　金銭　金50万円

定款記載例2

> 第○条（社員及び出資）
> 　当会社の社員は、全て有限責任社員とし、その氏名又は名称及び住所並びに出資の目的及びその価額は次のとおりである。
> 　　　大阪府大阪市○区○町○番○号
> 　　　有限責任社員　○○
> 　　　一　金銭
> 　　　　金1000万円
> 　　　二　株式（株式会社○○の株式○株）
> 　　　　金1000万円
> 　　　出資価額の合計　2000万円
>
> 　　　大阪府大阪市○区○町○番○号
> 　　　有限責任社員　○○株式会社
> 　　　一　金銭
> 　　　　金1000万円
> 　　　二　宅地（大阪府大阪市○区○町○丁目○番所在、○○平方メートル）
> 　　　　金1000万円
> 　　　出資価額の合計　2000万円

4　相対的記載事項

　合同会社の定款には、絶対的記載事項のほか、会社法の規定により定款の定めがなければその効力を生じない事項およびその他の事項で会社法の規定に違反しないものを記載し、または記録することができる（577条）。前者の

記載事項は相対的記載事項と呼ばれる[11]。相対的記載事項の主なものは、以下のとおりである。

(1) 業務の執行（590条・591条）

　ア　会社法上の定め

　合同会社では、原則として社員全員が、業務執行社員となる（590条1項）。社員が2人以上ある場合には、会社の業務は社員の過半数をもって決定されるが、会社の常務は、完了前に他の社員が異議を述べない限り、各社員が単独で行うことができる（590条2項・3項）。

　業務執行社員を定款で定めた場合には、当該社員が業務を執行することになる（591条1項）。業務執行社員が2人以上ある場合には、会社の業務は業務執行社員の過半数をもって決定されるが、会社の常務は、完了前に他の業務執行社員が異議を述べない限り、各業務執行社員が単独で行うことができる（591条1項）。

　イ　定款の定め

　業務の執行に関する上記規定については、定款に別段の定めを設けることができる。たとえば、一定の業務については、ある社員が単独で決定できるとすることや、反対に全社員の同意がある場合に限り行うことができる業務を定めることも認められる。

定款記載例1

> 第○条（業務の執行）
> 　1　当会社の業務の執行は社員の過半数をもって決定する。
> 　　ただし、○○業に関する業務については、○○が単独で決定することができる。
> 　2　前項の規定にかかわらず、常務は各社員が単独で決定することができる。

---

[11]　松井612頁以下、酒井＝野入・定款対談第2回86頁以下参照。

定款記載例2

> 第○条（業務の執行）
>   当会社の業務は、業務を執行する社員が決定する。
>   但し、当会社の業務のうち、次に掲げる業務の決定については、社員全員の一致によるものとする。
>   一　借入、保証
>   二　合併、会社分割その他の組織再編、事業又は資産の全部又は重要な一部の譲渡又は譲受け並びに他の会社の株式又は持分の譲渡又は譲受け
>   三　……

(2)　業務・財産状況の調査権（592条）、報告義務（593条3項）
　ア　会社法上の定め
　業務執行社員を定款で定めた場合には、各社員は、合同会社の業務を執行する権利を有しないときであっても、その業務および財産の状況を調査することができる（592条1項）。
　また、業務執行社員は、合同会社または他の社員の請求があるときは、いつでもその職務の執行の状況を報告し、その職務が終了した後は、遅滞なくその経過および結果を報告しなければならない（593条3項）。
　イ　定款の定め
　業務・財産状況の調査権および職務の執行状況の報告義務について、定款で別段の定めを行うことも可能である（592条2項本文・593条3項・5項）。報告義務については、定款の定めに特別の制約は設けられていないが、業務・財産状況の調査権については、定款によっても、社員が事業年度の終了時または重要な事由があるときに当該調査を制限する旨を定めることはできない（592条2項ただし書）。

第1編　合同会社の法

定款記載例1

> 第○条（業務・財産状況の調査権、報告義務）
> 　1　社員は、いつでも、会社の業務及び財産の状況を調査することができる。
> 　2　業務執行社員は、当会社又は他の社員の請求があるときは、いつでもその職務の執行の状況を報告し、その職務が終了した後は、遅滞なくその経過及び結果を報告しなければならない。

定款記載例2

> 第○条（業務・財産状況の調査権、報告義務）
> 　1　社員は、事業年度の終了時又は重要な事由がある時に限り、会社の業務及び財産の状況を調査することができる。
> 　2　業務執行社員は、当会社又は他の社員の請求があるときは、事業年度の終了時に限り、職務の執行状況の報告を行うこととし、会社法593条3項の規定にかかわらず、その余の報告義務を負わないものとする。

(3)　競業禁止（594条1項）

　ア　会社法上の定め

　業務を執行する社員は、当該社員以外の社員の全員の承認を受けなければ、①自己または第三者のために合同会社の事業の部類に属する取引をすること、②合同会社の事業と同種の事業を目的とする会社の取締役、執行役または業務を執行する社員となることが禁止される（594条1項本文）。

　この規定は、法人が業務執行社員となった場合の、職務執行者についても準用される（598条2項）。

　イ　定款の定め

　競業禁止についても定款で別段の定めを設けることができる（594条1項ただし書）。承認要件を他の業務執行社員の過半数の承認に緩和することのほか、承認を要する業務執行社員を限定すること、原則として競業禁止義務を負うものの、一定の範囲の取引については競業承認を除外することもできる。さらに、競業承認に係る594条1項の適用を全面的に排除することも可能である。

なお、承認義務に違反して競業行為を行った業務を執行する社員は、当該行為によって当該社員または第三者が得た利益の額は、合同会社に生じた損害の額と推定されるが（594条2項）、承認義務が免除される場合、この損害額推定規定も適用されないこととなる。

定款記載例1

> 第○条（競業の制限）
> 　業務執行社員又は、業務執行社員が法人である場合には、業務執行社員及びその職務執行者は、他の業務執行社員の過半数の承認を受けなければ、次に掲げる行為をしてはならない。
> 　一　自己又は第三者のために当会社の事業の部類に属する取引をすること
> 　二　当会社の事業と同種の事業を目的とする会社の取締役、執行役又は業務を執行する社員となること

定款記載例2

> 第○条（競業の制限）
> 　業務執行社員又は、業務執行社員が法人である場合には、業務執行社員及びその職務執行者は、他の社員全員の承認を受けなければ、次に掲げる行為をしてはならない。但し、○○が○○株式会社の取締役となることは他の社員の承認を受けることなく行うことができる。
> 　一　自己又は第三者のために当会社の事業の部類に属する取引をすること
> 　二　当会社の事業と同種の事業を目的とする会社の取締役、執行役又は業務を執行する社員となること

(4) 利益相反取引の制限（595条1項）

　ア　会社法上の定め

　業務を執行する社員は、①業務を執行する社員が自己または第三者のために合同会社と取引をしようとするとき、②合同会社が業務を執行する社員の債務を保証することその他社員でない者との間において合同会社と当該社員との利益が相反する取引をしようとするときは、当該社員以外の社員の過半数の承認を受けなければならない（595条1項本文）。この承認を受けた取引

には、民法108条の適用はない（595条2項）。

　この規定は、法人が業務執行社員となった場合の、職務執行者についても準用される（598条2項）。

　イ　定款の定め

　利益相反取引の制限についても定款で別段の定めを設けることが可能である（595条1項ただし書）。承認の要件を加重し、全社員の同意を要するとすることも考えられる。他方、利益相反取引の承認の要件を軽減するだけでなく、承認義務自体を排除することや、原則として利益相反取引の制限を受けるものの、一定の取引を除外することも可能である。

　なお、承認義務が免除される場合、当該取引について、民法108条の規定は適用されないこととなる。

定款記載例1

> 第○条（利益相反取引）
> 　業務執行社員又は、業務執行社員が法人である場合には、業務執行社員及びその職務執行者は、次に掲げる場合には、他の社員全員の承認を受けなければならない。
> 　一　自己又は第三者のために当会社と取引をしようとするとき
> 　二　当会社が業務執行社員又は職務執行社員の債務を保証することその他社員でない者との間において当会社と当該社員又は職務執行社員との利益が相反する取引をしようとするとき

定款記載例2

> 第○条（利益相反取引）
> 　業務執行社員又は、業務執行社員が法人である場合には、業務執行社員及びその職務執行者は、次に掲げる場合には、他の社員の過半数の承認を受けなければならない。但し、○○が○○株式会社と行う、○○の取引（但し、年間の取引金額は○○円を上限とする）については他の社員の承認を受けることなく行うことができる。
> 　一　自己又は第三者のために当会社と取引をしようとするとき
> 　二　当会社が業務執行社員又は職務執行者の債務を保証することその他社員でない者との間において当会社と当該社員又は職務執行者との利益が相反する取引をしようとするとき

(5) 代表社員（599条1項～3項）

　ア　会社法上の定め

　業務を執行する社員は、原則として合同会社を代表し、業務執行社員が2人以上ある場合には、各自、会社を代表する（599条1項本文・2項）。

　イ　定款の定め

　定款または定款の定めに基づく社員の互選によって、業務執行社員の中から代表社員を定めることができる。定款で特定の業務執行社員を代表社員として定めた場合、代表社員を変更しようとする時に定款変更を要する。社員の互選とは、実務上、業務執行社員の過半数をもって代表社員を選定するものと解されている。

定款記載例

> 第○条（代表社員）
> 　当会社を代表する社員は、業務執行社員の中から業務執行社員の過半数をもって選定する。

(6) 入社（604条）

　ア　会社法上の定め

　社員の加入には、①入社契約により社員以外の者が新たに社員資格を取得

する場合、②持分の譲受けにより譲受人が社員資格を承継的に取得する場合、③社員の死亡等により相続人等の一般承継人が当該社員資格を承継取得する場合がある。

　社員の加入は、当該社員に係る定款の変更をした時に、その効力が生ずるとされている（604条2項）。定款変更は原則として総社員の同意を要するので、入社についても総社員の同意を要することが原則である。なお、①の新たに社員を加入させる場合には、新たに社員となろうとする者が、当該社員に係る定款変更をした時に、その出資に係る払込みまたは給付を完了していないときは、その者は、当該払込みまたは給付を完了した時に、社員となる。

　　イ　定款の定め

　定款変更の要件をどのように変更するかで入社についての要件も変わることとなる。原則通り総社員の同意を要するとすることや、業務執行社員となるかどうかで要件に差を設けることも考えられる。

定款記載例1

> 第○条（入社）
> 　新たに社員を入社させる場合には、総社員の同意を要する。

定款記載例2

> 第○条（入社）
> 　新たに社員を入社させる場合には、総社員の同意を要する。但し、新たに入社する社員が業務を執行しない社員の場合には、業務執行社員全員の同意で足りるものとする。

(7)　持分の譲渡（585条）

　　ア　会社法上の定め

　合同会社の持分について、譲渡自由の原則は採用されていない。社員は、原則として、他の社員の全員の承諾がなければ、その持分の全部または一部を他人に譲渡することができないが（585条1項）、業務を執行しない社員に

ついては、業務執行社員の全員の承諾があるときは、その持分の全部または一部を他人に譲渡することができる（585条2項）。

「社員の氏名又は名称及び住所」や「社員の出資の目的（有限責任社員にあっては、金銭等に限る。）及びその価額又は評価の標準」は、定款の絶対的記載事項である（576条1項4号・6号）。したがって、持分の譲渡によりこれらに変更が生ずるときは、持分譲渡に際してこれらの事項の定款変更も要する。定款変更は、原則として、総社員の全員の同意を要する（637条）が、業務を執行しない社員の持分譲渡に伴い生じる定款変更は、業務執行社員の全員の同意によってすることができるものとして（585条3項）、585条2項との調整がなされている。

イ　定款での定め

定款において、確認的に会社法の定めと同様の規定を設けることのほか、別段の定めをすることが認められている（585条4項）。

たとえば、承諾手続を明確にするため、会社の所定の様式で承認請求を行うことを要求する旨の手続規定を設けることができる。承諾要件についても、業務執行社員であるかどうかを問わず、持分の譲渡について他の社員全員の承諾を要するとする規定も可能であるし、そもそも社員の同意を要せず自由に譲渡可能とすること、同意を要する社員を限定することも認められる。また、持分の譲渡を絶対的に禁止することもできる。

定款記載例1

> 第○条（持分の譲渡）
> 　当会社の社員は、業務を執行するか否かに関わらず、他の社員の全員の承諾がなければ、その持分の全部又は一部を他人に譲渡することができない。

第1編　合同会社の法

定款記載例2

> 第○条（持分の譲渡）
> 　当会社の社員がその持分の全部又は一部を他人に譲渡する場合には、業務を執行するか否かに関わらず、当会社の所定の様式による承諾の請求を行い、他の社員の全員の書面による承諾を得るものとする。

(8) 任意退社（606条）

　ア　会社法上の定め

　合同会社の存続期間を定款で定めなかった場合またはある社員の終身の間合同会社が存続することを定款で定めた場合には、各社員は、事業年度の終了の時において退社をすることができるものとされているが（606条1項前段）、この場合、各社員は、6か月前までに持分会社に退社の予告をしなければならない（606条1項後段）。

　イ　定款の定め

　任意退社については、退社の予告期間を変更することや、一定の事由がある場合には、予告期間なく退社できるとの定款の定めを設けることも考えられる。なお、やむを得ない事由があるのに、いつでも退社できる自由を制限するような定款の定めは許されない（606条3項）[12]。

　退社した社員については、その出資の種類を問わず、その持分の払戻しを受けることができる（611条1項本文）。持分の払戻について、定款で別段の定めをすることが明示的に認められていないが、これは会社の内部関係に関わる事項であるとして、定款で別段の定めをすることが認められている[13]。

---

(12) 論点体系(4)444頁［和田宗久］、会社法コンメ(14)225頁［小出篤］、新基本法コンメ(3)32頁［今泉邦子］。

(13) 新注会(1)342頁［古瀬村邦夫］。もっとも、定款で持分の払戻しを無制限に制限することについては、営利法人性の観点から疑問が提示されている（会社法コンメ(14)264頁〜265頁［松元暢子］）。

定款記載例1

> 第○条（任意退社）
> 　社員は事業年度の終了の時において退社することができる。この場合においては、各社員は、3か月前までに当会社に書面で退社の予告をしなければならない。

定款記載例2

> 第○条（任意退社）
> 1　社員は事業年度の終了の時において退社することができる。この場合においては、各社員は、6か月前までに当会社に書面で退社の予告をしなければならない。
> 2　前項の規定にかかわらず、次の事項を含むやむを得ない事由がある場合には、各社員は、当会社に書面で通知することによって、いつでも退社をすることができる。
> 　一　心身の故障
> 　二　経済的困窮
> 　三　……

(9)　法定退社（607条1項）

　ア　会社法上の定め

　合同会社の社員は、任意退社のほか、609条1項（持分の差押債権者による退社）、642条2項（会社の継続に同意しなかった社員の退社）、845条（会社の設立の無効または取消しの原因がある社員の退社）の場合のほか、次に掲げる事由によって退社する（607条1項）。

　一　定款で定めた事由の発生
　二　総社員の同意
　三　死亡
　四　合併（合併により当該法人である社員が消滅する場合に限る。）
　五　破産手続開始の決定
　六　解散（前二号に掲げる事由によるものを除く。）

七　後見開始の審判を受けたこと。

八　除名

イ　定款の定め

　定款で退社事由を追加することができる。一定の年齢に達した場合、保佐開始の審判を受けた場合、一定の資格を失った場合等を退社事由とすることも可能である。

　なお、総社員の同意が法定退社事由とされている（607条1項2号）。総社員の同意があれば、任意退社について定款で制約を設けていても、予告なくして、直ちに退社することができるのである。この総社員の同意要件を定款により緩和し、社員の過半数、あるいは、業務執行社員の同意のみによって退社することを認めることができるが、これも定款で定めた退社事由となる[14]。

　なお、合同会社は、607条所定の事由のうち、5号から7号までに掲げる事由の全部または一部によっては退社しない旨を定めることができる（607条2項）。この定めは定款に設けることが必要であると解されている[15]。

---

(14)　新注会(1) 311頁 [古瀬村]。
(15)　会社法コンメ(14) 236頁 [小出]、立案担当者162頁。

第 2 章　合同会社の設立

定款記載例

> 第○条（法定退社）
> 　社員は第○条（任意退社）、会社法 609 条 1 項（持分の差押債権者による退社）、同法 642 条 2 項（持分会社の継続に同意しなかった社員の退社）、同法 845 条（持分会社の設立の無効又は取消しの原因がある社員の退社）の場合のほか、次に掲げる事由によって退社する。
> 　一　総社員の同意
> 　二　死亡
> 　三　合併（合併により当該法人である社員が消滅する場合に限る。）
> 　四　破産手続開始の決定
> 　五　解散（前二号に掲げる事由によるものを除く。）
> 　六　後見開始、保佐開始の審判を受けたこと。
> 　七　除名
> 　八　社員が満 65 歳に達したこと
> 　　　但し、この場合は、当該社員の退社日を、満 65 歳に達した日の属する事業年度の末日とする。
> 　九　○○の資格を喪失したこと

(10)　相続、合併時の持分承継（608 条）

　ア　会社法上の定め

　合同会社の社員の死亡や合併による消滅は法定退社事由である（607 条 1 項 3 号・4 号）ため、定款の定めがない限り、社員の死亡等によって当然に退社の効力が生じることになる。

　イ　定款の定め

　社員が死亡した場合または合併により消滅した場合における当該社員の相続人その他の一般承継人が当該社員の持分を承継する旨を定款で定めることができる（608 条 1 項）。

　1 人の自然人が社員である一人会社であれば、社員が欠けると解散事由となる（641 条 4 号）ため、この定款の定めは、一人会社においては特に必要性が高い。

　この定款の定めがある場合には、604 条 2 項の規定にかかわらず、一般承継人は持分を承継した時に社員となる（608 条 2 項）。

第1編　合同会社の法

　合同会社では、「社員の氏名又は名称及び住所」は定款の絶対的記載事項であり（576条1項4号）、社員の入社は、定款変更が効力発生要件とされている（604条2項）が、会社法608条1項の定款の定めがある場合には、一般承継人が持分を承継した時に、当該一般承継人に係る定款変更をしたものとみなされる（608条3項）ため、定款変更手続は不要となるのである。

　死亡または合併による消滅の場合の一般承継人による持分の承継に関する定款の定めは、各会社の状況に応じて、様々なものが考えられる。端的に社員が死亡した場合に相続人が持分を承継すると定めることも考えられるし、承継するか否かを一般承継人が決定できるとすることや、承継には他の社員の同意を要するとすることも考えられる。また、社員が複数名の場合には、死亡した社員の相続人が複数で、権利行使者が定められない場合に、総社員の同意を要する行為ができないこととなるため、一定の期間内に権利行使者の申し出がない場合、当該社員は、その死亡時に退社したものとみなす等の規定を設けること等が考えられる。

定款記載例1

> 第○条（相続の場合の特則）
> 　社員が死亡した場合、当該社員の相続人は当該社員の持分を承継する。

定款記載例2

> 第○条（相続の場合の特則）
> 1　社員が死亡した場合、当該社員の相続人は当該社員の持分を承継することができる。
> 2　社員が死亡した場合には、当該社員の相続人は社員の死亡から1週間以内に死亡届を当会社に届出するものとする。
> 3　社員の相続の場合において、持分の承継を希望する当該社員の相続人（相続人が2人以上あるときは、共同相続人間の協議により、権利を承継する者1名を指定するものとする。）は、死亡の日から__か月以内に、当会社宛に持分を承継して入社する旨の申出をするものとする。社員の死亡の日から__か月以内に申出がされないときは、当該社員は、その死亡時に退社したものとみなす。

第 2 章　合同会社の設立

(11)　計算書類の閲覧権（618 条）

　ア　会社法上の定め

　合同会社の社員は、当該合同会社の営業時間内は、いつでも、計算書類の閲覧・謄写の請求をすることができる（618 条 1 項）。なお、計算書類が書面をもって作成されているときは、当該書面の閲覧または謄写の請求、計算書類が電磁的記録をもって作成されているときは、当該電磁的記録に記録された事項を法務省令[16]で定める方法により表示したものの閲覧または謄写の請求をすることができる。

　イ　定款の定め

　計算書類の閲覧・謄写請求権について定款で別段の定めをすることは妨げられないが（618 条 2 項本文）、定款によっても、社員が事業年度の終了時に請求をすることを制限する旨を定めることはできない（618 条 2 項ただし書）。

定款記載例

> 第○条（計算書類の閲覧等）
> 　当会社の社員は、当会社の事業年度の終了時に限り、当会社の営業時間内において、次に掲げる請求をすることができる。
> 　一　計算書類が書面をもって作成されているときは、当該書面の閲覧又は謄写の請求
> 　二　計算書類が電磁的記録をもって作成されているときは、当該電磁的記録に記録された事項を紙面又は映像面に表示する方法により表示したものの閲覧又は謄写の請求

(12)　利益配当（621 条）

　ア　会社法上の定め

　社員は、合同会社に対し、利益の配当を請求することができる（621 条 1 項）。

　イ　定款の定め

---

[16]　法務省令で定める方法とは、電磁的記録に記録された事項を紙面または映像面に表示する方法をいう（施行規則 226 条 1 項 30 号）。

第1編　合同会社の法

　合同会社は、利益の配当を請求する方法その他の利益の配当に関する事項を定款で定めることができる（621条2項）。現在の実務では、利益の配当として社外に流出させる財産の額およびその効力発生日の決定方法に関して、株式会社における剰余金の配当とパラレルな規定を定款上設ける例が多いとされる[17]。

定款記載例

> 第○条（利益の配当）
> 1　当会社が利益の配当をしようとするときは、社員の過半数の同意によって、次に掲げる事項を定めなければならない。
> 　(1)　配当財産の種類及び帳簿価額の総額
> 　(2)　社員に対する配当財産の割当てに関する事項
> 　(3)　当該利益の配当が効力を生じる日
> 2　社員は、前項に定める場合を除き、当会社に対し、利益の配当を請求することができない。

(13)　損益分配（622条）

　ア　会社法上の定め

　損益分配の割合について定款の定めがないときは、その割合は、各社員の出資の価額に応じて定めることされている（622条1項）。

　イ　定款の定め

　定款をもって、損益分配の定めについて、出資の価額に比例させる以外の方法によることもできる。定款の定めとしては、業務執行社員かそうでないかによって利益や損失の分配割合を変えることなどが考えられる。利益と損失の分配について、それぞれ別の割合を定めることもできるが、利益または損失の一方についてのみ分配の割合についての定めを定款で定めたときは、その割合は、利益および損失の分配に共通であるものと推定される（622条2項）。

　一部の社員について、損失を分担しない旨の定款の定めは許される。これ

---

(17)　江頭編著・モデル定款67頁、江頭ほか・座談会（下）34頁［黒田裕］。

に対して、一部の社員が利益の分配を全く受けない旨の定款の定めは、対外活動によって得た利益を出資者である社員に分配することを目的とするという会社の営利法人の本質に反することになり、許されないと解されている[18]。なお、損益分配の割合が出資額に比例しない場合には、合理的理由がなければ税務上の問題が生じる可能性があるので、かかる場合には税理士にも相談の上で、内容を検討する必要がある。

定款記載例1

> 第○条（損益分配の割合）
> 　1　各事業年度の利益の分配割合は、業務執行社員が＿＿＿割、業務執行社員以外の社員が＿＿＿割とする。
> 　2　各事業年度の損失の分配割合は、業務執行社員が＿＿＿割、業務執行社員以外の社員が＿＿＿割とする。

定款記載例2

> 第○条（損益分配の割合）
> 　1　各事業年度の利益は、社員毎に次のとおり分配を受けることができる。
> 　⑴　業務執行社員以外の社員については、業務執行社員に先立ち、各社員の当該事業年度の末日における出資の価額に＿＿＿％を乗じた額を分配する。
> 　⑵　前項の分配後残額がある場合には、業務執行社員に対して、その残額を各業務執行社員の出資の価額に応じて、分配する。
> 　2　各事業年度の損失の分配は、当該事業年度の末日における各社員の出資の価額に応じて分配する。

⒁　定款変更（637条）

　ア　会社法上の定め

　定款変更には、定款に別段の定めがない限り、総社員の同意を要する（637条）。

---

(18)　新基本法コンメ⑶52頁［青竹正一］。

定款には、会社組織および活動の根本規則であるという意味と、この規則が記載された書面等の意味があるが、会社成立後の定款変更とは、規則としての定款の変更を意味し、書面等の変更の意味を含まないと解することが判例（大判大 5・10・14 民録 22 輯 1894 頁）・通説とされている[19]。

イ　定款の定め

定款変更の要件に関する定款の定めとしては、業務執行社員全員の同意とする定めや、社員の過半数とする定め等が考えられる。また、一定の事項に関する定款変更については、特定の者の同意を要する等、異なる要件とすることも可能である[20]。

定款記載例 1

> 第○条（定款変更）
> 　定款の変更は、社員の過半数の同意をもって行う。

定款記載例 2

> 第○条（定款変更）
> 　1　定款の変更は、業務執行社員全員の同意をもって行う。
> 　2　前項にかかわらず、第○条及び第○条に関する定款の変更については、総社員の同意をもって行う。

(15)　解散事由（641 条）

ア　会社法上の定め

合同会社は、次に掲げる事由によって解散するとされている（641 条）。

一　定款で定めた存続期間の満了
二　定款で定めた解散の事由の発生
三　総社員の同意

---

[19]　新基本法コンメ(3) 72 頁［今泉］。
[20]　特定社員への一般的包括的な定款変更権限の委任まで認められるかについて、合同会社制度の趣旨から疑問があることは、本書 20 頁〜21 頁参照。

四　社員が欠けたこと
五　合併（合併により当該持分会社が消滅する場合に限る。）
六　破産手続開始の決定
七　第824条第1項又は第833条第2項の規定による解散を命ずる裁判

なお、一の存続期間と、二の解散事由を定めた場合には、登記事項となる（914条4号）。

イ　定款の定め

定款で定める解散事由として、特定の社員の存在なくして会社の事業が成立しない場合に当該社員の退社を解散事由とすることや、合弁事業として合同会社を設立している場合に合弁契約の終了を解散事由とすることが考えられる。

定款記載例1

> 第○条（解散事由）
> 　当会社は、次の事由で解散する。
> 　一　○○が退社したこと
> 　二　総社員の同意
> 　三　社員が欠けたこと
> 　四　合併（合併により当該持分会社が消滅する場合に限る。）
> 　五　破産手続開始の決定
> 　六　会社法第824条第1項又は第833条第2項の規定による解散を命ずる裁判

第1編　合同会社の法

定款記載例2

```
第○条（解散事由）
  当会社は、次の事由で解散する。
  一　○と○との間の○年○月○日付合弁契約が終了したこと
  二　総社員の同意
  三　社員が欠けたこと
  四　合併（合併により当該持分会社が消滅する場合に限る。）
  五　破産手続開始の決定
  六　会社法第824条第1項又は第833条第2項の規定による解散を命ずる
     裁判
```

(16) 残余財産の分配（666条）

　ア　会社法上の定め

　残余財産の分配の割合について定款の定めがないときは、その割合は、各社員の出資の価額に応じて定める（666条）。残余財産の分配は金銭によるのが原則である。金銭以外の財産を処分して代金を分配する代わりに当該財産をそのまま分配することもできるが（東京高判昭和38・12・9下民14巻12号2487頁）、こうした分配は社員の利益に大きく影響し得るため、その決定には、定款の定めか総社員の同意が必要であると解されている[21]。

　イ　定款の定め

　残余財産の分配の割合について、出資の価額に比例させるのでなく、定款をもって、持分の額に比例する定めや優先劣後を定めることなどが考えられる。

　この点、会社法666条は分配割合を出資の価額に比例させるが、出資価額と持分額が同じとは限らず、本来は、各社員の出資の価額と分配された利益の合計から、分配された損失と、交付済の利益配当の合計を控除した持分の額の割合で分配することが公平であろう[22]。

　なお、残余財産の分配の割合が出資価額に比例しない場合には、合理的理

---

(21)　新基本法コンメ(3)100頁［菊池雄介］。

由がなければ税務上の問題が生じる可能性があるので、かかる場合には税理士にも相談の上で、内容を検討する必要がある。

定款記載例

> 第○条（残余財産の分配）
> 　当会社が残余財産の分配をするにあたっては、各社員に対し、第1号及び第2号に掲げる額の合計額から第3号及び第4号に掲げる額の合計額を減じて得た額の割合で分配するものとする。
> 　一　当該社員の出資の価額
> 　二　当該社員に対して既に分配された利益の額（会社計算規則第32条第1項第3号に定める額がある場合にあっては、当該額を含む。）
> 　三　当該社員に対して既に分配された損失の額（会社計算規則第32条第2項第4号に定める額がある場合にあっては、当該額を含む。）
> 　四　当該社員に対して既に利益の配当により交付された金銭等の帳簿価額

5　任意的記載事項

　合同会社の定款には、絶対的記載事項、相対的記載事項のほか、「その他の事項で会社法の規定に違反しないもの」を記載し、または記録することができる（577条）。これは任意的記載事項と呼ばれている。これらの事項は、定款に記載せず、別の規則等で定めても効力が生じるが、定款に記載されることによって明確となり、その変更に定款変更の手続を要することとなる。なお、社員の地位ないしその利害に重大な影響を与える事項については、定款で定めなければその効力が認められないと解される場合もあるため（解釈上の相対的記載事項）、実務上、これらの事項については、必要に応じて定款に定めておくことが妥当であろう。

　主なものとしては、以下のとおりである。

---

(22)　酒井＝野入・定款対談第10回63頁、江頭編著・モデル定款69頁、松本烝治・日本會社法論〔第4版〕（巖松堂書店、1932）591頁。

(1) 社員の資格

　社員の資格は会社法上特に定めがないが、これについて定款で定めることは可能である。「当会社の社員となることができるものは、次の各号の要件の全てを満たすものに限る。」旨定められる例もある[23]。この要件を欠くに至ったときは、原則として、当該社員は退社し、このような要件を満たさない者に対する持分の譲渡は無効ということになろうが、資格要件が一義的に明確なものでない場合には、法律関係が不安定になるおそれがある。また、これを規定する場合には、資格要件を欠くに至った場合や、持分譲渡によって、資格要件を欠く者に譲渡した場合の効果等を明確に定めることを要する。

(2) 会議体の定め

　株式会社では、株主総会、取締役会、監査役会などの会議体である機関について、詳細な規定が存在するが、合同会社では、これらに対応する規定はなく、社員や業務執行社員が複数いる場合においても、会議体を設けることは要求されていない。もっとも、定款で会議体の定めをおくことは可能であり[24]、当該会社の個別の事情に応じた柔軟な機関設計が可能である。定款の具体的な内容としては様々な記載例が考えられるが、株式会社の規定を参考にしつつ、招集手続や、議長、議決権、決議を要する事項、決議の方法、議事録等を定めることが考えられる。

　詳細は、第4章を参照されたい。

(3) 業務執行社員の報酬

　業務執行社員は、特約がない限り、無報酬となるが（593条4項、民法648条1項）、業務執行社員の労務への対価として、利益配当のみで調整することは困難であり、報酬を支払うとすることも多いと思われる。その場合には、

---

(23) 仲谷＝田中・定款21頁。
(24) 定款に定めがなくても取締役会に類似する業務執行社員の会議体をおくことは可能であるが、定款に定めた場合には、変更には定款変更の手続を要するという点で差異がある。なお、社員総会については、定款の定めが求められることとなろう。

定款で定めるか、別途の報酬の契約を合同会社と当該業務執行社員との間で締結することになる。

業務執行社員の報酬を定款で定める場合には、その変更には定款変更手続を要することとなるため、定款に具体的な金額を規定することは困難であり、限度額を定めた上で、具体的な決定は支給対象の業務執行社員以外の社員の過半数の同意を要する等とすることが考えられる。

業務執行社員との間で報酬契約を締結する場合には、この契約が利益相反取引に該当するとして、原則として、当該社員以外の社員の過半数の承認を要する（595条1項1号）と解することが一般的である[25]。

(4) 事業年度・計算書類の承認

事業年度について、定款に定めることが必要とされていないが、定款に定めることが通例である。

なお、合同会社は、各事業年度に係る計算書類（貸借対照表、損益計算書、社員資本等変動計算書および個別注記表）を作成する必要がある（617条2項、計算規則71条1項2号）。株式会社のように、計算書類の承認手続は法定されていないので、定款の定めがない限り、業務執行事項として、社員または業務執行社員の過半数の承認によって確定することになる（590条2項・591条1項前段）。

---

[25] 江頭編著・モデル定款43頁。なお、論点体系(4) 409頁～410頁 [橡川泰史] は、業務執行社員となることの就任契約に際して、報酬特約をすることが可能であり、利益相反取引の承認を除き、株式会社の取締役の報酬に関する手続規制（361条参照）のような特別な手続を履践する必要はないとする。これについて、本書37頁参照。

第1編　合同会社の法

定款記載例

> 第○条（事業年度）
>   当社の事業年度は、毎年○月○日から○月○日までとする。(26)
>
> 第○条（計算書類の承認）
>   当会社の計算書類は、代表社員において、各事業年度の末日の翌日から起算して3か月以内に、その事業年度の計算書類を作成することとし、当会社の社員の過半数の承認により確定する。

第3節　定款作成後の手続

1　必要な事項の決定

　定款の絶対的記載事項でない設立登記事項について、定款に記載がない場合には、設立登記申請までに当該事項を決定する必要がある。これらは業務執行事項であるため、定款に別段の定めがない限り、社員（業務執行社員を定めた場合は、業務執行社員）の過半数により決定することとなる。

(1)　社員の互選による代表社員の選定

　合同会社の代表社員の氏名または名称および住所は登記事項である（914条7号）。社員が1名であれば、その者が当然に代表社員となるため代表社員の選定は不要であり、また、社員が複数名の場合でかつ何らの定款の定めもない場合には、各人が業務執行社員となり（590条1項）、各自が代表者となる（599条2項）ため、代表社員の選定は不要となる。定款で代表社員を特定して記載した場合にも、改めて代表社員を選定することは不要である。
　しかし、定款の定めに基づく社員の互選によって、業務執行社員の中から代表社員を選定するとされている場合には、設立登記申請までに代表社員を

---

(26)　実務上、かかる事業年度の定めとは別途、最初の事業年度を定款の附則に規定することが多い。

選定する必要がある。

(2) 本店および支店の所在場所

　定款においては、本店所在地として、独立最小行政区画（市町村、特別区）の記載で足り、番地まで記載する必要はないが、本店および支店の所在場所が登記事項とされているため（914条3号）、定款で番地までの表示をしていない場合には、設立登記申請までに、具体的な本店の所在場所を決定する必要がある。支店を置く場合には、その所在場所も同様に決定する必要がある。

(3) 資本金の額の決定

　資本金の額は定款記載事項ではないが、登記事項として必要となる（914条5号）。

　資本金について、払込みまたは給付に係る額の2分の1以上を資本金として計上しなければならないという株式会社のような規制（445条2項）はないため、資本金の額は、出資された金銭、給付された財産の額の範囲で自由に決定できる。零未満の資本金の額を定めることはできないが（計算規則44条1項各括弧書参照）、出資額の全額を資本剰余金に計上して資本金の額を0円とすることも可能である[27]。

2　出資の履行

　合同会社の社員になろうとする者は、定款の作成後、合同会社の設立の登記をする時までに、その出資に係る金銭の全額を払い込み、またはその出資に係る金銭以外の財産の全部を給付しなければならない（578条本文）。これは、会社債権者が社員に直接責任を追及することがないようにすることにより、合資会社等よりも広く出資を募ることを可能にするとともに、会社債権者も会社財産のみを責任財産として取り扱い、かつ行動すれば足りるようにするための措置であると説明されている[28]。なお、金銭以外の財産の全部

---

[27]　江頭編著・モデル定款38頁。

の給付に際して、登記、登録その他権利の設定または移転を第三者に対抗するために必要な行為を行うことが必要となるが（第三者対抗要件の具備）、社員になろうとする者全員の同意があれば、これらの行為は合同会社の成立後に行うことができる（578条ただし書）。

　社員が債権を出資の目的とした場合において、当該債権の債務者が弁済期に弁済をしなかったときは、当該債権の種類を問わず、当該社員は、その弁済をする責任を負う。この場合においては、当該社員は、その利息を支払うほか、損害の賠償をしなければならない（582条2項）。債権の売買について、売主の担保責任に関する規定が適用されるが、それは、債権の存在自体の担保であり、債務者の資力ないしその履行を担保させるためには特約が必要となる。582条2項は、特約がなくても、債務者が任意に履行しない場合に、社員に履行の担保責任を負わせるものである(29)。

第4節　設立の登記

1　登記申請人

　合同会社の設立の登記の申請は、会社を代表すべき者によってする（商登法118条・47条）。代表者が法人である場合には、登記申請書には、その職務を行うべき者の氏名および住所を記載し、その者または代理人が記名押印しなければならない（商登法17条2項）。

2　登記事項

　合同会社の登記事項としては、以下のとおりである（914条）。
① 　目的
② 　商号
③ 　本店および支店の所在場所

---

(28)　立案担当者157頁。
(29)　新注会(1)222頁〔伊沢和平〕。

会社の設立に際して支店を設けた場合には、本店の所在地における設立の登記をした日から2週間以内に支店の所在地において、支店の所在地における登記をしなければならない（930条1項1号）[30]。

④ 合同会社の存続期間または解散の事由についての定款の定めがあるときは、その定め

⑤ 資本金の額

合同会社では、株式会社と同様、資本金の額の登記も要する。社員が有限責任社員に限られ、会社債権者の債権の履行を担保する財産が会社財産に限られることから、設立時に定款で定めた出資の全額を履行することが求められているが、さらに、払込みまたは給付された財産の価額の範囲内において資本金の額を定め、それを公示することによって、債権者保護や会社の信用保持を図ることを可能にしていると説明される[31]。

設立時の社員になろうとする者が設立に要した費用のうち、設立に際して資本金または資本剰余金の額として計上すべき額は当分の間零とされているため（計算規則附則11条）、設立時の合同会社の資本金の額は、設立に際して出資の履行として合同会社が払込みまたは給付を受けた財産の出資時における価額の範囲内で、社員になろうとする者が定めた額（零以上の額に限る）となる。

⑥ 合同会社の業務を執行する社員の氏名または名称

業務を執行する社員について、住所までは登記事項とされていない。

登記申請にあたって、婚姻により氏を改めた業務執行社員につき、婚姻前の氏（記録すべき氏と同一であるときを除く）をも記録するよう申し出ることができる（商登則81条の2第1項）。

⑦ 合同会社を代表する社員の氏名または名称および住所

---

(30) 法制審議会会社法制（企業統治等関係）部会第17回会議（平成30年10月24日）開催の部会資料26「企業法制（企業統治等関係）の見直しに関する要綱案（仮案）」によれば、会社法の一部改正によって、会社の支店の所在地における登記は廃止される見込みである。
(31) 筧＝神﨑＝立花（下）329頁。

代表社員については、氏名または名称のほか、住所まで登記する必要がある。代表社員は裁判上の代表権も有するため（訴状の送達等）、その氏名だけでなく、住所も登記されるのである（民訴37条・103条1項）[32]。

⑧　合同会社を代表する社員が法人であるときは、当該社員の職務を行うべき者の氏名および住所

⑨　939条1項の規定による公告方法についての定款の定めがあるときは、その定め

⑩　前号の定款の定めが電子公告を公告方法とする旨のものであるときは、次に掲げる事項

　イ　電子公告により公告すべき内容である情報について不特定多数の者がその提供を受けるために必要な事項であって法務省令で定めるもの[33]。これは、ウェブアドレス（URL）を意味する。

　ロ　939条3項後段の規定による定款の定めがあるときは、その定め

⑪　9号の定款の定めがないときは、939条4項の規定により官報に掲載する方法を公告方法とする旨

---

(32)　法制審議会会社法制（企業統治等関係）部会第17回会議（平成30年10月24日）開催の部会資料26「企業法制（企業統治等関係）の見直しに関する要綱案（仮案）」によれば、(i)基本的には、株式会社の代表者の住所を登記事項証明書に記載する現行の商業登記法の規律は見直さないものとするが、例外的に、株式会社の代表者が特定の法律に規定する被害者であり、再被害を受けるおそれがある場合において、当該代表者から申出があったときは、当該代表者の住所を登記事項証明書に記載しないものとし、(ii)電気通信回線による登記情報の提供に関する法律に基づく登記情報の提供においては、代表者の住所に関する情報を一律に提供しないものとする、とされている。

(33)　電子公告をするために使用する自動公衆送信装置のうち当該行為をするための用に供する部分をインターネットにおいて識別するための文字、記号その他の符号またはこれらの結合であって、情報の提供を受ける者がその使用に係る電子計算機に入力することによって当該情報の内容を閲覧し、当該電子計算機に備えられたファイルに当該情報を記録することができるもの（施行規則220条5号）。

> **COLUMN 外国法人の登記**
>
> 社員の住所について、内国会社の代表者（または外国会社の日本における代表者）のうち、少なくとも1名は、日本に住所を有しなければならないとされてきた（昭和59・9・26民四4974号回答、昭和60・3・11民四1480号回答）が、平27・3・16民商29号通知により、取扱いが改められ、内国株式会社の代表取締役の全員が日本に住所を有しない場合でも、その設立の登記および代表取締役の就任の登記を受理して差し支えないとされた。合同会社の代表社員およびその職務執行者の全員が日本に住所を有しなくてもよいようになったのである。なお、外国会社が日本において取引を継続しようとするときは、日本における代表者を定め、そのうち1人以上は、日本に住所を有しなければならない（817条1項）。

3 添付書類

合同会社の設立の登記申請書の添付書面は次のとおりである（商登法118条・93条・94条）。

① 定款

社員となる自然人の住民票・印鑑証明は登記申請書類の添付書類としても不要である。定款に記名押印した各社員の真意については、持分会社の人的信頼関係をもって一定程度担保されているためとされている[34]。もっとも、社員が複数の場合には、定款について後日の紛争を避ける趣旨から、実務上、各社員から印鑑証明書を徴求し、実印での押印を求めることが望ましい。

② 代表社員、本店所在地および資本金を決定したことを証する書面

代表社員、本店所在地および資本金の額が定款に記載されていないときは、これらの決定をしたことを証明する書面が添付書類として要求される。具体的には業務執行社員の過半数の一致があったこと（590条2項・599条3項参照）を証する書面を添付することになる。

③ 代表社員の就任承諾書

---

(34) 松井621頁、625頁。

定款に代表社員が定められていない場合には、②の代表社員を決定したことを証する書面のほか、代表社員の就任承諾書を要する。

また、合同会社を代表する社員が法人である場合には、「登記事項証明書」、「職務執行者の選任に関する書面」、「職務執行者の就任承諾書」を要する[35]。

「登記事項証明書」については、申請する登記申請書と同一の登記所に当該法人の登記がある場合には、添付を省略することができ、同一の登記所にない場合でも、当該法人の会社法人等番号を記載することにより（申請書の添付書類の箇所に、「登記事項証明書　省略　（会社法人等番号〇〇）」と記載することになる）、添付を省略することができる。

「職務執行者の選任に関する書面」については、当該法人の業務執行の決定機関において選任したことを明らかにした議事録等を添付する。

④　払込みがあったことを証する書面

法務局のHPの記載例では、「払込受入証明書又は代表社員が作成した設立に際して出資される財産の価額又は最低額の全額の払込を受けたことを証明する旨を記載した書面に預金通帳の写しや取引明細表を合わせてとじたもの等が該当します。」とされている。このため、金銭の払込みについて、実務上、代表社員の銀行口座に各社員が出資金全額を送金し[36]、振込みの事実が記載されている通帳の写しを登記申請書に添付することが多い。しかし、合同会社の場合、株式会社のように銀行等の払込みの取扱いの場所を定めることとはされていないことから（34条2項・63条1項・578条）、払込みがあったことを証する書面として常に預金通帳の写し等を用いる必要はなく、特定の社員（多くは代表社員）の作成に係る出資金領収等も払込みを証する書面に該当するとされている[37]。

⑤　資本金の額の計上に関する証明書

---

(35)　代表社員以外の業務執行社員が法人の場合には当該法人の登記事項証明書も必要となる（筧＝神﨑＝立花（下）334頁）。
(36)　代表社員の口座を新たに作成する必要まではなく、既存の口座でも足りる。また、代表社員ではなく、他の社員の口座を用いてもよい。
(37)　筧＝神﨑＝立花（下）335頁、松井624頁。

資本金の額の計上に関する証明書は、設立時の代表社員が記名押印して作成する。押印は登記所に提出した印鑑（商登法20条）を押印する[38]。

設立時の合同会社の資本金の額は、設立に際して出資の履行として合同会社が払込みまたは給付を受けた財産の出資時における価額(i)から、設立時の社員になろうとする者が設立に要した費用のうち、設立に際して資本金または資本剰余金の額として計上すべき額から減ずるべき額と定めた額(ii)を控除した額の範囲内で社員になろうとする者が定めた額（零以上の額に限る）(iii)となる。資本金の額の計上に関する証明書には、(i)ないし(iii)の具体的金額を記載し、計算規則44条1項の規定に従って計上したことを代表すべき社員が記名押印して証明したものをいうが[39]、(ii)の金額は当分の間、零とされている（計算規則附則11条）ため、結局(i)、(iii)の額が明示されていれば足りることになる。

また、(ii)の金額は当分の間、零とされている（計算規則附則11条）ため、出資にかかる財産が金銭のみのである場合には、払込みがあったことを証する書面により資本金の額の計上の適法性を判断することができる。そのため、出資に係る財産が金銭のみの場合には、当分の間、本書面の添付は不要とされている[40]。

⑥　委任状

代理人に申請を委任した場合にのみ必要となる。代表者が登記所に届け出た印鑑が押印されている必要がある。

4　費　　用

登録免許税として、申請1件につき、本店所在地では資本金額の額の1000分の7（これによって計算した税額が6万円に満たない場合には6万円）、支店所在地においては9000円である（登税法別表一24号㈠ロ、㈡イ）。

---

(38)　松井625頁、117頁。
(39)　筧＝神﨑＝立花（下）336頁。
(40)　平成19年1月17日法務省民商第91号通達。

5　登記申請書

　登記申請書や、添付書類の書式としては、法務省のHP[41]に以下のような申請書様式および記載例が掲載されている。

---

(41)　http://houmukyoku.moj.go.jp/homu/COMMERCE_11-1.html#anchor3-1

合同会社設立登記申請書

```
┌─────────────────────────────────────────────┐
│                                             │
│              受付番号票貼付欄                │
│                                             │
└─────────────────────────────────────────────┘

              合同会社設立登記申請書

  1．商　　号      ○○商店合同会社
  1．本　　店      ○県○市○町○丁目○番○号
  1．登記の事由    設立の手続終了
  1．登記すべき事項  別添CD-Rのとおり(42)
  1．課税標準金額    金500万円
  1．登録免許税      金60,000円
  1．添付書類
      定款                                         1通
      代表社員、本店所在地及び資本金を決定したことを証する書面  1通
      代表社員の就任承諾書                         1通
      払込みがあったことを証する書面               1通
      資本金の額の計上に関する代表社員の証明書     1通
      委任状                                       1通
  上記のとおり登記の申請をします。
    平成　　年　　月　　日
          申請人
            代表社員
            連絡先の電話番号
          法務局　　　支　局　御中
                      出張所
  収入印紙貼付台紙


                        ┌─────┐
                        │収　入│
                        │印　紙│
                        └─────┘
```

---

(42) 登記すべき事項を記載したCD-Rを申請書と共に提出する必要があるが、これに代えて、オンラインによりあらかじめ、登記すべき事項を提出することができる。詳細は、法務局HP「商業・法人登記の申請書様式」中の関連リンク（http://houmukyoku.moj.go.jp/homu/COMMERCE_11-1.html）「登記・供託オンライン申請システムにより登記すべき事項の提出について」参照。

第1編　合同会社の法

代表社員、本店所在地及び資本金決定書
（一例です。会社の実情に合わせて作成してください。）

　　　　　　　　　代表社員、本店所在地及び資本金決定書

１．本店　　〇県〇市〇町〇丁目〇番〇号
　（注）定款の中で具体的に本店所在地を定めた場合は必要ありません。
２．代表社員　　〇〇商事株式会社

３．資本金　金〇〇円

　上記事項を決定する。

　平成〇年〇月〇日

　　　　　　　〇〇商店合同会社
　　　　　　　　　社員　　〇〇商事株式会社
　　　　　　　　　　　　　代表取締役　〇〇　〇〇　㊞
　　　　　　　　　社員　　〇〇〇〇　㊞

代表社員の就任承諾書の例

　　　　　　　　　　　　　就任承諾書

　私は、平成〇年〇月〇日、貴社の代表社員に定められたので、その就任を承諾します。

　平成〇年〇月〇日

　　　　　　　　　　　　　〇県〇市〇町〇丁目〇番〇号
　　　　　　　　　　　　　　　〇〇商事株式会社
　　　　　　　　　　　　　代表取締役　　〇〇〇〇　㊞

　　　〇〇商店合同会社　御中

職務執行者の選任に関する書面の例

```
                    取締役会議事録

　平成○年○月○日午前○時○分当会社の本店において、取締役○名（総取締役数○名）出席のもとに、取締役会を開催し、下記議案につき可決確定のうえ、午前○時○分散会した。
１　職務執行者選任の件
　取締役○○○○は選ばれて議長となり、今般○○商店合同会社の代表社員として当会社が選定されることに伴い、職務執行者を選任したい旨を述べ、慎重協議した結果、全員一致をもって次のとおり選任した。なお、被選任者は、その就任を承諾した。
　　　職務執行者　　○○　　○○
　上記の決議を明確にするため、この議事録をつくり、出席取締役の全員がこれに記名押印する。

　　平成○年○月○日
                          ○○商事株式会社
                            出席取締役　　○○　○○　㊞
                            同　　　　　　○○　○○　㊞
                            同　　　　　　○○　○○　㊞
```

職務執行者の就任承諾書の例

```
                      就任承諾書

　私は、平成○年○月○日、○○商店合同会社代表社員の職務執行者に選任されたので、その就任を承諾します。

　　平成○年○月○日

                              ○県○市○町○丁目○番○号

                                    ○○○○　　㊞

　　○○商事株式会社　御中
```

第1編　合同会社の法

払込みがあったことを証する書面の例

証明書

　当会社の資本金については以下のとおり、全額の払込みがあったことを証明します。

　　　　　　　払込みを受けた金額　金〇〇円

　平成〇年〇月〇日
　　　　　　　　　　　　〇〇商店合同会社
　　　　　　　　　　　　代表社員　　〇〇商事株式会社
　　　　　　　　　　　　職務執行者　〇〇〇〇㊞

（注）1　本証明書には、代表者が登記所に提出する印鑑を押します。
（注）2　取引明細表や預金通帳の写し（口座名義人が判明する部分を含む）を合わせてとじ、本証明書に押した印鑑を契印します。また、添付した取引明細表や預金通帳の写しの振込に関する部分にマーカー又は下線を付す等します。

資本金の額の計上に関する代表社員の証明書の例

資本金の額の計上に関する証明書

① 払込みを受けた金銭の額
　　　　　　　　　　　　　　　　　　　　　　　金〇〇円
② 給付を受けた金銭以外の財産の出資時における価額
　（会社計算規則第44条第1項第1号）（注2）
　　　　　　　　　　　　　　　　　　　　　　　金〇〇円
③ ①＋②
　　　　　　　　　　　　　　　　　　　　　　　金〇〇円
　資本金〇〇円は会社計算規則第44条の規定に従って計上されたことに相違ないことを証明する。
　平成〇年〇月〇日
　　　　　　　　　　　　〇〇商店合同会社
　　　　　　　　　　　　代表社員　　〇〇商事株式会社
　　　　　　　　　　　　職務執行者　〇〇〇〇　㊞（注3）

（注）1　設立に際して出資される財産が金銭のみである場合は、資本金の額の計上に関する証明書を添付する必要はありません。
　　　2　出資をした者における帳簿価額を計上すべき場合（会社計算規則第44条第1項第1号イ、ロ）には、帳簿価額を記載してください。
　　　3　代表者が設立の登記の際に登記所に提出する印鑑を押してください。

委任状の例

```
                    委 任 状

                              ○県○市○町○丁目○番○号
                                ○　○　○　○

  私は、上記の者を代理人に定め、次の権限を委任する。

 1　当会社設立登記を申請する一切の件
 1　原本還付の請求及び受領の件（注1）

    平成○年○月○日

                        ○県○市○町○丁目○番○号
                        ○○商店合同会社
                            代表社員　　○○商事株式会社
                            職務執行者　○○○○　㊞（注2）

 （注）1　原本還付を請求する場合に記載します。
       2　代表者が登記所に提出する印鑑を押してください。
```

第5節　合同会社の設立無効・取消し

1　序

　2条1号は、「会社」を株式会社、合名会社、合資会社または合同会社をいうとし、828条1項1号は、会社の設立の無効の訴えについて規定する。設立無効については、合同会社も株式会社も、基本的に同様に規律されているのである。なお、合同会社については、設立無効の訴えとは別に、設立取消しの訴え制度が設けられている（832条1項）。これは、社員の主観的事情に基づく設立の取消制度である。

COLUMN
合同会社の不成立・不存在

　株式会社の設立において、設立中の会社の創設後に設立手続が挫折し、株式会社の不成立が確定したとき(設立の登記にまで至らないことが確定したとき)、既に払い込まれた払込金の返還や設立手続に関連して支出した費用の負担ないし債務の弁済等の設立手続の後始末が問題となる。これが「株式会社の不成立」に係る法的問題であり、56条がこれについて規定する。合同会社においては、発起人制度はなく、社員となろうとする者が設立手続を遂行するため、会社不成立について特別の規定は設けられていないが、設立手続に関連して負担した債務の連帯性等、適宜、56条を類推することが適当であろう。

　また、設立の登記はされているが、設立登記前において会社設立のための実質的な行為が一切なく、設立登記後も取引主体としての実態はないというような極端な株式会社について、会社が不存在であるとして、設立無効の訴えを提起するまでもなく、会社の不存在を主張できる(会社不存在確認の訴えを提起できる)と解されている(東京高判昭和36・11・29下民集12巻11号2848頁)。合同会社においても、例外的場合であろうが、法律関係の画一的確定のために、会社不存在確認の訴え制度を認めることができるのであろう。

　以下、合同会社の設立無効・取消しの訴え制度について概観する。

2　形成の訴えとしての合同会社の設立無効・取消しの訴え

　合同会社の設立無効・取消しの訴えは、形成の訴えである。設立無効・取消しの訴え制度の趣旨として、認容判決の対世効・法律関係の画一的確定のほか(838条)、無効の主張の可及的制限(828条1項1号・2項1号)と無効の遡及効阻止の機能(839条)があげられる。設立無効・取消事由が認められる場合において、設立の無効・取消しを訴訟の攻撃・防御方法として主張することはできない。設立無効・取消しの訴えを提起し、その認容判決が確定してはじめて、設立無効・取消しを訴訟の攻撃・防御方法として主張することができることとなる。

　設立無効・取消しの訴えは、会社成立の日から2年以内に提起しなければならない(828条1項1号・832条)。設立無効の訴えの原告は設立する合同

会社の社員または清算人であり（828条2項1号）、設立無効の訴えの被告は会社である（834条1号）。設立取消しの訴えの原告は、合同会社の社員が民法その他の規定により設立に係る意思表示を取り消すことができる場合については（1号事由）、当該社員であり、社員がその債権者を害することを知って合同会社を設立したときについては（2号事由）、設立により害される債権者である（832条1号・2号）。設立取消しの訴えの被告は、1号事由については会社、2号事由については会社と債権者を害することを知って会社を設立した社員となる（834条18号・19号）。

訴えの管轄・移送、担保提供命令、弁論等の併合等の会社組織に関する訴えに共通の規制が設立無効・取消しの訴えに適用される（835条〜837条、846条）。

3　無効事由

株式会社について、無効事由として客観的無効事由だけが問題となり、しかも、会社の法的存在を消滅させるべき重大な違法性が認められる事由のみが設立無効事由となると解されている。裁量棄却制度は設けられていないが（831条2項参照）、軽微な瑕疵を理由に設立を無効とする必要はないとされ、定款の絶対的記載事項が欠けている場合やその記載が違法な場合のような客観的・全般的事由がその典型例となる。独禁法9条に違反する会社の設立の場合もこれに該当する。

合同会社については、このほか、設立行為者の1人について存する意思無能力（心神喪失等）や（争いがあるが）社員間の通謀虚偽表示・心裡留保といった主観的・部分的な無効事由も、その会社の設立自体の無効をもたらすと解されている[43]。

---

(43)　新基本法コンメ(3)372頁［小林量］、逐条解説(9)144頁［酒巻俊之］。

4 取消事由

(1) 社員が提訴権者となる取消事由

　社員が提訴権者となる取消事由は、民法その他の法律の規定により設立に係る意思表示を取り消すことができる場合である（832条1号）。設立に係る意思表示について、制限行為能力者による場合（民法5条1項、9条）や、錯誤、詐欺や強迫による場合（民法95条・96条）等が挙げられる。

　上記の取消事由がある場合、当該表意者は、設立の取消しの訴えを提起することなく、意思表示を取消しして、出資の取戻を行うことができるか。

　立案担当者は、設立に係る意思表示のみの取消しを認めなければ、行為能力の制限を受ける者が、会社の債務につき責任を負い、その保護に欠ける結果となることや、株式会社の株式の引受行為について、行為能力の制限による取消しが認められ、その場合には会社債権者の保護は図られないこととの均衡を図る必要があることから、832条1号が「設立に係る意思表示の取消」（出資行為の取消し）と「設立の取消」とを別概念として規定し、社員が民法その他の法律の規定により出資行為を取り消すことができることを明らかにしたと説明する[44]。

(2) 債権者が提訴権者となる取消事由

　債権者が提訴権者となる取消事由としては、社員がその債権者を害することを知って持分会社を設立した場合である（832条2号）。

　債権者としては、上記の取消事由がある場合に、設立の取消しではなく、民法424条によって出資行為を取り消すことができるか。

　旧有限会社法75条1項が準用していた平成17年改正前商法141条と民法424条の関係について、最高裁は、商法141条の規定は詐害行為の取消しに関する一般規定たる民法424条の特別として規定されたものであり、したがって商法の右規定の適用または準用ある会社についての詐害設立取消しには、民法の右規定を適用する余地はないと判示していた（最判昭和39・1・

---

[44] 論点解説568頁。

23民集18巻1号87頁)。もっとも、このような結論に対しては、債権者は出資の取戻を請求できず、債務者の有する残余財産分配請求権あるいは他社員が会社の継続を決定する場合には退社社員の持分払戻請求権に対して権利を主張しうるに過ぎないこととなるとして、学説の多くから債権者保護に不十分と指摘されてきた[45]。

この点、立案担当者によると、会社法では、832条1号で設立の取消しと出資行為の取消しを区別していることから、出資行為のみを詐害行為取消により取り消すことができるようになったと解されている[46]。

5　無効、取消判決の効果

設立無効・取消しに係る請求を認容する確定判決は、第三者に対してもその効力を有する（838条——認容判決の対世効）。設立無効・取消しに係る請求を認容する判決が確定したときは、当該判決において無効とされ、または、取り消された行為（当該行為により会社が設立された場合にあっては、当該設立を含む）は、将来に向かってその効力を失う（839条——認容判決の非遡及効）。設立無効・取消しに係る認容判決が確定したとき、当該会社は、当初から法的に存在しなくなるのではなく、本店の所在地においてその嘱託登記がされ（937条1項1号イ）、清算手続が開始されることとなる（475条2号）。

なお、合同会社の設立の無効または取消しの訴えに係る請求を認容する判決が確定した場合において、その無効または取消しの原因が一部の社員のみにあるときは、他の社員の全員の同意によって、当該持分会社を継続することができ、この場合、当該原因がある社員は、退社したものとみなされる（845条）。

(古川純平)

- [45]　新注会⑴572頁［浜田道代］。
- [46]　論点解説568頁。かかる立案担当者の解釈について、会社法コンメ⑭36頁［大杉謙一］は、やや形式的に過ぎるとしながらも、債権者保護の観点から結論において妥当であるとする。

第3章 合同会社の社員と社員の変動

第1節 序　説

　会社法は、合名会社、合資会社、合同会社を持分会社として、「第三編　持分会社」において、合名会社、合資会社、合同会社に関して体系的に規制しているが、このような規制方法には、メリットとともにデメリットもある。とりわけ、第2章は、「社員」と題して、社員の責任等（第1節　580条～584条）、持分の譲渡等（第2節　585条～587条）、そして、誤認行為の責任（第3節　588条、589条）について規定し、第4章は、「社員の加入及び退社」と題して、社員の加入（第1節　604条～605条）と社員の退社（第2節　606条～613条）について規定するが、無限責任社員のみから構成される合名会社と有限責任社員、それも、間接有限責任社員のみから構成される合同会社の社員関係を共通に規制することが合理的であるのかどうか、検討を要するように思われる。

> **COLUMN　合同会社の社員に対する社員関連規定の適用**
>
> 　合同会社の社員となろうとする者は、設立の登記をする時までに出資を履行しなければならない（578条）。社員が、連帯して、会社債務を弁済する責任を負うものとする580条1項の規定は、同条2項を含め、合同会社の社員には原則として適用されることはなく、581条の適用も原則として問題とならない。582条1項についても同様である。583条の規定が合同会社に適用されないことは文言上明らかであり、無限責任社員に係る規定である584条は有限責任社員に適用の余地はない。こうして、社員の責任等に係る580条～584条のうち、合同会社に一般的に適用されるのは、582条2項だけということに

> なる。また、持分の譲渡等に係る規定は合同会社にも適用されるが、持分全部を譲渡した社員の責任に係る586条の規定は、合同会社には適用されない。加入社員の責任に係る605条の規定も、合同会社の社員には適用の余地はない。退社員の責任に係る612条についても同様である。
>
> もっとも、合同会社においても、社員となるべき者が設立の登記までに出資を履行していない例外的場合は、出資の価額を限度として合同会社の債務を弁済する責任を負い（580条2項）、この場合には、581条や582条1項も適用されると説明されている[(1)]。株主の責任は、その有する株式の引受価額を限度とする旨定められていることから（104条）、間接有限責任であるとされているのに対して、合同会社の責任についてこのような規定は設けられていない。それはこのことに配慮しているのであろう。
>
> なお、社員の新規加入の場合、出資の履行を完了しない限り、社員となることはできないのであり（604条3項）、新規加入の合同会社の社員に580条を適用する余地はない。

社員関係に係る会社法上の規定の適用の有無について、合名会社、合資会社、それに、合同会社を比較しつつ検討することにも意義が認められるが、以下においては、合同会社の社員に限定して、株式会社の株主と比較しつつ検討する。

第2節　社員の員数と資格

1　社員の員数

平成17年改正前商法においては、合名会社の社員が1人となった場合には、当該合名会社は解散するものとされていたが（改正前商法94条4号）、会社法においては、社員が1人になった場合でも、社員の意思による新たな社員の加入や持分の譲渡等により社員が複数になる可能性があることから、持分会社は社員が1人であっても解散しないものとされている[(2)]（641条4

---

(1)　会社法コンメ(14) 81頁［今泉邦子］。
(2)　小川＝相澤283頁。

号）。合同会社においては、株式会社と同様に、最初から社員が1人のみの会社を設立することも可能であり(3)、実務においても、多数の一人合同会社が認められる。

2　社員の資格
(1)　法　　人

　会社法上、持分会社の社員の資格について正面から定めた規定は見当たらない。株式会社の株主の資格についても同様である。

　合同会社の社員には、自然人に限らず、法人がなることも可能である。社員となり得る法人の種類も会社法上限定されておらず、会社以外の法人であっても、合同会社の事業目的がその法人の目的の範囲内のものであれば、合同会社の社員となることができる。外国法人も合同会社の社員となることができる(4)。この場合、日本において自ら主体となって取引を継続して行っておらず、日本において外国会社の登記をしていないものでもよいが(5)、外国会社が日本において取引を継続しようとするときは、日本における代表者を定め、そのうち1人以上は、日本に住所を有しなければならない（817条1項）。

　株式会社において、法人は取締役や監査役となることができないが（331条1項1号・335条1項）、合同会社においては、法人も業務執行社員となることができる。法人が業務執行社員となる場合には、業務執行社員の職務を行うべき自然人（これを「職務執行者」という）を選任し、他の社員にその者の氏名および住所を通知しなければならない（598条1項）。

　銀行（銀行法12条の4）、保険会社（保険業法100条の4）等は、法律の規定により、合同会社の業務執行社員となることはできない。

---

(3)　会社法コンメ(14)42頁［大杉謙一］。
(4)　立案担当者157頁。
(5)　松井606頁。

(2) 民法上の組合・有限責任事業組合

　法人格のない民法上の組合や有限責任事業組合は、権利義務の主体とはなり得ないため、合同会社の社員となることはできない。もっとも、組合員個人が社員となり、合有的に一定の財産や権利義務を保有することで、実態として、組合が社員となっているのに近い効果を得ることは可能である[6]。

(3) 未成年者

　未成年者も社員となることができるが、未成年者については、社員となることのほか、社員としての権利の行使や義務の履行は、法定代理人の同意がなければ、取り消し得る行為となる（民法5条1項・2項・120条1項）。持分会社の無限責任社員となることを許された未成年者は、社員の資格に基づく行為に関しては行為能力者とみなされる（584条）。同様に、未成年者が合同会社の業務執行社員となるためには、民法6条1項の許可を要すると解釈すべきである。この場合、民法6条2項あるいは民法823条2項の規定に従って未成年者がその資格に基づく行為に堪えることができないような事由がある場合には、法定代理人によって許可が取り消される可能性が残る。

　後述するように、全社員を業務執行社員とし、かつ、相続人が社員としての地位を承継する旨を定款で定めている場合には、未成年者が業務執行社員となる可能性があることも考慮し、適切な定款の定めを設ける必要があろう。

(4) 成年被後見人

　成年被後見人も社員となることができるが、成年被後見人は、入社契約にあたっても、また、社員たる資格に基づいて行為をするためにも（社員としての権利の行使や義務の履行のためにも）、成年後見人によって代理される必要があり[7]、成年後見人によって行うのでなければ、当該行為は取り消し得る（民法8条・9条）。後見開始の審判を受けたことは、定款で退社事由とし

---

(6)　会社法コンメ⑭42頁［大杉］。論点解説561頁。
(7)　会社法コンメ⑭109頁［今泉］。

ない旨を定めない限り、法定退社事由となる（607条1項7号・607条2項）。なお、会社法改正にかかる法制審議会における議論では、現行の会社法331条1項2号は削除され、成年被後見人が取締役、監査役、執行役、清算人、設立時取締役または設立時監査役に就任するには、その成年後見人において、本人の同意を得た上で、本人に代わって就任の承諾をしなければならない旨の規定とされる見込みである[8]。

(5) 社員の資格に関する定款の定め

社員の資格について、反社関連事項のほか、社員が業務執行社員となることに配慮して、取締役の資格要件に係る331条1項の欠格事由（法人を除く）のないことを資格要件とすることは考慮に値する。これは、後述の定款で定める退社事由（607条1項1号）とも関連する。

合同会社の設立目的に応じて、定款で社員の資格について定めを置くことも考えられる。たとえば、証券化・流動化のビークルとして合同会社が利用される場合に、実務上、会社に対して法的倒産手続を申し立てない旨の誓約書を提出することを社員の資格として定めることが比較的多いとされる[9]。

定款記載例

> 第○条（社員の資格）
> 　当会社の社員となることができるものは、次の各号の要件をすべて満たすものに限る。
> 　1　法人であるもの。
> 　2　○○事業に関する知識を有し、当該事業を的確、公正かつ効率的に遂行することができるもの。
> 　3　社会的な信用を有するもの。
> 　4　当会社について破産手続、再生手続、その他一切の法的倒産手続を申し立てない旨の誓約書を提出することができるもの。

---

[8] 「企業法制（企業統治等関係）の見直しに関する要綱案（仮案）」法制審議会会社法制（企業統治等関係）部会第17回会議（平成30年10月24日）開催の部会資料26。
[9] 仲谷＝田中・定款21頁。

第3節　合同会社の社員の責任

　持分会社の社員の責任に関する多くの規定は、全社員が間接有限責任とされる合同会社の社員には、原則として適用されない。たとえば、持分会社の有限責任社員は、その出資の価額（既に会社に対して履行した出資の価額を除く）を限度として、会社の債務を弁済する責任を負うものとされているが（580条2項）、合同会社では、社員に対して、社員となる前に出資全部履行義務があることから（578条・604条3項）、会社成立後に出資の未履行部分はないはずであり、原則として同条に基づく弁済責任は生じない。

　会社に対する債権譲渡等の方法によって債権を出資の目的とすることは可能であるから[10]、社員が出資の目的とした債権の債務者が弁済期に弁済をしない事態が生じうる。この場合、出資をした社員は、その弁済の責任を負い、また、その利息を支払い、損害賠償をしなければならない（582条2項）。合同会社の社員は、本条によって、民法569条の債権の売主の担保責任とは異なり、債務者の資力を担保とする特約がない場合であっても、当該弁済責任を負うことになる[11]。

COLUMN　誤認行為に対する責任

　合同会社の社員がその責任の限度を誤認させる行為をしたときは、当該社員は、その誤認に基づいて会社と取引をした者に対し、その誤認させた責任の範囲で、合同会社の債務を弁済する責任を負う（588条2項）。これは、禁反言（権利外観法理）に基づく責任である。合同会社の社員は、会社債務について弁済責任を負うことのない間接有限責任社員であるが、その責任の限度を誤認させる行為をした場合には、会社債権者に誤認させた責任の範囲内で、会社債務を弁済しなければならない[12]。合同会社の社員が無限責任社員であると誤認され

---

(10)　立案担当者156頁。
(11)　論点体系(4)381頁［井上健一］。

る行為をした場合には、無限責任を負うこととなる[13]。なお、これらの規定により弁済の責任を負った社員は、会社が当該債権者に対して有する抗弁権を援用でき（581条）、責任を履行した場合には、会社に対して求償が認められるのである[14]。また、合同会社の社員でない者が、自己を社員であると誤認させる行為をしたときは、当該社員でない者は、その誤認させた責任の範囲内で会社の債務を弁済する責任を負う（589条2項）。

誤認行為に対する責任について定める588条、589条は、法律上適法に生じうる会社の種類と社員の責任との組合せだけを対象とする規定である。合同会社の社員が、合資会社または合名会社の無限責任社員であると誤認される行為をした場合、またはその商号を合資会社または合名会社と偽った場合については、588条2項は直接適用されない（同項括弧書では、その適用範囲について「前項の行為を除く」ものと規定している）[15]。しかし、この規定は、持分会社の社員の行為によって、責任を誤認した相手方の保護を図ろうとするものであるから、588条2項が類推適用されるものと解されている[16]。

これらの規定の適用によって取引の相手方である会社債権者が保護されるには、当該社員の真の責任の種類または限度について善意であることを要するが、過失の有無は問われないと解されている[17]。禁反言（権利外観法理）に基づく責任については、重過失は悪意と同旨すると解されることが一般的であるが、この場合は、重過失があっても、会社債権者は保護されるのである。

---

(12) 会社法コンメ⒁126頁［今泉］。
(13) 論点解説 574頁。
(14) 会社法コンメ⒁126～127頁［今泉］。
(15) 立案担当者158頁。
(16) 論点解説 574頁。
(17) 会社法コンメ⒁127頁［今泉］。

第4節　持分の譲渡・質入れ・自己持分の取得の禁止

1　持分の譲渡
(1)　持分の譲渡に関する原則的規律

　株式会社において、株主の投下資本の回収の機会を確保するため、株式譲渡自由の原則が採用されている（127条）。定款の定めによる株式譲渡制限制度が設けられているが、この場合にも、株主の投下資本の回収の機会を確保することに配慮されている。株式譲渡を絶対的に禁止することは許されていない。株主または株式取得者は、会社に対して株式の譲渡・取得承認請求をすることができ、会社が承認を拒む場合、株主または株式取得者は、会社または指定買取人が当該株式を買い取ることを請求することができる。売買価格について協議が整わない場合、裁判所は、承認請求の時における会社の資産状態その他一切の事情を考慮して、売買価格を決定する。こうして、譲渡制限株式について、相手方選択の自由は制限されるが、株主の投下資本の回収の機会は確保されるのである。

　これに対して、合同会社の社員は、原則として他の社員全員の承諾がなければ、その持分の全部または一部を他人に譲渡することはできない（585条1項）。「他人」とあるが、これは当該社員以外の者を意味する。他の社員に持分を譲渡する場合にも、他の社員全員の承諾が必要となる。社員は、他の社員が承諾しない限り、持分を譲渡することはできない。譲渡を希望する社員の投下資本回収の機会を確保することには特に配慮されていない。これは合同会社の「人的会社性」を示すものである。

　業務を執行しない社員の持分の全部または一部の譲渡は、会社に与える影響が比較的小さいため、業務執行社員の全員の承諾で足りるものとされている（585条2項）、この場合には、持分譲渡に伴う定款変更は、業務執行社員の全員の同意によって行うことが可能である（585条3項）。

(2) 定款の定め

　持分の譲渡について、定款で別段の定めをすることができる（585条4項）。その定めについて特段の制約はなく、実体的要件としては、持分譲渡要件を定款変更要件に合わせるために、業務執行社員であるかどうかにかかわらず、他の社員全員の承諾を要するものとすることのほか、業務執行社員の持分の譲渡についても他の業務執行社員全員の承諾を要するものとすることや、一定の場合に持分の譲渡の承諾を不要とすることも可能である[18]。業務を執行しない社員の持分譲渡については業務執行社員の全員の承諾で足りるとしつつ、入社を伴う場合には、他の社員全員の承諾を要すると規定することも考えられる。さらに、社員以外の者に対する持分の譲渡を禁止するほか、持分の譲渡を絶対的に禁止することもできる。このように、定款の定めについて、特段の制約がないのは、退社の自由が認められていることとの関係で、持分譲渡による投下資本回収の機会を奪うことについて特に否定する必要がないことを根拠とするようである。

　手続的要件についても、特段の制約は存在せず、会社所定の書面による承諾を要求する内容の定款の定めを置くことが考えられる。また、譲渡価格やその算定方法についての定めを置くことも可能であり、たとえば、合弁会社等において、事前に買取価格またはその算定方法・評価人の選定方法を定めておくことや、いわゆる先買権条項や買受強制条項等を定めることも考えられる[19]。

　持分の譲渡は、社員の出資の価額の変更を伴うことから、損益分配の割合の定め方によっては（たとえば、損益分配の割合について、属人的な定め方がされている場合など）、持分の譲渡に際して損益分配の割合に関する定めについて再調整が必要となる場合があろう[20]。

---

(18)　立案担当者158頁。
(19)　会社法大系(1) 366頁［太田穰］。
(20)　酒井＝野入・定款対談第4回70頁。

第3章 合同会社の社員と社員の変動

定款記載例1

> 第○条（持分の譲渡）
> ① 社員は、持分の全部又は一部を当会社の社員に譲渡することができる。
> ② 社員は、当会社所定の様式による承諾の請求を行い、他の社員全員の書面による承諾を得なければ、持分の全部又は一部を社員以外の者に譲渡することができない。

定款記載例2

> 第○条（持分の譲渡）
> ① 社員が持分の全部又は一部を譲渡しようとするときは、当会社所定の様式による承諾の請求を行い、他の社員全員の書面による承諾を得るものとする。
> ② 前項の規定にかかわらず、当会社の業務執行社員の全員の承諾を得たときは、業務執行権を有しない社員は、その持分の全部又は一部を譲渡することができる。かかる持分譲渡に伴う定款変更については、法第585条3項の規定による。ただし、持分の全部又は一部の譲渡により、新たに社員が加入する場合においては、他の社員全員の書面による承諾を得なければならない。

(3) 定款変更の手続

「社員の出資の目的（有限責任社員にあっては、金銭等に限る。）及びその価額又は評価の標準」は、定款の絶対的記載事項とされているため（576条1項6号）、社員間の持分譲渡がなされる場合には、社員の出資の目的・価額等に関する定款変更を行う必要がある。持分の全部譲渡や、社員以外の者への譲渡により、社員の変更が生じた場合には、「社員の氏名又は名称及び住所」（576条1項4号）についても、定款変更手続を要する。

585条4項に基づき、定款で持分の譲渡要件に関する別段の定めをする場合には、持分譲渡要件に併せて別途、持分譲渡に伴う上記のような定款変更要件に関する定款の定めを設けることが必要となる。持分の譲渡要件を緩和する定款の定めがあれば、合理的な定款の解釈として、同じ要件で定款変更手続を行うことができることになると指摘されているが[21]、持分譲渡要件

に関する定款の定めを設ける場合には、社員の加入に係る定款の変更要件との整合性を持たせておくことが合理的である[22]。

　持分の譲渡は、譲渡人および譲受人の意思表示に加えて、他の社員の譲渡の承諾が効力発生要件となる（585条1項）。社員の加入は、当該社員に係る定款の変更をした時に、すなわち、当該社員の出資の増加または持分の譲受けに係る定款変更時に、持分譲渡の効力が生じることとなる（604条2項）[23]。ただし、定款変更要件と持分譲渡要件は、原則として一致させられており、譲渡人および譲受人の間の意思表示、ならびに他の社員の同意があれば、原則として当該社員に係る定款変更と持分譲渡の効力が生じると考えられる[24]。

(4) 持分の譲渡の対抗要件

　株券を発行する旨の定款の定めのない株式会社における譲渡制限株式の譲渡においては、会社および第三者に対する対抗要件として株主名簿の名義書換えが要求されている（130条1項）。これに対して、持分会社の持分の譲渡については、対抗要件に関し会社法上明確な定めがなく、持分譲渡の効力要件、定款変更手続との関係で整理する必要がある。

　持分譲渡においては、譲渡人および譲受人間の意思表示に加えて、585条各項所定の他の社員の同意が効力要件となり、さらに社員・出資の価額に係る定款変更が必要となるので会社に対する対抗要件について云々する必要はないようにも思えるが、民法467条1項の会社に対する通知または会社の承諾が必要になると考えられている[25]（総社員の同意が必要な場面では、上記のような会社に対する対抗要件については事実上問題となりえないが、定款の定めによって持分譲渡の要件が緩和されている場合には問題となる場面も生じえよう）。

　合同会社では、合資会社および合名会社と異なり、業務執行社員以外の社

---

(21)　江頭ほか・座談会（上）14頁～15頁［大杉謙一・江頭憲治郎］。
(22)　酒井＝野入・定款対談第4回72頁。
(23)　会社法大系(1) 366頁［太田］。
(24)　会社法コンメ(14) 114頁［今泉］。
(25)　江頭ほか・座談会（上）15頁［江頭発言］。

員が加入した場合には加入の登記は不要であることから（914条6号）、第三者対抗要件については、民法467条2項の確定日付のある会社の承諾を取得するというのが実務上の対応のようである[26]。

(5) 持分の質入れ

合同会社の社員持分の質入れについて規定されていないが、社員の持分は譲渡が可能であり、一定の財産的価値もあるので、財産権として権利質（民法362条）を設定することができる[27]。

持分に質権を設定するための手続としては、実務上、他の社員全員の承諾を取得することが多いとされる[28]。合同会社をファイナンス・ビークルとして用いる場合の例であるが、他の社員全員の承諾を得た上で、第三者対抗要件として会社の確定日付ある承諾を取得する方法（民法364条）が取られることもあるようである[29]。

さらに、将来の持分の譲渡についての事前承諾の有効性に疑義が残るため、質権を実行する際にも、585条1項を類推して、譲渡の承諾と同様の手続が採られ、定款に別段の定めがない限り、再度他の社員全員の同意を取得することが多いとされている[30]。また、持分の譲渡に伴う定款変更の手続も必要となる。

質権実行に際して他の社員の承諾が得られない場合、質権者は、将来具体化される利益配当請求権、残余財産分配請求権、出資払戻請求権または持分払戻請求権からは優先弁済を受けることができるが（民法350条・297条）、差押債権者として、社員を退社させて（609条）、持分払戻請求権の転付を受けることが可能であるとされる[31]。質権実行時に他の社員の承諾が得られない場合を念頭に、他の社員全員の合意を得て持分に設定した質権の実行に

---

(26) 江頭ほか座談会（上）15頁［新家寛］。太田・活用事例34頁。
(27) 江頭編著・モデル定款39頁。江頭ほか・座談会（上）16頁［新家］。
(28) 仲谷＝田中・定款22頁。
(29) 江頭ほか・座談会（上）16頁［新家］。
(30) 江頭編著・モデル定款39頁。

より、当該持分がその質権者に帰属するときに再度社員の承諾を必要としない旨を明記することも考えられる[32]。

定款記載例

> 第○条（持分の譲渡）
> 　社員が持分の全部又は一部を譲渡しようとするときは、当会社所定の様式による承諾の請求を行い、他の社員全員の書面による承諾を得るものとする。ただし、他の社員全員の書面による承認を得て持分に設定した質権の実行（任意処分を含む。）によって、当該持分がその質権者に帰属する場合には、これによる持分の移転については社員の承諾は不要とする。これに伴う定款の変更は、当該持分を取得した社員が、他の社員の同意なくこれを行うことができる。

2　自己持分の取得禁止

　株式会社では、一定の手続・財源規制のもとで自己株式を取得・保有することが認められている（155条以下）。これに対し、合同会社は、持分の全部または一部を譲り受けることができない（587条1項）。また、譲渡以外の合併などの方法により、合同会社が自己持分を取得した場合であっても、その持分は消滅し、会社が自己持分を保有することはできない（587条2項）。

第5節　社員の加入

1　社員の加入の態様・手続

　社員の加入とは、会社の成立後に合同会社の社員でない者が社員として加わることをいう[33]。社員の加入の態様としては、①新たに出資をして加入する場合（入社契約によって新たに社員資格を取得する場合）、②社員から持分

---

(31)　会社法コンメ(14) 116 頁 ［今泉］。
(32)　仲谷＝田中・定款 22 頁。
(33)　論点体系(4) 437 頁 ［和田宗久］。

を譲り受けて加入する場合（持分譲渡契約によって社員資格を承継取得する場合）、③相続または合併等によって、一般承継人が持分を承継取得して加入する場合の3種類がある。

②の持分の譲渡による加入については、585条の規定が適用され、③の一般承継による加入については、608条に特則が定められている。

2 新たに出資をして加入する場合
(1) 加入の手続

合同会社は、新たに社員を加入させることができる（604条1項）。これは、上述①の社員でない者が、新たに出資をして合同会社に加入する場合であり、定款の絶対的記載事項である「社員の氏名又は名称及び住所」、および「社員の出資の目的（有限責任社員にあっては、金銭等に限る。）及びその価額又は評価の標準」の変更が必要となる（576条1項4号・6号）。したがって、社員でない者が新たに出資をして合同会社に加入する場合、定款の別段の定めがない限り、総社員の同意により、定款の変更をすることによって行う（637条・604条2項）。

社員の加入の効力は、当該社員に係る定款の変更をした時に生ずるが（604条2項）、合同会社の社員には加入前に出資全部の履行義務があるので、定款の変更をした時にその出資に係る払込みまたは給付の全部または一部を履行していない場合には、当該払込みまたは給付を完了した時に社員になる（604条3項）。

資本金の額が増加するときには、変更後の資本金の額を登記する必要がある（914条5号）。合同会社の社員は登記事項ではないが、加入した社員が業務執行社員となる場合には、当該業務執行社員の加入の登記をしなければならない（914条6号）。

(2) 定款の定め

社員の加入における定款の別段の定めとしては、代表社員の同意があれば足りるとする例[34]、業務執行社員の過半数の同意を必要とする例や特定の

業務執行社員へ委任する例などが考えられる[35]。

定款記載例1

> 第○条（加入）
> 　新たに社員を加入させる場合には、総社員の書面の同意によって定款を変更しなければならない。

定款記載例2

> 第○条（入社）
> 　新たに社員を入社させるには、総社員の3分の2以上の同意を要する。

3　持分を譲り受けて加入する場合

　社員でない者が社員から持分の全部または一部を譲り受けて合同会社に加入する場合、**第4節1**で述べたような持分の譲渡に係る手続が必要となる。したがって、持分譲渡要件について定款で別段の定めをする場合には、社員の加入に関する定款の変更要件との間の整合性を持たせておく必要がある。

　この場合は、社員でない者が新たに出資をして合同会社に加入する場合とは異なり、会社に対する新たな出資はないから、持分を譲り受けて社員が加入することによって資本金の額が変動することはない。ただし、持分の譲受人が業務執行社員となる場合には、登記が必要となり、加えて持分の全部譲渡によって業務執行社員が退社した場合は、その旨の登記も必要となる（914条6号・915条1項）。

　なお、社員の持分が譲渡された場合であっても、社員となった者に、定款の定めによる業務執行社員の地位や代表社員としての地位が承継されるもの

---

(34)　この場合、登記申請の添付書面として、定款の変更に係る総社員の同意書に代えて、定款および代表社員の同意書が必要となる（松井637頁）。
(35)　会社法大系(1)350頁注(5)［太田］。

ではないことには注意が必要である(36)。

4 相続または合併によって持分を承継して加入する場合

(1) 持分の一般承継に関する規律

　株式会社の株式は、当然に相続等の場合の一般承継の対象となり、そのことを前提に、譲渡制限株式について特則が設けられている（162条、174条〜177条）。これに対して、人的信頼関係を基礎とする持分会社においては、持分が相続等の一般承継により当然に相続人等に移転することとなると、他の社員の利害に強い影響を及ぼす可能性がある。このため、社員の死亡または合併（当該法人である社員が消滅する場合）は、合同会社の法定退社事由とされている（607条1項3号・4号）。その一般承継人が持分の払戻請求権を承継して、合同会社に対し持分払戻請求をすることになる。社員が当該社員1人の合同会社である場合には、会社の法定解散事由となる（641条4号）。

　社員が死亡し、または合併により消滅した場合において、当該社員の相続人その他の一般承継人が当該社員の持分を承継することを認めることが適切な場合もある。このため、社員が死亡し、または合併により消滅した場合において、当該社員の相続人その他の一般承継人が当該社員の持分を承継する旨を定款で定めることが認められている。このような定款規定を設けた場合には、当該一般承継人が当該社員の持分を承継し、社員として加入することになる（608条1項）。この場合、一般承継人は、持分を承継した時に当然に当該持分を有する社員となり（608条2項）、当該一般承継人に係る定款変更がされたものとみなされ（608条3項）、社員の加入に係る定款変更手続は不要となる。

　社員の全員を業務執行社員とする定款の定めがある場合には、当該承継人が当然に業務執行社員となるので、このような定めを設ける際には、業務執行社員に関する定款の定めとの関係を検討することを要する(37)。

　なお、加入した社員が業務執行社員となる場合には、当該業務執行社員の

---

(36) 新注会(1)244頁［鴻常夫］、314頁［古瀬村邦夫］。

登記をしなければならない（914条6号）。

(2) 定款の定め

608条1項は、定款において、相続の場合、相続人が当然に社員となることを定めることを認めているが、それだけでなく、相続人の意思で社員の地位を承継する旨定めることや、他の社員の承諾を条件として社員たる資格の相続を認める等の制度設計をすることもできる[38]。こうした定款の定め如何にかかわらず、合同会社の社員の相続人は、社員となることを望まない場合には、相続放棄により社員の地位を承継しないことが可能である[39]。

相続人の意思で持分の承継人になることを定款で定める場合には、当該意思を申し出るまでの期間、会社の事業活動に支障の生ずる可能性があるので、当該リスクを考慮した定款の定めを設けておくことが合理的である[40]。

相続により複数の相続人が持分を承継した場合には、当該持分が分割して相続されるのでなく、当該複数の相続人が持分を共有することとなる。相続により持分を承継した一般承継人が2人以上ある場合には、各一般承継人は、承継した持分についての権利を行使する者1人を定めなければ、当該持分についての権利を行使することができない（608条5項本文）。会社が権利行使に同意した場合はこの限りではないとされる（同項ただし書）。株式会社の共有に属する株式についても、同様の規定がある（106条ただし書）。これは、共有株式一般についてのルールであるが（106条）、合同会社の場合には、相続による共有に限定された規律となっている。一般の持分の共有の場合には、定款の変更が必要であり、権利行使等の方法について会社と社員との間で解決済みであることが前提となることを理由に、特に規定は設けられていないのである[41]。

条文上、株式会社の権利行使に対する同意に関して何らの条件も付されて

---

(37) 酒井＝野入・定款対談第5回103頁。
(38) 新注会(1) 313頁［古瀬村］。
(39) 松井639頁（注3）。
(40) 酒井＝野入・定款対談第5回105頁。

いないが、共有に属する株式については、権利行使者による権利行使以外の方法による権利行使をする場合には民法の共有一般の規定に従い、共有持分の過半数による多数決（民法252条参照）によることになり、会社の同意によっても、これらの規定に反する共有株主の権利行使が適法となるわけではないとされている（最判平成27・2・19民集69巻1号25頁）。

　この解釈は合同会社にも同様に妥当する。合同会社は、共有状態にある持分について、権利行使者が指定されない場合にも、権利行使に同意することができるが、これによって必ずしも共有者による持分の権利行使が容易になるわけではなく、会社の継続的な業務執行に支障を来たす可能性が残る。したがって、相続の場面において、持分の承継を認める場合であっても、可能な限り持分の共有状態が生じないようにするため、定款において、相続人の1人について社員資格を認める旨を定めることが合理的な方策となろう。一方で、社員の側において、遺言や遺産分割協議等による対応が可能な場合も考えられるところであり、こうした社員側の対応についても併せて定款で定めておくことも検討されるべきである。

(41)　立案担当者162頁。

第1編　合同会社の法

定款記載例1

> 第○条（相続の場合の特則）
> ①　社員が死亡した場合、当該社員の相続人は当該社員の持分を承継する。この場合において、会社法608条2項及び3項を適用する。
> ②　前項に規定する場合、相続人が2人以上あるときは、各相続人は、承継した持分について権利を行使する者を1人定めなければ、当該持分について権利を行使することができない。

定款記載例2

> 第○条（相続の場合の特則）
> 　社員が死亡した場合、当該社員の相続人（当該相続人間で決定した1名に限る。）は、他の社員全員の同意があった場合には、当該社員の持分を承継することができる。この場合において、会社法608条2項及び3項を適用する。

定款記載例3[42]

> 第○条（相続・合併の場合の特則）
> ①　当会社の社員が死亡した場合又は合併により消滅した場合には、当該社員の相続人その他一般承継人は、持分を承継して社員になることができる。
> ②　社員が死亡した場合には、当該社員の相続人は社員の死亡から1週間以内に死亡届を当会社に提出するものとする。
> ③　社員の相続の場合において、持分の承継を希望する当該社員の相続人（相続人が2人以上あるときは、共同相続人間の協議により、権利を承継する者1人を定めるものとする。）は、社員の死亡の日から○ヶ月以内に、当会社宛に持分を承継して入社する旨の申出をするものとする。社員の死亡の日から○ヶ月以内に申し出がなされないときは、当該社員は、その死亡時に退社したものとみなす。

定款記載例4

> 第○条（社員Aの相続の特則）
> 　社員Aが死亡した場合、その相続人Bが当該社員の持分を承継する。
> 第○条（社員Cの相続の特則）
> 　社員Cが死亡した場合、その相続人Dが当該社員の持分を承継する。

---

(42)　酒井＝野入・定数対談第5回105頁〜106頁。

5 登 記

　上記3通りの社員の加入の場面における具体的な登記申請の添付書面および登記申請書記載例等は以下のようになる[43]。

(1) 登記申請の添付書面（平成18年3月31日民商782号通達）
　① 業務執行社員の加入の事実を証する書面および法人社員関係書面（登記事項証明書のほか、当該法人が代表社員となるときは、職務執行者の選任に関する書面と就任承諾書）（商登法118条・96条1項）
　加入した社員が業務執行社員であることを証する必要があるため、以下のア〜ウに加えて、加入した社員を業務執行者とする旨の定款変更に係る総社員の同意を証する書面が必要となる。
　　ア　新たな出資による加入の場合には、原則として、定款の変更に係る総社員の同意を証する書面
　　イ　持分の譲受けによる加入の場合には、原則として、持分の譲渡契約書および定款の変更に係る総社員の同意を要する書面（持分の譲渡契約書については、総社員の同意書の記載から加入の事実が明白であり、かつ、加入する社員の記名押印もある場合には、登記実務上、添付省略が可能である）
　　ウ　相続または合併に伴う加入の場合には、会社法608条1項の定めのある定款のほか、戸籍謄抄本等または登記事項証明書
　② 新たな出資により加入した場合には、出資に係る払込みまたは給付があったことを証する書面（商登法119条）
　③ 新たな出資により加入した場合において、資本金の額を増加したときは、資本金の額の決定に係る業務執行社員の過半数の一致を証する書面（商登法118条・93条）、および資本金の額が会社法および計算規則の規定にしたがって計上されたことを証する書面（商登則92条、61条9項）
　ただし、出資に係る財産が金銭のみである場合には、登記実務上、資本金

---

(43)　松井640頁〜650頁。

第1編　合同会社の法

の額の計上に関する証明書の添付は要しないものとされている（平成19年1月17日民商91号通達）。

(2) 登録免許税

　登録免許税額は、1件につき1万円（ただし、資本金の額が1億を超える会社では、3万円）である（昭和42年7月22日民事甲2121号通達）。

　出資の履行により、資本金の額が増加した場合には、さらに、増加した資本金の額の1000分の7（これによって計算した税額が3万円に満たない場合は、3万円）を加算した額となる（平成18年3月31日民商782号通達）。

(3) 登記申請書記載例 [44]

登記申請書記載例1——新たな出資により業務執行社員として加入した場合

```
                合同会社変更登記申請書

1  商号      ○○合同会社
1  本店      ○○県○○市○○町○丁目○番○号
1  登記の事由　業務執行社員の加入及び資本金の額の増加
1  登記すべき事項　平成○○年○月○○日加入
               業務執行社員　　○○株式会社
               同日次のとおり変更
               資本金の額　金2000万円
1  課税標準金額　金1000万円（増加した資本金の額）
1  登録免許税　金8万円
1  添付書類　　総社員の同意を証する書面　　　　1通
           登記事項証明書　　　　　　　　　1通
           業務執行社員の一致を証する書面　1通
           払込み又は給付があったことを証する書面　1通
           委任状　　　　　　　　　　　　　1通
```

---

(44) 登記申請書記載例1および3につき、松井645頁〜646頁。記載例2につき、松井649頁〜650頁。

第3章 合同会社の社員と社員の変動

登記申請書記載例2——持分の全部譲受けによって業務執行社員が加入・退社した場合

```
              合同会社変更登記申請書

  1  商号      ○○合同会社
  1  本店      ○○県○○市○○町○丁目○番○号
  1  登記の事由  業務執行社員の退社及び加入
  1  登記すべき事項  平成○○年○月○○日加入
                  業務執行社員　○○　退社
                  同日業務執行社員　○○　加入
  1  登録免許税  金1万円
  1  添付書類    総社員の同意を証する書面    1通
              委任状                    1通
```

登記申請書記載例3——相続に伴う業務執行社員の加入の場合

```
              合同会社変更登記申請書

  1  商号      ○○合同会社
  1  本店      ○○県○○市○○町○丁目○番○号
  1  登記の事由  相続による業務執行社員の変更
  1  登記すべき事項  平成○○年○月○○日
                  業務執行社員　○○　死亡
                  同日業務執行社員　○○　加入
  1  登録免許税  金1万円
  1  添付書類    遺産分割協議書            1通
              委任状                    1通
```

第6節　社員の退社

1　退社事由と退社の手続

(1) 退社事由

　株式会社とは異なり、合同会社では投下資本回収の手段として退社が認め

られている。退社とは、人的会社において、会社の存続中に特定の社員たる資格が絶対的に消滅することをいう[45]。持分の全部を譲渡することにより、当該社員は退社し、持分譲受人が社員となるが、これは、社員の資格が相対的に消滅するものとして、606条の定める「退社」とは区別される。また、相続・合併は退社事由であるが、定款の定めにより相続または合併の場合の一般承継制度が設けられている場合には、ここでいう「退社」にはあたらない。

　合同会社の社員が退社する場合としては、会社法上、①法定退社事由（607条1項）、②任意退社事由（606条）、③持分の差押え債権者による退社（609条1項）、④解散後の会社継続に同意しなかった社員の退社（642条2項）、⑤設立無効または取消しの認容判決が確定した場合に、その原因が一部の社員にある場合の当該社員の退社（845条）が定められている。

(2)　退社の手続

　社員が退社した場合には、当該社員の退社時に、当該社員に係る定款の定めを廃止する定款の変更をしたものとみなされる（610条）。これに対応した定款の見直し（定款規定の整理）は、代表社員が適宜行うこととなる[46]。

　業務執行社員が退社した場合には、業務執行社員に係る変更の登記が必要となる（914条1項6号）。

(3)　登　　記

　社員の法定退社の場面における具体的な登記申請の添付書面および登記申請書記載例等は以下のようになる[47]。

　　①　登記申請の添付書面

　　　ア　退社の事実を証する書面（商登法96条1項・111条・118条）

---

(45)　新注会(1)303頁［古瀬村］。
(46)　神﨑・設立・運営のすべて140頁。
(47)　松井661頁〜665頁。

第3章　合同会社の社員と社員の変動

(ア)　任意退社の場合

　　会社宛の退社予告書等（事業年度終了時の6か月前までに予告をした事実が判明するもの）。やむを得ない事由による退社の場合には、その事情を記載した退社届等。

(イ)　定款で定めた事由の発生による退社の場合

　　定款および当該事由の発生を証する書面（適切な書面がない場合は代表社員の証明書）。

(ウ)　総社員の同意による退社の場合

　　総社員の同意書。退社員を除く総社員の同意書および退社員の退社届。

(エ)　死亡による退社の場合

　　戸籍謄抄本、死亡診断書、住民票、遺族等からの会社に対する死亡届出等。

(オ)　合併による退社の場合

　　合併の事実を証する登記事項証明書。

(カ)　破産手続開始決定による退社の場合

　　当該決定書の謄本（法人にあっては、登記事項証明書でも足りる）。

(キ)　法人の解散による退社の場合

　　登記事項証明書。

(ク)　後見開始の審判による退社の場合

　　当該審判書の謄本や後見登記に係る登記事項証明書。

(ケ)　除名による退社の場合

　　社員の除名は、除名判決の確定により効力を生じ、裁判所書記官から嘱託書に裁判書の謄本を添付してその登記の嘱託がされる（937条1項1号、会社非訟事件等手続規則42条1項）。

(コ)　持分の差押債権者による退社の場合

　　持分差押命令書および会社宛ての退社予告書（事業年度終了時の6か月前までに予告をした事実が判明するもの）等。

イ　資本金の額を減少した場合は以下の書面

- 資本金の額の減少につき業務執行社員の過半数の一致があったことを証する書面（商登法118条・93条）
- 債権者保護手続のための公告および催告をしたことならびに異議を述べた債権者があるときは、当該債権者に対し弁済しもしくは相当の担保を提供しもしくは当該債権者に弁済を受けさせることを目的として相当の財産を信託したことまたは当該債権者を害するおそれがないことを証する書面（商登法120条）
- 資本金の額が会社法および計算規則に従って計上されたことを証する書面（商登則92条・61条9項）

② 登録免許税

登録免許税額は、1件につき1万円（ただし、資本金の額が1億を超える会社では、3万円）である（昭和42年7月22日民事甲2121号通達）。

出資本金の額を減少した場合には、さらに、3万円を加算した額となる（平成18年3月31日民商782号通達）。

③ 登記申請書記載例[48]

登記申請書記載例──法定退社の場合

合同会社変更登記申請書

1　商号　　○○合同会社
1　本店　　○○県○○市○○町○丁目○番○号
1　登記の事由　社員死亡（合併、破産手続開始決定、解散、後見開始、除名）
　　　　　　　による業務執行社員の退社
1　登記すべき事項　平成○○年○月○○日次のとおり変更
　　　　　　　　　業務執行社員　○○　死亡
　　　　　　　　　（業務執行社員　○○株式会社　合併）
　　　　　　　　　（業務執行社員　○○　破産手続開始決定）
　　　　　　　　　（業務執行社員　○○株式会社　解散）
　　　　　　　　　（業務執行社員　○○　後見開始）
　　　　　　　　　（業務執行社員　○○　○○地方裁判所の除名の
　　　　　　　　　　確定判決）
1　登録免許税　金1万円
1　添付書類　死亡届出書　　　　　　　　1通
　　　　　　（登記事項証明書　　　　　　1通）
　　　　　　（破産手続開始決定書の謄本　1通）
　　　　　　（登記事項証明書　　　　　　1通）
　　　　　　（後見開始審判書の謄本　　　1通）
　　　　　　委任状　　　　　　　　　　　1通

COLUMN　退社後の法律関係

　持分会社の退社員の責任に係る612条は、合同会社を適用対象から除外する旨の明文の規定を設けていない。しかし、合同会社の社員は、会社債権者に対して間接有限責任を負っているにすぎない。しかも、業務執行社員でない限り、退社の登記もされない。したがって、合同会社の退社員は、同条の責任を負うことはない[49]。

---

(48)　松井665頁。
(49)　会社法コンメ⒁271頁［松元暢子］。

> 持分会社がその商号に退社員の氏名または名称を用いている場合には、退社員は、当該氏名または名称の使用を中止することを請求することができる（613条）。これは、退社員の氏名等が商号として継続利用されることにより生じる退社員の責任を回避するためのものである。
> 　同条の中止の請求をしなかった場合には、退社した社員がその氏名等を会社の商号中に用いることを許容したものと認められ、当該退社員は、自己を社員であると誤認して会社と取引をした者に対して、その誤認させた責任の範囲内で会社の債務を弁済する責任を負う可能性がある（589条2項——自称社員の責任）[50]。
> 　しかし、間接有限責任社員である合同会社の社員について、責任を誤認させる場合とはどのような場合なのであろうか。ともかく、当該氏名等を付した商号に周知性と経済的価値が認められるときは、当該社員が退社した後も、そのまま当該商号を続用する場合もあるが、こうした場合には、取引相手方に対して退社の事実を通知することが必要となろう。

2　任意退社

(1)　任意退社事由

　合同会社の存続期間を定款で定めていなかった場合、またはある社員の終身の間合同会社が存続することを定款で定めた場合には、各社員は、事業年度の終了のときにおいて退社することができる。この場合、当該社員は、6か月前までに持分会社に退社の予告をしなければならない（606条1項）。

(2)　定款の定め

　任意退社については、定款で別段の定めをすることを妨げない（606条2項）。この定款の定めについて特段の制約はなく、任意退社に係る定款の定めは、公序良俗に反するような場合でない限り有効と考えるべきであり、退社の条件を容易にすることも、反対に、退社の条件を困難にすることも妨げられない。
　社員の退社が、合同会社にとって重要な影響を及ぼす可能性があることに

---

(50)　会社法コンメ(14) 278頁［松元］。

鑑みて、6か月の予告期間が定められているが[51]、定款の定めによって予告期間の長さを変えることもできる。入社後一定期間は任意退社することができない旨の定款の定め、会社が存続する間は任意退社することができない旨の定款の定め[52]、さらに、他の社員の承諾を得た場合に限り退社できる旨の定款の定めを置くことも可能である[53]。

　各社員は、定款の定めにかかわらず、「やむを得ない事由」があるときは、いつでも、退社することができる（606条3項）。これは、社員保護のための強行規定とされており、「やむを得ない事由」がある場合にも社員の退社を認めない旨の定款の定めを置くことはできない[54]。

(3)　「やむを得ない事由」

　「やむを得ない事由」とは、立案担当者によれば、「社員が単に当初の意思を変更したというだけでは足りず、定款規定を定めた時や入社・設立時に前提としていた状況等が著しく変更され、もはや当初の合意どおりに社員を続けることができなくなった場合等」をいうものとされている[55]。

　この「やむを得ない事由」という要件の解釈は、社員の退社の可否に関わる重要なものであるが、その具体的内容については必ずしも一致をみているわけではない。合同会社の設立目的や社員構成等は非常に多岐にわたるものであり、「やむを得ない事由」の解釈は、強行規定であるとしても、相対的に判断することが合理的であり、退社する社員側の事情だけでなく、退社によって影響を受ける会社側の事情も見て総合的に判断することとなろう[56]。

　自然人の社員にとっては、社員の一身上の事由である心身の故障や経済的窮迫等が具体例として挙げられる[57]。事業の不振など会社自体についての

----

(51)　太田・活用事例60頁。
(52)　立案担当者162頁。江頭編著・モデル定款56頁。
(53)　江頭編著・モデル定款172頁。
(54)　論点体系(4)444頁［和田宗久］。
(55)　立案担当者162頁。
(56)　江頭ほか・座談会（上）17頁。

事情や、他の社員の不誠実、さらには、会社の経営をめぐる対立から、自己の持分を急速に保全する必要が生じた場合も含まれよう[58]。

法人社員同士の出資による合弁会社のようなケースでは、会社経営をめぐる対立が深刻で、いわゆるデッドロックが起きているような場合に、「やむを得ない事由」に該当すると解されている[59]。

以上のように、「やむを得ない事由」の具体的内容については一致をみているわけではないため、定款において、「やむを得ない事由」を具体的に例示列挙することが会社運営上合理的な手段といえる。なお、「やむを得ない事由」として定款に列挙された事由が、606条3項の「やむを得ない事由」に該当しないと解される場合においても、このような定款規定は、定款で定めた退社事由（607条1項1号）としての効力が認められることとなろう。

定款記載例1

> 第○条（任意退社）
> ① 社員は、事業年度の終了の時において退社をすることができる。この場合においては、各社員は6ヶ月前までに当会社に退社の予告をしなければならない。
> ② 前項の規定にかかわらず、各社員は、次に掲げるやむを得ない事由があるときは、いつでも退社をすることができる。
> 　1．心身の故障
> 　2．経済的困窮
> 　3．親族の療養・介護
> 　4．経営方針の不一致
> 　5．その他、社員を継続しがたい重大な事由がある場合

---

(57) 江頭編著・モデル定款57頁。
(58) 論点体系(4)444頁［和田］。
(59) 江頭ほか・座談会（上）17頁〜18頁。

第3章　合同会社の社員と社員の変動

定款記載例2

> 第○条（任意退社）
> ① 社員は、他の社員全員の承諾を得た場合に限り、事業年度の終了の時において退社をすることができる。この場合においては、各社員は3ヶ月前までに当会社に退社の予告をしなければならない。
> ② 前項の規定にかかわらず、業務執行社員は、当会社が存続する間は、退社をすることができない。
> ③ 前2項の規定にかかわらず、各社員は、次に掲げるやむを得ない事由があるときは、いつでも退社をすることができる。
> 　1．（略）

定款記載例3

> 第○条（任意退社）
> ① 社員A及び社員Bは、他の社員全員の承諾を得た場合に限り、退社することができる。ただし、やむを得ない事由があるときは、いつでも退社することができる。
> ② 社員Cは、次に掲げる事由があるときは、いつでも退社することができる。
> 　1．他の社員全員の承諾を得たとき。
> 　2．事業年度の終了のときにおける当会社の純資産の額が金○円を下回ったこと。
> 　3．社員A又は社員Bが、業務を執行するに当たって不正の行為をしたこと。
> 　4．前各号に掲げるもののほか、社員A又は社員Bが、重要な義務を尽くさず、又は、社員A、社員B及び社員Cの間で締結された○○年○月○日付社員間契約に違反する重大な事実があるとき。
> 　5．前各号に掲げるもののほか、やむを得ない事由があること。

3　法定退社

(1) 法定退社事由

　社員の法定退社事由は、①定款で定めた事由の発生、②総社員の同意、③死亡、④合併（合併により法人である社員が消滅する場合に限る）、⑤破産手続開始の決定、⑥解散、⑦後見開始の審判を受けたこと、⑧除名である（607

第1編　合同会社の法

条1項各号)。法定退社事由がある場合には、予告の有無またはやむを得ない事由の有無にかかわらず、社員は当然に退社することになる。

⑤から⑦の事由の全部または一部によっては、退社しない旨を定款で定めることができるが(607条2項)、後見開始の審判を受けたにもかかわらず、当該社員は退社しないとする定款の定めを置くことは、実際には会社の業務執行に支障を来たすように思われる[60]。

社員について破産手続開始決定があった場合でも、定款をもって当該社員は退社しない旨を定めた場合には、破産債権者に対する弁済のために、任意退社(606条)、総社員の同意による退社(607条1項2号)または持分の譲渡(585条)のいずれかの方法を選択して、持分の換価を行うことが可能になる[61]。解散の場合も、破産手続開始決定があった場合と同様である[62]。

　　法定の除名事由がある場合に、除名対象社員以外の過半数の決議に基づき、合同会社は、訴えをもって社員の除名を請求することができる(859条)。この場合、除名対象社員を被告として(861条1号)、会社の本店所在地を管轄する地方裁判所に訴えを提起することになる(862条)。
　859条所定の除名事由は、出資の義務を履行しないこと[63]（1号）、法594条1項の競業禁止の規定に違反したこと（589条2項において準用する場合を含む）（2号）、業務を執行するに当たって不正の行為をし、又は業務を執行する権利がないのに業務の執行に関与したこと（3号）、合同会社を代表するに当たって不正の行為をし、又は代表権がないのに合同会社を代表して行為をしたこと（4号）のほか、重要な義務を尽くさないこと（5号）である。
　除名手続は、除名される社員と会社ないしは他の社員の利害の調整を図る強

---

(60)　酒井＝野入・定款対談第3回39頁。このほか**第2節2(4)**参照。
(61)　江頭編著・モデル定款173頁。会社法コンメ⑭234頁［小出篤］。
(62)　江頭編著・モデル定款173頁。なお、合同会社の持分を現物分配する選択肢もあるという指摘もある（会社法コンメ⑭235頁［小出］）。
(63)　合同会社においてこれに該当するのは、合資会社からのみなし種類変更により合同会社となった場合に出資未履行の社員がいる例外的場合である。

> 行的な規定であり、裁判によらずに除名をなし得るといった除名手続を定款に定めても当該規定は無効である[64]。また、除名事由を追加・除外する定款の定めも無効となると解されている[65]。

(2) 定款の定め

「定款で定めた事由の発生」が、法定退社事由の第1号に挙げられている（607条1項1号）。定款自治の原則により、強行法規および公序良俗に反しない限り、定款で任意に退社事由を定めることができる。例としては、定年に達したこと、保佐・補助開始の審判を受けたことなどの客観的事由が発生した場合があげられているが、定款において、犯罪行為や反社行為等の客観的事由を社員の資格として定め、併せてこれらを定款で定めた退社事由とすることも認められよう。このほか、社員の一定割合の同意があったこと、特定の社員の同意があったことが考えられる[66]。「総社員の同意」が法定退社事由とされているが、これを緩和して、社員は、他の社員の一定割合の同意または特定の社員の同意があったことにより、任意退社手続によることなく、退社することができるのである。

定款記載例

> 第○条（法定退社）
> ① 社員は、第○条（任意退社）、会社法第609条第1項（持分の差押債権者による退社）、同法第642条第2項（持分会社の継続に同意しなかった社員の退社）、同法第845条（持分会社の設立の無効又は取消しの原因がある社員の退社）の場合のほか、次に掲げる事由によって退社する。
> 1．総社員の書面による同意
> 2．死亡
> 3．後見開始、保佐開始又は補助開始又は任意後見契約にかかる任意後見監督人選任の審判を受けたこと

---

(64) 新注会(1) 332～333頁［古瀬村］。
(65) 新注会(1) 331頁［古瀬村］。
(66) 会社法コンメ(14) 234頁［小出］。

第1編　合同会社の法

　　4．社員が満70歳になったとき（ただし、この場合、当該社員の退社日は、満70歳に達した日の属する月の末日とする。）
　　5．除名
　②　社員は、会社法第607条第5号及び第6号に掲げる事由によっては退社しないものとする。

4　持分差押債権者の請求による退社

　社員の持分を差し押さえた債権者は、事業年度の終了時において当該社員を退社させることができる。この場合、債権者は、6か月前までに会社および当該社員に予告する必要がある（609条1項）。社員の持分の差押えは、当該社員の持分払戻請求権にも効力が及ぶ（611条7項）。これは、社員を強制的に退社させ、差し押さえた持分の換価を容易にするものである[67]。当該社員が債権者に対し、弁済し、または相当の担保を提供した場合には、予告はその効力を失う（609条2項）。なお、予告を行った債権者は、持分払戻請求権の保全に必要な処分をすることを申し立てることができる（609条3項）。

　606条2項に基づき定款で一定期間任意退社ができない旨を定めていた場合であっても、持分の差押債権者は、当該定款の定めにかかわらず、609条1項の手続に基づいて、強制的に社員を退社させることができると解されている[68]。

5　退社に伴う持分の払戻し

(1)　持分の払戻しの趣旨

　退社した社員は、その出資の種類を問わず、その持分の払い戻しを受けることができる（611条1項）。これは、持分全額の払戻しを保障するものであり、退社員は、会社財産に対して、強制執行を行って、持分全額の払戻しを受けることができる。こうした退社に伴う持分の払戻しは、社員にとっては

---

[67]　会社法コンメ(14)243頁［小出］。
[68]　立案担当者162頁。

投下資本回収の途として重要な意味を有するが、他方で会社財産の払戻しでもあることから、会社の維持、さらには、会社債権者への配慮も必要となる。

(2) 持分の払戻しに関する規律

ここでいう「持分」とは、会社財産に対して有する分け前を示す計算上の額、すなわち、履行済みの出資と自己に帰属している損益とに相当するものであり、企業の継続を前提に算定された企業価値のうち当該社員の持分に相当するものである[69]。合同会社の全社員は間接有限責任社員であるから、持分の計算の結果、消極持分を有していたとしても、退社の際に出資額を超えて現実に会社に支払をなす必要はない[70]。

持分の計算方法については、退社時における合同会社の財産状況に従って計算するものとされている（611条2項）。また、退社のときにまだ完了していない事項については、その完了後に計算することができる（611条4項）。持分は、出資の種類を問わず、金銭で払い戻すことが可能である（611条3項）。

持分の払戻額について、定款の定めがなければ、出資の価額に応じることになり、定款の定めがあればこれに従う[71]。社員間の経営方針の不一致で退社に至る事例は少なくなく、持分の払戻しに係る明確な定款の定めを設けておく必要がある[72]。

一般承継人が退社した社員の持分を承継する場合には、持分の払戻しは不要である（611条1項ただし書）。社員が除名により退社に至った場合には、611条2項・4項について、「退社の時」とあるのは「除名の訴えを提起した時」と読み替えを行うことになる（611条5項）。この場合、会社は、同訴えの提起日以後の法定利率による利息を支払う義務がある（611条6項）。

---

(69) 小川＝相澤302頁～303頁。名古屋高判昭和62・9・29判時1264号128号参照。
(70) 会社法コンメ⑭255頁［松元］。
(71) 論点解説590頁。
(72) 酒井＝野入・定款対談第2回86頁。

第1編　合同会社の法

定款記載例1

> 第○条（退社に伴う持分の払戻し）
> ①　退社した社員は、その出資の種類を問わず、その持分の払戻しを受けることができる。ただし、第○条の規定により、当該社員の持分が相続人に承継され、同人が当会社の社員となった場合はこの限りではない。
> ②　退社した社員と当会社との間の計算は、退社の時における当会社の財産の状況に従って行われる。
> ③　退社した社員の持分は、その出資の種類が金銭以外である場合であっても、金銭で払い戻すことができる。
> ④　退社の時にまだ完了していない事項については、その完了後に計算をすることができる。

定款記載例2[73]

> 第○条（退社に伴う持分の払戻し）
> ①　退社した社員は、その出資の種類を問わず、その持分の払戻しを受けることができる。ただし、第○条の規定により、当該社員の持分が一般承継人に承継され、同人が当会社の社員となった場合はこの限りではない。
> ②　退社した社員の持分は、その出資の種類が金銭以外である場合であっても、金銭で払い戻すことができる。
> ③　退社した社員と当会社との間の計算は、退社の時における当会社の資産を時価評価し、純資産額の限度で、社員Aの出資の価額に相当する額をAに払い戻されるべき額として留保し、残余の純資産額を、各社員に対し、第1号及び第2号に掲げる額の合計額（社員Aについては、第2号に掲げる額のみとする）から第3号及び第4号に掲げる額の合計額を減じて得た額の割合に応じて分配し、その額を各社員に払い戻されるべき額として留保する。以上の計算により、退社した社員に払い戻されるべき額として留保された金額を払い戻す額とする。
> 　1　当該社員の出資の価額
> 　2　当該社員に対して既に分配された利益の額（会社計算規則第32条第1項3号に規定される額がある場合にあっては、当該額を含む。）
> 　3　当該社員に対して既に分配された損失の額（会社計算規則第32条第2項4号に規定される額がある場合にあっては、当該額を含む。）
> 　4　当該社員に対して既に利益の配当により交付された金銭等の帳簿価額
> ④　退社の時にまだ完了していない事項については、その完了後に計算をすることができる。

(3) 持分払戻請求権を否定する定款の定め

　持分の払戻しについて、定款で別段の定めをすることができる旨、明示的には定められていない。しかし、持分払戻しの請求は会社の内部規律の問題であるため、これについても定款自治が認められ、持分払戻請求権を否定する定款規定も有効であると解されてきたようである[74]。一方で、定款をもって社員の持分払戻しの制限をすることは認められるとしつつも、払戻請求権を全く否定し、または甚だしく制限することには慎重な判断を要するとの指摘や、利益配当や残余財産分配の基準と併せて総合的に考察し、営利法人としての性格に反するときは無効と解さざるを得ない場合があるとの見解もある[75]。

　やむを得ない事由による退社が強行法的に保障されているのは、退社することにより持分の払戻しを受けることが前提とされていると解することが合理的である。持分会社の社員には、株主とは異なり、持分譲渡による投下資本回収の途が保障されておらず、持分払戻請求権を否定しまたはこれを著しく制限することは、持分譲渡と退社のいずれの方法による投下資本の回収の途をも否定することとなり、社員の権利を著しく害するものとして、公序良俗に違反する可能性があるように思われる[76]。

(4) 債権者保護手続について

　持分の払戻しに関して出資の払戻しのような形での財源規制は設けられていないが、債権者保護手続が定められている。

　持分払戻額が当該持分の払戻しをする日における剰余金額を超える場合は、債権者異議手続を経た上でなければ、持分を払い戻すことはできない（635条）。

---

(73)　江頭編著・モデル定款211頁。
(74)　論点体系(4)480頁［和田］。酒井＝野入・定款対談第6回38頁。
(75)　会社法コンメ(14)264頁〜265頁［松元］。
(76)　宍戸・持分会社114頁。

合同会社は、①当該剰余金額を超える払戻しの内容、および②債権者が1か月以内（持分払戻し額が簿価純資産額を超える場合には2か月以内）に異議を述べることができる旨、官報に公告し、かつ、知れている債権者に各別に催告を行うことになる（同条2項）。持分払戻額が簿価純資産額を超えない場合に限り、官報のほか電子公告等の方法により公告を行うことで債権者に対する個別催告を省略することは可能である（同条3項）。債権者が上記期間内に異議を述べた場合には、合同会社は、持分払戻額が簿価純資産額を超える場合であって、かつ、持分の払戻しにより債権者を害するおそれがない場合を除き、債権者に対し、弁済し、もしくは、相当の担保を提供し、または当該債権者に弁済を受けることを目的として信託会社等に相当の財産を信託しなければならない（同条5項）。債権者が上記の一定期間内に異議を述べなかった場合、債権者は当該持分の払戻しに承認したものとみなされる（同条4項）。また、持分の払戻しが、資本金の減少を伴う場合には、資本金の減少との関係でも債権者異議手続を行う必要がある（627条）[77]。

　635条に違反して債権者異議手続を経ずに持分の払戻しをした場合、退社員は、持分払戻額に相当する金銭支払義務を負う。持分の払戻しに関する業務を執行した社員は、その職務を行うについて注意を怠らなかったことを証明しない限り、退社員と連帯して、同支払義務を負う（636条1項）。この義務は、払戻時点における剰余金額を限度として、総社員の同意がある場合に限り、免除することができる（636条2項）。

（鈴木啓市）

---

[77] 払い戻す財産の価額と会社財産の状況との関係を踏まえた規制について、論点解説602頁〜603頁。このほか、本書201〜202頁参照。

第4章 合同会社の管理運営

第1節　序説——合同会社の管理運営機構の特色

　合同会社は、株式会社と同様の、出資を限度とする間接有限責任社員のみから構成される会社であるが、対内的には人的結合の強い組合的規律の会社であり、定款自治が大幅に認められている点に大きな特色がある。会社の組織的事項ないし会社のあり方に関わる重要事項は総社員の同意を要するものとされているが、これについても定款自治が認められ、同意要件を緩和することができる（637条・781条1項ただし書・793条1項ただし書等）。

　合同会社は、共同事業者である社員間で最適な利害調整システムを設定するため、定款で自由に内部的規律を定めることにより、その事業の実施の円滑化を図ることが期待されており、立法政策的に、法規制による社員保護でなく、社員の自己責任による問題解決に委ねる会社形態として整理されている[1]。

> **COLUMN　株式会社の管理運営機構との比較**
>
> 　株式会社は所有と経営が分離される機関設計を基本としている。株式会社は、公開会社はもちろん、全株譲渡制限会社である非公開会社においても、株主総会と取締役を設置することが義務づけられている（326条1項）。出資者である株主により構成される株主総会により取締役が選任され（329条1項）、指名委員会等設置会社以外の取締役会設置会社においては、業務執行取締役が業務執

---

[1]　会社法コンメ⑭19頁［宍戸善一］。なお、会社債権者保護に関する規定は強行規定であり、ほぼ株式会社に準じたものとなっているが、相対的に緩やかに規制されている。

行を行うものとされている（348条1項・363条1項）。株主資格と業務執行機関である取締役資格が区別されているのである（取締役の第三者機関性）。監査等委員会設置会社と指名委員会等設置会社以外の公開会社である取締役会設置会社においては、監査役の設置が義務づけられ、さらに、大会社においては、会計監査人と監査役会を設置しなければならない（327条1項1号・2項・3項・328条1項）等の機関の分化により、株主の利益保護が図られている。監査等委員会設置会社と指名委員会等設置会社以外の非公開会社においては、取締役会や監査役の設置は義務づけられていないが、大会社である場合には、会計監査人と監査役を設置しなければならない（327条3項・328条2項）。

　これに対して、合同会社は出資者である社員が、原則として業務執行権を有し（590条1項）、業務を執行する社員は原則として各自合同会社を代表する（599条1項）。社員総会制度は法定されておらず、合同会社の業務は原則として社員の過半数をもって決定する（590条2項）。合同会社においては、所有と経営が一致することが基本的な制度設計とされているのである（社員の自己機関性）。

　以下においては、株式会社と合同会社の管理運営に係る規定の差異を踏まえつつ、合同会社の管理運営に係る会社法の原則的規律と広範な定款自治に基づく会社法とは異なる管理運営の規律の検討を行う。

第2節　定款による柔軟な管理運営機構の選択

1　序

　合同会社の全ての社員は、定款に別段の定めがある場合を除いて、合同会社の業務を執行する（590条1項）。この場合、全ての社員が業務を執行する社員、すなわち、「業務執行社員」となる。

　業務執行社員は定款で定めることができる（591条1項参照）。この場合、社員は、業務執行社員と非業務執行社員に分かれることとなる。業務執行社員を定款で定める場合については、第3節で検討することとし、ここでは、全ての社員が業務を執行する場合の業務の決定について説明する。

　社員が2人以上ある場合には、合同会社の業務は、定款に別段の定めがあ

る場合を除いて、社員の過半数をもって決定する（590条2項）。業務の決定に際して、会議を開催する必要はない。過半数の社員の意思が明らかになればよい。なお、合同会社の常務は、各社員が単独で行うことができるが、その完了前に他の社員が異議を述べた場合は、原則に戻り社員の過半数をもって決定することとなる（590条3項）。

合同会社における業務は、このように社員の過半数で決することができるが、さらに、会社の組織の基本に関わる事項や社員の利害に重要な影響を与える事項について、総社員または利害関係のある社員以外の全社員の同意・承認等が求められている事項もある。

> **COLUMN 総社員の同意等が要求されている事項**
>
> 定款で定めた業務執行社員の解任（591条5項）、業務執行社員の競業の承認（594条1項）、持分の譲渡（585条1項）、定款の変更（637条）、持分会社の種類変更（638条3項・637条）、解散（641条3号）、組織変更（781条1項）、消滅会社となる吸収合併契約等（793条1項等）、消滅会社の株主・社員が存続会社の社員になる場合の存続会社における吸収合併等（802条1項等）、新設合併契約等（813条1項等）。
>
> なお、以上の事項については、定款で別段の定めをすることができるが、利益配当に関する責任や欠損が生じた場合の責任の免除に係る総株主の同意については（629条2項・631条2項）、会社債権者保護に配慮して、定款で別段の定めをすることが認められていない。

これらの決定事項は、業務執行事項だけでなく（590条2項）、総社員または当該社員以外の全社員の同意・承認等を要する事項も、基本的にデフォルトルール（任意規定）であり、定款で別段の定めをすることができる。合同会社の管理運営における意思決定の方法については、各会社の事情や社員の属性によって最適なあり方は異なるという認識の下に、合同会社について広範な定款自治が認められているのである。別段の定めとして、出資額に配慮した議決権構成を採用することのほか、特別多数決要件を採用すること等が考えられる。

業務執行社員を定めない場合の、業務の決定に係る定款の別段の定めとしては次の記載例が考えられる。

定款記載例

> 第○条（業務の執行）
> 1　当会社の業務の執行は社員の過半数をもって決定する。
>   ただし、○○に関する業務については、○○が単独で決定することができる。
> 2　前項の規定にかかわらず、常務は各社員が単独で決定することができる。ただし、その完了前に他の社員が異議を述べた場合は、この限りではない。

2　社員の意思決定に係る特則

(1)　全会一致主義の変容

　合同会社においては、定款の変更等の重要事項の決定は総社員の同意によることが原則である。これは、合同会社に組合的な規律が適用されていることの現れであるが、これについても定款自治が認められており多数決原則を採用することのほか、代表社員に一任することも可能であるとされている。他方で、定款自治とはいえ、公序良俗に反するようなものについては、一般原則により制約される場合がある。合同会社には様々なものがあり、重要事項の決定といった総社員の同意を要する事項について、代表社員に一任することに合理性が認められる場合もあるが、個々の合同会社の実情に配慮しつつ、そのような定款の定めの合理性について検討することが妥当であろう。

(2)　定款による社員総会の定め

ア　社員総会の設置

　合同会社においては、株主総会に対応する社員総会制度は法定されていないが、定款で社員総会を設置する旨定めることができる（577条）。社員が1人またはせいぜい数人の合同会社であれば、社員総会制度は特に必要ではないが、社員が相当数いる場合、定款で社員総会を設けることも考えられる。

第4章　合同会社の管理運営

社員が5名以上いる場合は社員総会の導入を検討すべきであると指摘されている[2]。

社員総会を設置するかどうかは、定款の定めによる業務執行社員がいる会社と全ての社員が業務執行社員である会社のそれぞれについて、社員の人数や社員総会で決議することとする事項等に配慮しつつ、検討する必要がある。

> **COLUMN　社員総会制度の是非**
>
> 　社員総会制度のそもそものメリットは、社員が一堂に会して質疑討論をすることを通して、社員が合理的に意思決定することが挙げられる。相当数の社員が存在し、その全てが業務に精通していないような合同会社においては、社員総会制度を採用することに合理性が認められる。相当数の社員の全員一致による意思決定を求めるとデッドロック状態になり、会社運営に支障をきたすおそれがある場合に、社員総会において協議することを通して、これを回避するメリットも認められよう。また、出資額が社員によって大きくばらつく場合も、社員総会を設置するにあたって定款で同時に頭数多数決を資本多数決に修正することもできる。
>
> 　これに対して、社員総会制度を設けるときは、定款所定の招集手続を踏む等の手間暇がかかることに留意する必要がある。さらに、招集権者を代表社員とするときは、代表社員のイニシアティブで社員の意思が決定されることとなり、代表社員の影響力が強まることにもなろう。なお、定款において業務執行社員の定めがない（すべての社員が業務執行社員となる）会社においては、業務執行を社員総会の決議事項とすることが想定されるが、業務の決定のために、社員総会の招集手続を踏む必要があることは、手続が煩雑となる危険がある。他方、定款において業務執行社員を定める場合には、業務執行のうち重要事項を社員総会の決議事項とすることにより、社員に業務執行に関わる余地を認めることができるが、これをメリットとするかどうかは、個々の会社により相違するのであろう。
>
> 　また、合同会社は簡明な機関構成を採用することができるのが大きなメリットであり、設立時にはかかる点を重視して、株式会社ではなく合同会社を選択

---

(2)　酒井＝野入・定款対談第8回84頁、神﨑・設立・運営のすべて89頁。

第1編　合同会社の法

> するケースが多いであろう。それにもかかわらず、業務執行のうちの重要事項を社員総会の決議事項とすることは、設立時に想定した合同会社の運営方法とズレが生じるおそれがある。また、人的関係が緊密な合同会社では多数決に必ずしも馴染まない場合も想定され、とりわけ総社員の同意を要する事項を社員総会において多数決で決定することは個々の会社において妥当性の吟味が必要となろう。
> 　最も問題であるのは、社員総会に出席していない社員に発言権が認められないことである。社員総会に出席していない社員の利益を保護するために、議決権の代理行使または書面投票制度を採用し、招集通知には、議題と議案（少なくとも議題）を記載することが求められるように思われる。

　社員総会を設置する場合には、定款において、①社員総会を置く旨、②社員総会の構成員、③社員総会の権限、④開催時期、⑤招集権者、⑥招集手続、⑦議長、⑧社員の同意権、承諾権、承認権と議決権の関係、⑨議決権の代理行使ないし書面投票制度、⑩決議要件、⑪議事録の作成者および署名義務者と議事録の閲覧等、⑫社員総会の決議の省略、⑬社員総会への報告の省略など定めることになる。

　具体的には次のような記載例が考えられる。これは、社員の同意、承諾もしくは承認または決定を要する事項の全てを社員総会の決議事項とするものである。

定款記載例

第○条（社員総会の設置）
　当会社は、社員全員で組織する社員総会を置く。

第○条（社員総会の権限）
　1　社員総会は、別に定める場合を除いて、法令又は定款の規定に基づき社員の同意、承諾もしくは承認又は決定を要する事項について、決議をすることができる。
　2　前項の決議をもって社員の同意、承諾もしくは承認又は決定があったものとみなす。
　3　社員総会は、1項に掲げる事項のほか、業務執行社員が必要と認める事項について、決議をすることができる。

第4章　合同会社の管理運営

イ　招集

株主総会の招集と同様の定めを置くことになる。招集の手続について定款等により規定しない場合、その方法は自由とされる[3]。

定款記載例

> 第○条（招集）
> 1　社員総会は、定時社員総会及び臨時社員総会とする。
> 2　定時社員総会は、毎事業年度終了後○ヶ月以内に、これを招集する。
> 3　臨時社員総会は、必要があるときに随時、これを招集する。
>
> 第○条（招集通知）
> 　社員総会を招集するには、会日の1週間前までに、社員総会の日時・場所、社員総会の目的事項があるときは当該事項を定めて、各社員に対してその通知を発しなければならない。ただし、社員全員の同意があるときは、招集の手続を経ることなく社員総会を開催することができる。
>
> 第○条（招集権者及び議長）
> 1　社員総会は、代表社員がこれを招集し、議長となる。
> 2　代表社員が社員の請求があったにもかかわらず遅滞なく社員総会を招集しないとき、または、代表社員に欠員もしくは事故があるときは、他の社員が社員総会を招集し、当該社員総会において議長を選任する。

　社員総会において各社員にどのような議決権を与えるかは定款で自由に定めることができる。1社員1議決権という頭数要件を設けるのが原則的形態にはなるが、株式会社のように出資額に応じた発言権を社員に付与したいというニーズを考慮し、資本多数決要件を採用することのほか、社員の頭数および出資額の両方の多数決要件とすること、さらに個々の社員に属人的な議決権を与えること等、社員総会制度においては、決議要件を柔軟に定めることができる。

---

[3]　最判昭和33・5・20民集12巻7号1086頁は、合資会社の社員の決議につき、定款または商法に別段の規定がないときは、組合に関する民法の規定を準用すべきとし、あらかじめ相当期間を定めて決議事項を通知する法律上の必要はないとした。

第1編　合同会社の法

定款記載例1（一人一議決権を与える場合）

> 第○条（議決権）
> 　社員は、社員総会において各1個の議決権を有する。

定款記載例2（出資金額に応じて議決権を与える場合）

> 第○条（議決権）
> 　社員は、社員総会において、第○条に定める出資金額金○円を1口とし、1口につき1個の議決権を有する。

定款記載例3（属人的に議決権を与える場合）

> 第○条（議決権）
> 　社員は、社員総会において、社員A及び社員Bは1個の議決権を、社員Cは3個の議決権を有する。

　ウ　決議方法

　決議方法については、定足数を設けるか否か、決議すべき事項により議決要件に差異を設けるか否か決める必要がある。とりわけ、会社法が総社員の同意または利害関係社員以外の社員全員の承認を要求している事項については、同様の決議要件とするか、定款で別段の定めをするか、検討を要する。

　決議方法について、株式会社と同様の規律にすると合同会社を選択した意義が薄れる。また、合同会社の社員の人的関係からすれば、決議要件を緩和しすぎることも相当でないこともあろう。

定款記載例

> 第○条（決議方法）
> 1　社員総会の決議は、別に定める場合を除いて議決に加わることができる社員の過半数であって、議決に加わることができる社員の議決権数の4分の3以上に当たる多数をもって行う。
> 2　社員総会の決議事項について特別の利害関係を有する社員は、議決に加わることができない。

COLUMN　社員総会と特別利害関係社員の議決権排除

　株主総会においては、特別の利害関係人の議決権排除制度は設けられておらず、事後的に決議取消事由となるにすぎない（831条1項3号）。合同会社の社員総会については、任意設置の機関であるため、形成の訴えである社員総会決議取消しの訴え制度は設けられていない。したがって、上記記載例のように、公正な議決権行使を担保するため、取締役会における取締役と同様、決議事項について特別の利害関係を有する社員の議決権の行使を制限することが考えられる。
　もっとも、この場合の特別利害関係として、具体的にどのようなものが想定されているのか、検討を要する。会社法上、持分の譲渡や競業については、他の社員全員の承諾・承認が要求され、利益相反取引については、他の社員の過半数の承認が求められている。これらの事項を社員総会の決議事項とするときは、明示的に関係社員の議決権を排除することが必要となる。他方でこのような特別規定がない事項については、特別の利害関係人の範囲が曖昧になることは避けがたい。したがって、一般的に特別の利害関係人の議決権排除制度を設けることと、当該社員以外の社員の同意等が要求されている事項について個別的に議決権排除をすることのいずれが妥当か、検討する必要があろう。

エ　議決権の代理行使

　合同会社では人的関係が重視されることから、議決権の代理行使を否定することも考えられるが、一切否定することには問題がある。したがって、議決権行使の代理人資格を社員に限定するなど一定の制限を設けた上で、議決権行使の代理を認めることが妥当である。また、議決権の書面による行使

(書面投票）制度も考慮に値する。

定款記載例

> 第○条（議決権の代理行使等）
>   1　社員は、社員総会において、他の社員1名を代理人として議決権を行使することができる。この場合には、社員総会ごとに代理権を証する書面を提出する。
>   2　前項の定めにかかわらず、株主総会に出席しない社員は、書面又は電磁的方法によって、議決権を行使することができる。

オ　社員総会議事録

株主総会議事録に関する規律と同様の定めとなるが、合同会社の閉鎖性から、債権者を閲覧謄写請求権者から除外することでよかろう。なお、議事録を電磁的記録により作成することも許容される。

定款記載例

> 第○条（社員総会議事録）
>   1　社員総会の議事については、議長が、次に掲げる事項を記載した社員総会議事録を作成し、出席社員が記名押印する。
>   一　開催された日時、場所
>   二　出席した社員の氏名（法人社員については、その名称と職務執行者の氏名）
>   三　議長の氏名
>   四　議事の経過の要領及びその結果
>   2　議事録は電磁的記録をもって作成することもでき、その場合の出席社員の記名押印は電子署名をもって行う。
>   3　議事録は決議の日から10年間保存する。
>   4　社員は、当会社の営業時間内は、いつでも、議事録の書面又は電磁的記録を紙面若しくは映像面に表示したものの閲覧又は謄写を請求することができる。

カ　社員総会の決議の省略

株主総会の決議の省略に関する規律（319条）と同様、社員総会制度を採

用する合同会社において、社員総会の決議の省略制度を設けることが合理的である。

定款記載例

> 第○条（社員総会の決議の省略）
> 1　社員が社員総会の目的である事項について提案した場合において、当該提案につき社員全員（社員総会の決議事項について議決権を行使することができない社員を除く）が書面または電磁的記録により同意の意思表示をしたときは、当該提案を可決する旨の社員総会の決議があったものとみなす。
> 2　前項の書面または電磁的記録は、決議があったものとみなされた日から10年間、これを本店に保存するものとする。
> 3　社員は、当会社の営業時間内は、いつでも、第1項の書面又は電磁的記録を紙面若しくは映像面に表示したものの閲覧又は謄写を請求することができる。

COLUMN
監査制度創設の是非（監査機関・会計監査人）

　合同会社において、広く定款自治が認められることから、合同会社の趣旨に反しない限り、定款により自由に機関の制度設計をすることができるが、業務執行社員制度との関連において、業務執行機関としての取締役（業務執行取締役）を設置することはできないと解されている。

　定款の定めにより業務執行社員制度を採用する場合に、非業務執行社員の立場から業務執行社員の業務執行の監視を行う機関を設けることも考えられるが、合同会社制度は、複雑な機関設計が求められていないことにメリットがあり、社員の自己責任が強調されている。各社員には、業務・財産状況調査権が認められていることに配慮するとき（592条）、特別の監視機関を設ける必要性は少ないように思われる。この関連において、大会社において、専門家に会計監査を委ねることも検討課題となろう。これは任意の会計監査機関であり、当然に、株式会社の会計監査人に関する規定が適用されるわけではない。

第3節　定款の定めによる業務執行社員制度

1　序

　業務執行とは、合同会社がその事業を行うために必要な意思決定（業務の決定）とその執行行為を指し、執行行為には契約締結等の法律行為と従業員の管理等の事実行為が含まれる。定款変更・営業譲渡、解散、継続、合併、組織変更等の会社の根本的変更に関する行為は業務執行には含まれないと説明されている[4]。「業務」の範囲確定は、業務の決定に係る原則規定である590条2項の適用範囲を確定することを主たる目的とするのであり、特に社員が同意・承認・決定等をする旨規定されている事項を除く事項が「業務」に該当すると解することで足りる。

　合同会社の社員は、定款に別段の定めがある場合を除き、業務を執行する旨定められているが（590条1項）、これは、定款で業務執行社員制度を採用することを認める趣旨が含まれている。合同会社においては、有限責任事業組合と異なり（LLP法13条1項・2項）[5]、社員の間に非業務執行社員と業務執行社員の区別を認めて、一部の社員に業務執行を任せることができる（591条1項）。業務執行社員制度の下においては、業務執行社員だけで会社の業務を担当する仕組みとなり、業務執行社員は、株式会社の業務執行取締役に類似する役割を担うものと整理することができよう。

---

(4)　会社法コンメ(14)134頁［宍戸］。
(5)　これについては、本書10～11頁参照。

> **COLUMN 業務執行社員の二態様**
>
> 「業務執行社員」という用語について、場合を分けて検討する必要がある。定款で業務執行社員制度を採用した場合においては、社員は、「業務執行社員」と「非業務執行社員」に分かれる。定款により業務執行社員制度を採用しない場合においては、全ての社員が業務を執行するが、このような各社員も、「業務を執行する社員」、すなわち、「業務執行社員」となる。会社法において、「業務を執行する社員」という場合は、この両者を意味し、前者の業務執行社員を意味する場合には、「業務を執行する社員を定款で定めた場合において、その業務を執行する社員」と定められている。定款で定めた業務執行社員について、任期は定められていないが、定款で任期を定めることもできる。
>
> 業務執行社員の氏名または名称は登記事項である(914条6号)。定款により業務執行社員制度を採用しない場合においては、全ての社員が業務執行社員として登記される。

　合同会社においては社員の人的関係が重視されることから、業務執行者は社員に限られ、社員以外の者を業務執行者とすることはできないと解されている[6]。業務執行社員は善管注意義務、忠実義務を負うが（593条1項・2項）、業務執行社員以外の業務執行者について、このような義務、さらに、責任に関する規定は設けられていない。登記に関する規定も、社員でない者が業務執行・会社代表を行うことを予定していない（914条6号7号）。したがって、会社法は、業務を執行する者は社員でなければならないと想定していると考えられる。もっとも、定款自治を強調する立場から、明示的に制限されていない以上、合同会社において社員以外の者を業務執行者とすることも、定款自治の範囲内の問題であると解することも可能であるとする見解もある[7]。

　なお、法人が業務執行社員となる場合は、その法人は職務執行者（個人）を選任し、その者が合同会社の業務執行を行うことになる（598条）。職務執

---

(6) 太田・活用事例38頁、新基本コンメ会社(3)19頁［今泉邦子］。
(7) 論点体系(4)401頁［橡川泰史］。

行者には資格制限がなされておらず、法人社員の役員・従業員でない顧問弁護士等を職務執行者とすることもできる。

2 定款の定めによる業務執行社員制度の下における業務の決定

定款において業務執行社員制度を採用する場合、業務執行社員が会社の業務を執行し、業務執行社員が2名以上いるときは、業務執行社員の過半数で業務を決定する（591条1項前段）。合同会社の常務は、各業務執行社員が単独で行うことができるが、その完了前に他の社員が異議を述べた場合には原則に戻る（591条1項後段・590条3項）。

なお、業務執行社員制度の下における業務の決定の1つである支配人の選任・解任は、社員の過半数をもって決定するものとされている（591条2項本文）。業務執行社員の利益相反取引の承認（595条1項）も、当該社員以外の全社員の過半数の同意が必要とされている（595条1項柱書本文）。業務執行社員制度の下において、業務執行社員でない社員は、業務の決定に関わることはできないが、これらの事項の重要性に鑑み、社員が会社意思を決定することとされているのである。もっとも、これについても定款で別段の定めを設けることができる（591条2項ただし書・595条1項柱書ただし書）。たとえば、一般の業務執行事項と同様、業務執行社員の過半数により決定するというように、その要件に緩和することもできる。

業務執行社員に係る定款の別段の定めとしては次の記載例が考えられる[8]。

定款記載例

> 第〇条（業務の執行）
>   当会社の業務は、業務を執行する社員が決定する。
>   但し、当会社の業務のうち、次に掲げる業務の決定については、社員全員の一致によるものとする。
>   一 借入、保証
>   二 合併、会社分割その他の組織再編、事業又は資産の全部又は重要な一部の譲渡又は譲受け並びに他の会社の株式又は持分の譲渡又は譲受け

---

(8) 酒井＝野入定款対談第9回48頁。

> 三 ……

3 定款で定めた業務執行社員の辞任・解任

業務執行社員と合同会社の関係については民法の委任の規定が多数準用されるが（593条4項）、委任の解除に関する民法651条の規定は準用されていない。

まず、全ての社員が業務執行社員となる原則的場合において業務執行社員それ自体の辞任は問題とならない。社員資格に業務執行権限が付随するからである。したがって、解任も問題とならないが、特定の社員に業務執行権限を認めることが不適切な場合について、社員除名の訴え制度と同様の業務執行権消滅の訴え制度が設けられている（860条～862条）。

これに対して、業務執行社員を定款で定めた場合、業務執行社員は正当な事由がなければ辞任することができない（591条4項・5項）。これらは定款で別段の定めをすることができる（591条6項）。

組合契約における業務執行者の辞任についても、同様に規定されている（民法672条1項・2項）。この規定について、組合の共同事業遂行のために業務執行がまかされた以上、業務執行者にとって業務執行は権利であると同時にその義務でもあるから、濫りにその辞任を許すと組合の事業を達成できなくなるおそれがあることがその立法趣旨であると説明されている[9]。定款で定めた合同会社の業務執行社員の辞任の制限についても同趣旨のものといえる。

実務上、正当事由の存否が問題となるため、あらかじめ定款において正当事由を具体化しておくことが合理的である[10]。

---

(9) 鈴木禄彌編・新版注釈民法(17)債権(8)（有斐閣、1992）122頁［森泉章］。
(10) 酒井＝野入・定款対談第9回50頁。

第1編　合同会社の法

定款記載例

> 第○条（辞任）
> 1　業務執行社員は、正当な事由がなければ辞任することができない。
> 2　前項の正当な事由とは、次に掲げる事由により業務執行社員としての任務を遂行することができなくなることをいう。
> 　(1)　心身の故障
> 　(2)　経済的困窮
> 　(3)　親族の療養、介護
> 　(4)　経営方針の不一致
> 　(5)　その他、業務執行社員を継続しがたい重大な事由がある場合

　業務執行社員を定款で定めた場合、正当な事由がある場合に限り、他の社員の一致によって解任することができる（591条5項）。組合の業務執行者の解任についても同様である（民法672条2項）。同条は、業務執行者はその個人的信頼に基づいて委任されたのだから他の組合員の側からいつでも解任されうるというのであれば、その地位は不安定であって、業務執行の成果は多く期待できないという趣旨の規定であると解されている[11]。合同会社の業務執行社員の解任の制限も同趣旨のものといえる。

　業務執行社員の解任についても、定款で別段の定めをすることができる（591条6項）。また、この場合にも、正当な事由の存否が問題となるため、あらかじめ定款で具体化しておくことが考えられる。経営方針の不一致が正当事由になるかについて、合同会社という特徴から経営方針に大きな違いが生じた場合で、解任対象業務執行社員とそれ以外の社員全員の対立構造となるのであれば、正当な解任事由になるとの指摘もある[12]。

---

(11)　鈴木編・前掲注(9) 122頁［森泉］。
(12)　酒井＝野入・定款対談第9回51頁。

定款記載例

> 第○条（解任）
> 1　業務執行社員は、正当な事由がある場合に限り、他の社員の一致によって解任することができる。
> 2　前項の正当な事由とは、次に掲げる事由をいう。
> ⑴　出資の義務を履行しないこと
> ⑵　業務を執行するにあたって不正行為があったこと
> ⑶　重要な義務を尽くさないこと
> ⑷　著しい不適任
> ⑸　心身の故障

　なお、株式会社の取締役の辞任について特に制限はなく、民法の委任に関する規定が準用され、いつでも辞任することができるが、やむを得ない事由がある場合を除いて、不利な時期での辞任につき損害賠償義務を負わせることにより、会社と取締役の間の利害が調整されている（民法651条）。また、株式会社の取締役は株主総会の普通決議により解任することができるが、他方、解任取締役は、正当な事由がある場合を除き、解任によって生じた損害賠償を請求することができる（339条）。合同会社の業務執行社員の辞任・解任について、正当事由の要件を排除した場合、このような定款規定を設けることが必要となろう。

第4節　代表社員の選定・権限

　業務を執行する社員は、合同会社を代表し（599条1項本文）、業務執行社員が2人以上ある場合には、業務執行社員は各自合同会社を代表するのが原則であるが（599条2項）、他に合同会社を代表する社員その他合同会社を代表する者を定めることができる（599条1項ただし書）。定款もしくは定款の定めに基づく社員の互選によって業務執行社員の中から代表者が定められるのである（599条3項）。

第1編　合同会社の法

定款記載例

> 第○条
> 　当会社を代表する社員は業務執行社員の中から、業務執行社員の過半数をもって選定する。

　なお、599条3項は、社員は業務執行社員の中から代表社員を互選するものと規定している。「互選」の辞書的な意味から、互選をする者と互選をされる者が同一資格を有するのが自然であるから、実務上、これは「業務執行社員の互選」を意味すると解されている。これに対して、599条3項は、意識的に社員と業務執行社員の概念を区別して使用しているのであり、実質的にも代表社員の選定の重要性に鑑み、社員に代表者選定権限を認めるのが自然であるとの指摘もある[13]。

　合同会社を代表する社員その他合同会社を代表する者を定めることができるとされているが（599条1項ただし書）、「その他合同会社を代表する者」としてどのような者があるかが問題となる。代表権は業務執行権に裏づけられたものでなければ実効性がなく、業務執行社員以外の者に代表権を認めることはできないと解されている[14]。

　取締役の職務代行者の権限に関する352条と同趣旨の業務執行社員の職務代行者の権限に関する規定が設けられている（603条）。業務執行社員・代表社員として登記された者の職務の執行停止・その者の職務代行者選任の仮処分命令が出された場合において、当該職務代行者は、仮処分命令に別段の定めがある場合を除いて、合同会社の常務に属しない行為をするには、裁判所の許可を得なければならない（603条1項）。これに違反する職務代行者の行

---

(13)　江頭編著・モデル定款87頁。
(14)　会社法コンメ⑭146頁［尾関幸美］。他方で、599条1項ただし書にいう「その他持分会社を代表する者」との関連において、会社法は代表権を付与する者の範囲を特に限定していないようにも読める。定款自治の問題として、社員以外の者も業務執行社員となれるかと解する立場からすれば、社員以外の業務執行者に対して代表権を与えてもよいこととなろう（論点体系⑷427頁［橡川］）。

為は無効であるが、会社は、その無効を善意の第三者に対抗することはできない（603条2項）。この代表社員職務代行者が「その他合同会社を代表する者」の例となる。

　代表社員の氏名または名称および住所は登記事項である（914条7号）。合同会社を代表する社員は、業務に関する一切の裁判上または裁判外の行為をする包括的な代表権を有する（599条4項）。合同会社はこの権限の範囲を制限することはできるが、これは登記事項ではなく、当該制限について善意の第三者には対抗することができない（599条5項）。

第5節　法人業務執行社員と職務執行者

　株式会社においては、法人は取締役や代表取締役に就任することはできない（331条1項1号）。これに対して、合同会社においては、法人も業務執行社員となることができ（590条1項）、代表社員となることもできる（599条1項）。

　法人が業務執行社員であるときは、業務執行社員としての職務を行うべき職務執行者（個人）を選任し、その者の氏名および住所を他の社員に通知する必要がある（598条1項）。なお、会社に対する通知義務は定められていないが、他の社員に対する通知をもってすべての会社構成員が認識することになるため、別途会社に対する通知は不要といえる。

　代表社員が法人であるときは、代表社員として法人の名称と住所を登記するとともに、その職務執行者の氏名・住所が登記される（914条7号・8号）。職務執行者の登記は、常に代表社員の登記に付随する形でなされる[15]。また、登記実務上職務執行者の登記については、当該法人の業務執行決定機関において職務執行者を選任したことを証する書面を添付書面として提出することが必要とされる[16]。業務執行社員が株式会社であれば、取締役会設置会社においては取締役会で、取締非設置会社においては取締役の過半数をもって

---

(15)　松井621頁。

選任することになり、取締役会の議事録や取締役の過半数の一致を証する書面等を登記申請にあたって添付することになる[17]。

---

(16) 「会社法の施行に伴う商業登記事務の取扱について（通達）（平成18年3月31日付法務省民商第782号）」第4部「持分会社」第2「設立」2(3)ウ(ア)、ア(ウ)b(a)〔通達81頁～82頁〕。
(17) 新家＝桑田・留意点34頁では、取締役会による選任手続を経ることなく、職務執行者を選任したいというニーズがあるにもかかわらず、現状登記手続の関係で必ず取締役会決議による選任手続が必要となっているが、有限責任事業組合における職務執行者の選任登記に関する添付書類が一部簡素化されている点を指摘し同様の取扱が望ましいとされている。しかし、代表社員の職務執行者は、会社法599条4項・5項が定める包括的・付加制限的な代表権限を代行することとなるため、包括的・付加制限的な代理権を有する支配人と同様、職務執行者の登記が求められる。また、支配人の選任が取締役会の専決事項とされているため（362条4項3号・348条3項1号参照）、そのバランス上、代表社員の職務執行者の選任も取締役会の専決事項とされているのである。

登記申請書様式

合同会社変更登記申請書(18)

1．会社法人等番号
　　　　フリガナ
1．商　　号

1．本　　店

1．登記の事由　　　業務執行社員の退社及び加入

1．登記すべき事項

1．登録免許税　　　　金　　　　　円

1．添付書類
　総社員の同意書　　　　　　　　　　　　　　　　　　　　1通
　定款、業務執行社員の互選による代表社員の選任を証する書面及び就任承諾書　1通
　代表社員である法人の登記事項証明書　　　　　　　　　　　通
　職務執行者の選任に関する書面　　　　　　　　　　　　　　通
　職務執行者の就任承諾書　　　　　　　　　　　　　　　　　通
　登記事項証明書　　　　　　　　　　　　　　　　　　　　　通
　委任状　　　　　　　　　　　　　　　　　　　　　　　　　通

上記のとおり登記の申請をします。

　　平成　　年　　月　　日
　　　　申請人

　　　　　　代表社員

　　　　　　連絡先の電話番号

　　　　法務局　　支　局　御中
　　　　　　　　　出張所

---

(18)　法務局HP参照。

第1編　合同会社の法

添付書類

取締役会議事録(19)

　平成○年○月○日午前○時○分当会社の本店において、取締役○名（総取締役数○名）、監査役○名出席のもとに、取締役会を開催し、下記議案につき可決確定のうえ、午前○時○分散会した。
1　職務執行者選任の件
　取締役○○○○は選ばれて議長となり、今般○○合同会社の代表社員として当会社が選定されることに伴い、職務執行者を選任したい旨を述べ、慎重に協議した結果、全員一致をもって次のとおり選任した。なお、被選任者は、その就任を承諾した。
　　　　　　職務執行者　○県○市○町○丁目○番○号○○　○○
　上記の決議を明確にするため、この議事録を作り、出席取締役の全員がこれに記名押印する。

　　平成○年○月○日

　　　　　　　　　　　　　　　　　　　　　　　　○○株式会社
　　　　　　　　　　　　　　　　　　　出席取締役○○　○○　㊞
　　　　　　　　　　　　　　　　　　　　　　同○○　○○　㊞
　　　　　　　　　　　　　　　　　　　　　　同○○　○○　㊞
　　　　　　　　　　　　　　　　　　　出席監査役○○　○○　㊞

就任承諾書(20)

　私は、平成○年○月○日、○○合同会社代表社員の職務執行者に選任されたので、その就任を承諾します。

　　平成○年○月○日

　　　　　　　　　　　　　　　　　　　　　○県○市○町○丁目○番○号
　　　　　　　　　　　　　　　　　　　　　　　　　○○○○　㊞

　　○○株式会社　御中

---

(19)　法務局HP参照。
(20)　法務局HP参照。

登記記載例

社員に関する事項	業務執行社員　〇〇株式会社
	〇〇県〇〇市〇〇町〇丁目〇番〇号 代表社員　〇〇株式会社 〇〇県〇〇市〇〇町〇丁目〇番〇号 職務執行者

　職務執行者については、業務執行社員に係る593条から597条まで業務執行社員と会社との関係や競業禁止・利益相反取引規制・損害賠償責任に関する規定が準用されている（598条2項）。職務執行者は、業務執行社員である法人に委任契約ないしは雇用契約により任用されているのであり、合同会社との間に契約関係は認められないが、職務執行者は、法人である業務執行社員の業務執行者としての職務を当該法人に代わって行うのであり、合同会社に対して直接業務執行社員と同様の権限を有することとなるため、合同会社との間で、法律上当然に、委任に準ずる関係が認められ、業務執行社員と同様の義務が課されるのである。

　職務執行者は、法人業務執行社員の業務執行者としての職務を行うものであり、その職務権限は、業務執行という経営面に限定される。契約締結行為等の業務執行や代表社員の互選などの業務執行社員の職務権限は職務執行者が行うが、定款変更など社員の資格において同意・承認、さらには決定に参画する事項については、職務執行者でなく、法人である社員の代表者が意思表示をすることとなる[21]。

第6節　業務執行社員と会社の関係

1　善管注意義務、忠実義務

　合同会社の業務執行社員は、善管注意義務（593条1項）および忠実義務（593条2項）を負う。この善管注意義務や忠実義務は、株式会社の取締役の

---

[21]　松井633頁、666頁。

善管注意義務や忠実義務と同趣旨のものであり、株式会社における解釈が合同会社の業務執行社員にも基本的に妥当することとなる。

なお、593条は、3項と4項については定款で別段の定めを認める明文の規定を設けているが（593条5項）、善管注意義務および忠実義務についてはそのような規定はないことから、これらの義務自体は定款の定めによっても排除できない強行規定と解される。業務執行社員がこれらの義務に違反した場合、合同会社に対して任務懈怠に基づく損害賠償責任を負うことになる（596条）。

2　競業の禁止

業務執行社員は、定款に別段の定めがない限り、当該社員以外の社員全員の承認を受けなければ、①自己または第三者のために合同会社の事業の部類に属する取引をすること（競業取引）、および、②合同会社の事業と同種の事業を目的とする会社の取締役、執行役または事業を執行する社員になること（競業会社取締役等の兼任）ができない（594条1項1号・2号）。この①と②を合わせて、「競業の禁止」規定とされている。これは、平成17年改正前商法74条1項の規定を引き継いだものである。法人業務執行社員の職務執行者にもこの規定が準用される（598条2項）。

1号の競業取引の禁止は、株式会社の取締役の競業取引規制と同趣旨のものである（356条1項1号）。合同会社の事業の部類に属する取引とは、合同会社が事業の目的として行う取引と市場において競合し、持分会社と業務を執行する社員の間に利益の衝突をきたす可能性のある取引をいう。製造業を事業の目的とする場合に原材料を購入する等、当該事業自体を遂行するために必要な取引はこれに含まれるが、その事業に関連してその維持便益のためになされる資金等の借入等の行為はこれに含まれない。

2号の競業会社取締役等の兼任禁止は、株式会社の取締役の競業規制にはない合同会社の業務執行社員独自のものであり、合同会社の業務執行社員は、他の会社のために取引をするかどうかにかかわらず、合同会社の事業と同種の事業を目的とする他の会社の取締役や執行役等になることそれ自体が

禁止される。合同会社の事業と同種の事業とは、合同会社において実際に行われている事業と市場において競合し合同会社と他の会社との間で利害が衝突する事業であると解される。これは、支配人の精力集中義務（12条1項4号）とは異なり、代理商の競業会社の取締役等の兼任禁止規定（17条1項2号）と同趣旨の規定であると説明されている(22)。代理商については、代理業務に伴って会社の事業上の得意先情報等の営業秘密に触れる機会が多くなることから、これが同業他社に流出することを防止するため、競業会社の取締役等の兼任が禁止されている。

この禁止が解除されるためには、当該社員以外の社員全員の承認を受けなければならない。承認は黙示でもよいとされている。合同会社と同種の事業を行う会社の取締役になっていることを他の社員全員が知りながら、その者を業務執行社員にした場合、社員全員の黙示の承認があるとみてよいとされる(23)。

競業禁止の解除について、定款で別段の定めをすることができる。後述の利益相反取引の制限の場合のように、他の社員の過半数、あるいは、他の業務執行社員の過半数の承認により、禁止を解除するほか、理論上、承認を不要とすることさえできる。また、特定の業務執行社員について、特定の他の会社の取締役となることを定款自体で認めることもできる。なお、株式会社の場合とは異なり承認を受けるに際して、重要事実の開示が義務づけられていない。重要事実の開示を必要と思う社員は、競業取引等を行おうとする社員に説明を求めれば足りると考えられたのであろうが、定款において、承認を受けるに際して重要事実の開示を求めることもできる。

定款記載例1

> 第○条（競業の禁止）
> 業務執行社員、又は、業務執行社員が法人である場合には、業務執行社員及びその職務執行者は、当該業務執行社員以外の業務執行社員の過半数の承

---

(22) 論点体系(4) 412頁［橡川］。
(23) 会社法コンメ(14) 160頁［北村雅史］。

認を受けなければ、次に掲げる行為をしてはならない。
　一　自己又は第三者のために当会社の事業の部類に属する取引をすること
　二　当会社の事業と同種の事業を目的とする会社の取締役、執行役又は業務を執行する社員となること

定款記載例2

第○条（競業の禁止）
　業務執行社員、又は、業務執行社員が法人である場合には、業務執行社員及びその職務執行者は、当該社員以外の社員全員の承認を受けなければ、次に掲げる行為をしてはならない。但し、○○が○○株式会社の取締役となることは他の社員の承認を受けることなく行うことができる。
　一　自己又は第三者のために当会社の事業の部類に属する取引をすること
　二　当会社の事業と同種の事業を目的とする会社の取締役、執行役又は業務を執行する社員となること

COLUMN
競業規制と業務執行社員の責任

　他の社員全員の承認がないにもかかわらず業務執行社員が競業取引を行った場合であっても、当該取引自体の効力に影響しない。利益相反取引とは異なり、会社は当該取引の当事者でなく、取引の安全（当該取引の相手方保護）に配慮をしなければならないからである。他方、承認を受けないで行われた競業取引によって合同会社に損害が生じた場合、競業取引を行った社員は、任務懈怠を理由に、当該損害について賠償責任を負うが、損害額を証明することには困難が伴う。このため、この規定に違反して、競業取引をしたときは、当該行為によって当該業務を執行する社員または第三者が得た利益の額は合同会社に生じた損害の額と推定される（594条2項）。競業会社取締役等との兼任については、損害賠償の推定規定は設けられていない。
　他の社員全員の承認がある競業については、当該社員の責任は問題とならないが、定款で承認要件を緩和して、競業が業務執行社員の多数決で承認された場合には、利益相反取引の場合と同様に当該社員および当該競業を承認した業務執行社員の責任が問題となる余地がある。

3　利益相反取引の制限

業務執行社員は、①業務執行社員が自己または第三者のために合同会社と取引をするとき、②合同会社が業務執行社員の債務を保証するときその他社員でない者との間において合同会社と当該社員との利益が相反する取引をするときは、当該社員以外の社員の過半数の承認を受けなければならない（595条1項）。かかる承認を受けた取引には民法108条の適用はない（595条2項）。①の取引を直接取引といい、②の取引を間接取引といい、両者を併せて利益相反取引という。法人業務執行社員の職務執行者にもこの規定が準用される（598条2項）。

これは、業務執行社員が、合同会社を犠牲にして自己または第三者の利益を図ることを防止するための規定であり、競業禁止規制と異なり、利益相反取引それ自体を禁止するものではなく、社員の過半数の同意により、取引の公正さを確保することを目的とするものである（利益相反取引の制限）。承認を受けるに際して、競業禁止規定の場合と同様、重要事実の開示が義務づけられていない。重要事実の開示を必要と思う社員は、利益相反社員に説明を求めれば足りると考えられたのであろう。

業務執行社員の財産を合同会社に売却する場合や、合同会社の財産を業務執行社員が購入するような場合のほか、業務執行社員が職務執行の対価として合同会社から報酬を受ける場合にも、利益相反取引として、本条の規定が適用されると解されている。任務懈怠に基づく損害賠償責任の軽減・免除についても同様である。

利益相反取引の承認について、定款で別段の定めを設けることができる。記載例1のように当該社員以外の全社員の同意を要求するというように承認要件を厳格にすることのほか、当該社員以外の業務執行社員の過半数の承認というように承認要件を緩和すること、また、理論上、承認を不要とすることさえできる。記載例2のように社員に応じて義務を緩和することもできる。

第1編　合同会社の法

定款記載例1

> 第○条（利益相反取引）
> 　業務執行社員、又は、業務執行社員が法人である場合には、業務執行社員及びその職務執行者は、次に掲げる場合には、当該業務執行社員以外の社員の全員の承認を受けなければならない。
> 　一　自己又は第三者のために当会社と取引をしようとするとき
> 　二　当会社が社員の債務を保証することその他社員でない者との間において当会社と当該社員との利益が相反する取引をしようとするとき

定款記載例2

> 第○条（利益相反取引）
> 　業務執行社員、又は、業務執行社員が法人である場合には、業務執行社員及びその職務執行者は、次に掲げる場合には、当該社員以外の社員の過半数の承認を受けなければならない。ただし、○○が次の行為（但し、年間の取引金額は○○円を上限とする）をしようとするとき、他の社員の承認を要しない。
> 　一　自己又は第三者のために当会社と取引をしようとするとき
> 　二　当会社が社員の債務を保証することその他社員でない者との間において当会社と当該社員との利益が相反する取引をしようとするとき

COLUMN　利益相反取引規制と業務執行社員の責任

　株式会社の場合と同様（最判昭和47・4・4民集26巻3号373頁）、利益相反取引規制に違反して行われた取引は無効であるが、第三者に対しては、合同会社はその者の悪意を証明するのでなければ無効をもって対抗することができないと解されることになろう（相対的無効説）[24]。また、当該社員は、利益相反取引規制に違反して行われた取引により合同会社が負った損害につき損害賠償責任を負う。

　なお、他の社員の過半数の承認を受けて行われた利益相反取引について、会社を代表した社員と利益相反社員の責任をどのように解するべきかは、株主総会の承認を受けた取締役の利益相反取引にかかる責任問題に関する議論を参考に、なお検討する必要がある。

---

(24)　平成29年の民法改正により、民法108条1項が改正され、自己契約・双方代理については、代理権を有しない者がした行為とみなされ、当該行為の効力については民法113条が適用されることとなるが、利益相反取引については従前からの解釈が妥当するのであろう。

4　報酬請求権

　業務執行社員と合同会社の関係は委任関係ではないが、593条4項は受任者の報酬に関する民法648条と648条の2の規定を準用している。業務執行社員は、特約がなければ、会社に対して、報酬を請求することはできないが、特約がある場合には、これを請求することができる。

　業務執行社員に報酬を支払う場合の法的構成について、合同会社と業務執行社員との間で任用契約が締結され、これに基づいて報酬が支払われるが、この契約の締結・報酬の支払いは利益相反取引として、利益相反取引規制の適用を受け、定款に別段の定めがない限り、当該社員以外の社員の過半数の承認を要すると解するのが一般的である[25]。しかし、定款で業務執行社員制度を採用する場合のほか、全ての社員が業務執行社員となる場合においても、利益配当とは別個に報酬を支払うこともあろう。この場合にも、全ての社員との間で、任用・報酬契約が締結されると解することが合理的であろうか。報酬支払いの法的構成については、なお検討する余地があろう[26]。

　業務執行の対価として、配当としての支払いと報酬としての支払いが考えられるが、その区別は主に税務上の処理において問題となる。これについては、民法上の組合の組合員に対する支払いにつき、給与所得であるか事業所得が争われた判例（最判平成13・7・13判時1763号195頁）[27]に従い、個別事例ごとに客観的、実質的に判断すべきものとされる[28]。

　法人業務執行社員の職務執行者への報酬支払方法としては、①合同会社が

---

(25)　太田・活用事例51頁、論点体系(4)409頁［橡川］。
(26)　これについて、本書37頁参照。
(27)　この判決は、民法上の組合の組合員が組合の事業に従事したことにつき組合から金員の支払いを受けた場合、それが組合の事業から生じた利益の分配に該当するのか、給与等の支払いに該当するのかは、当該支払いの原因となった法律関係についての組合および組合員の意思ないし認識、当該労務の提供や支払いの具体的態様等を考察して客観的、実質的に判断すべきものであって、組合員に対する金員の支払いであるからといって当該支払いが当然に利益の分配に該当することになるものでなく、当該支払いに係る組合員の収入が給与等に該当するとすることが直ちに組合と組合員との間に矛盾した法律関係の成立を認めることになるものでもないと判示している。
(28)　新家＝桑田・留意点36頁。

法人業務執行社員に対して業務執行の対価としての報酬を支払い、法人社員から職務執行者に対して報酬を支払うことが原則形態となるように思われるが、②合同会社から法人社員に報酬が支払われることなく、法人社員が職務執行者に対して報酬を支払う方法もあろう。さらに、③合同会社は、法人社員の職務執行者に対して直接報酬を支払うことができる（598条2項・593条4項、民法648条）。

　実務上、合同会社と職務執行者との間に委任契約が存在するとして、合同会社が法人社員に報酬を支払うことなく、職務執行者に直接報酬を支払うことがあると指摘されているが[29]、合同会社と職務執行者の間に直接の契約関係を認めることは困難であろう。会社法は、職務執行者と合同会社の関係を委任関係に準ずる関係と構成しており、民法648条の規定により、合同会社から職務執行者に直接報酬を支払うことができるのである。

第7節　業務執行社員の合同会社に対する損害賠償責任

1　合同会社に対する損害賠償責任

　業務執行社員は、その任務を怠ったときは、合同会社に対し、連帯して、これによって生じた損害を賠償する責任を負う（596条）。この任務懈怠責任は特殊の法定責任であり（423条1項について、最判平成20・1・28民集62巻1号128頁参照）、期限の定めのない債務として、請求を受けたときから付遅滞となる（最判平成26・1・30判時2213号123頁）。

COLUMN 業務執行社員の任務懈怠責任

　株式会社の取締役の会社に対する任務懈怠責任は、①個別具体的な法令違反行為による責任、②忠実義務違反行為による責任、③経営判断原則の適用が認められる善管注意義務違反の責任、④監視・監督義務違反の責任に分けられる。

---

(29)　江頭ほか・座談会（下）27頁〜28頁［黒田裕発言］。

業務執行社員は、法令を遵守して会社のため忠実に職務を執行しなければならない（593条2項）。業務執行社員の基本的任務は、法令を遵守して忠実に職務を執行することであり、業務執行社員が法令違反行為を行うことは、即任務懈怠になる。もっとも、そのことにより当該業務執行社員が当然に423条1項の損害賠償責任を負うわけではない。会社法は過失責任主義を採用しており、当該業務執行社員は、法令違反であることについて善意かつ無過失であったこと（違法の認識可能性がなかったこと）を立証することにより、損害賠償責任を免れることができる（株式会社の取締役について、最判平成12・7・7民集54巻6号1767頁）。

　株式会社の取締役について、個別具体的な法令違反の認められない場合における任務懈怠とは、取引界の通念に従い、その会社の規模・業種・経営状況等の客観的条件により一般に要求される注意をもって誠実に職務を執行することを怠ったことを意味すると解されている。取締役の注意義務は、全智全能の経済人の能力を前提とするものでない。経営上の判断に誤りがあっても、そのことにより当然に任務懈怠責任が認められるわけではない。株式会社の取締役について、①個別的な法令に違反する場合を除いて、②利害関係のない取締役が、③合理的な手続に従い十分な情報を得、適宜適切に専門家の助言等を受けて、④誠実に経営判断（業務執行の決定）をしたときは、⑤その判断内容が著しく不当であるときを除いて、任務懈怠の責任は問われないと解されている。この経営判断原則は、合同会社の業務執行社員にも妥当することとなろう。

　取締役会を設置しない株式会社の取締役は業務執行機関であり（348条1項）、各取締役は、業務執行機関であることから他の取締役に対する監視義務があるとされる[30]。これに対して、合同会社の業務執行社員の他の業務執行社員の監視義務については、社員は出資者として業務を執行していることを理由に、これを否定する見解が一般的である[31]。社員の業務・財産状況調査権（592条）については、その「権利性」を強調して、業務執行社員は、他の社員の業務執行の適法性を要求する権利はあるものの、その適法性を確保するための義務（監視義務）まで負うものでなく、「その職務」の範囲は、取締役の

---

[30] 江頭405頁。
[31] 立案担当者160頁～161頁。他方、これを認める見解として、会社法コンメ(14)147頁〔尾関〕。合同会社の規模によっては、内部統制システムの整備義務を認める余地もあるとする。なお、有限責任事業組合の組合員の第三者に対する責任との関連において、合同会社の業務執行社員と異なり、監視義務を負わないとする見解がある（宍戸・持分会社117頁）。

第 1 編　合同会社の法

> 場合と当然に同一でないとされるのである。
> しかし、業務執行社員は、他人の会社財産を管理していることから、取締役と同様の善管注意義務・忠実義務を負い、しかも、報酬を受けることができる。したがって、定款で業務執行社員を定めた場合にも配慮するとき、なお検討の余地があるように思われる[32]。

　法人業務執行社員の職務執行者について、593条～597条の規定が準用され（598条2項）、業務執行社員と同様の善管注意義務・忠実義務が課されるほか、競業・利益相反規制の適用を受け、任務懈怠に基づく会社に対する責任と第三者に対する責任を負う。これは、会社と職務執行者の関係を復委任に類似する関係として、職務執行者と会社との間で直接の権利義務関係を生じさせる趣旨の規定（民法106条2項参照）であり、法人業務執行社員は、職務執行者の選任監督に注意義務を尽くしておればよいとする見解もある[33]。しかし、自然人である業務執行社員と法人業務執行社員の責任が異なることは問題である。職務執行者の職務執行行為は、会社との関係では法人業務執行社員の職務執行とみなされるのであり、職務執行者に任務懈怠が認められる場合は、法人業務執行社員についても任務懈怠が問題となり、両者は、連帯して、損害賠償責任を負うと解することが合理的であろう。

　任務懈怠に係る損害賠償責任については、株式会社の取締役の任務懈怠責任のように（424条～427条）、責任の免除・軽減について特別の規定が設けられていない。したがって、公序良俗違反になるような場合を除いて、定款で自由に会社に対する任務懈怠責任その免除・軽減について規定することができると解されている[34]。なお、事後的な業務執行社員の責任の軽減・免除については、利益相反取引規制がされ、定款に別段の定めがない限り、当該社員以外の社員の過半数の承認を受けなければならない。

---

(32)　これについて、本書40～41頁参照。
(33)　論点体系(4)425頁［椛川］。
(34)　会社法コンメ(14)171頁［尾関］。合同会社の対内的規律については、577条を制限的に解釈して、明文の規定がない場合であっても、公序良俗に反しない限り定款自治を認めるという弾力的解釈が採用されているのである。

定款記載例1

> 第○条（損害賠償責任）
>   業務執行社員がその任務懈怠により会社に対して負う損害賠償責任は、故意又は重過失による場合を除き、他の業務執行社員の過半数の同意により、免除または軽減することができる。

定款記載例2

> 第○条（損害賠償責任）
>   業務執行社員の任務懈怠による会社に対する損害賠償責任は、故意又は重過失による場合を除き、これを免除するものとする。

なお、「社員全員の同意により損害賠償責任を免除する」など事後的に損害賠償責任を免除する定款の定め方では、現在の課税実務からは債務免除益につき所得税の課税リスクを否定できないとの指摘もあり[35]、「業務執行社員は、故意又は重過失による場合を除き、その任務懈怠による会社に対する損害賠償責任を負わないものとする。」というように、損害賠償責任がそもそも発生しないことを文言上明確にすべきであるという指摘もある[36]。

2 第三者に対する損害賠償責任

業務執行社員がその職務を行うについて悪意または重大な過失があったときは、当該業務執行社員は、連帯して、これによって第三者に生じた損害を賠償する責任を負う（597条）。株式会社において役員の第三者に対する損害賠償責任を定めた429条1項と同趣旨のものである。

---

(35) 田中亘「取締役の責任軽減・代表訴訟」ジュリ1220号（2002）31頁では、株式会社において、株主総会の特別決議による事後的な責任免除ないし事前の定款の授権に基づき取締役会の決議により責任を免除する方法では、免除額が給与所得として課税され、会社として債権放棄損は「隠れた利益処分」として損金算入が認められないおそれがあると指摘する。
(36) 江頭編著・モデル定款47頁～48頁。

業務執行社員の合同会社に対する損害賠償責任とは異なり、定款において、この責任の免除・軽減について定めることはできないと解されている。対外的な法律関係については、577条の趣旨が厳格に解されるのである。

3　社員に対する責任追及の訴え

合同会社を代表する社員は、合同会社の業務に関する一切の裁判上または裁判外の行為をする権限を有するが（599条4項）、合同会社が社員に対し、または、社員が合同会社に対して訴えを提起する場合において、当該社員以外に合同会社の代表権を有する者がない場合や、当該社員は代表権を有していないが合同会社の代表者が辞任その他の事由で欠けたために、当該訴えについて会社を代表する者がいない場合がある。このような場合には、当該社員以外の社員の過半数をもって、当該訴えについて合同会社を代表する者を定めることができる（601条）。

さらに、会社法は、代表社員以外の社員が単独で他の社員の責任を追及する訴えを提起することを許容している（602条）。これは、強行規定であり、責任追及の訴え制度を排除する定款規定は無効である。

社員が合同会社に対して、社員の責任を追及する訴えの提起を請求した場合において、合同会社が当該請求の日から60日以内に当該訴えを提起しないときは、当該請求した社員は、当該訴えについて合同会社を代表することができる（602条本文）。これは、株主代表訴訟制度（847条）と同趣旨の制度であり、当該訴えが当該社員もしくは第三者の不当な利益を図り、または、当該合同会社に損害を加えることを目的とする場合は、適用が除外される（602条ただし書）。もっとも、請求した株主が原告となる株主代表訴訟制度と異なり、この場合の原告は合同会社であり、社員は、例外的に、合同会社の当該訴訟追行にかかる代表権を取得するのであり、訴訟継続中に当該社員が辞任しても、訴訟は係属される。

602条は、「社員の責任追及の訴え」について規定している。合同会社が、業務執行社員でない社員に対して損害賠償請求権その他の請求権を有する場合、当該社員に対しても、他の社員は責任追及の訴えを提起することができ

る。

第8節　定款において業務執行社員を定めた場合の非業務執行社員の地位

1　序

　合同会社においては定款に別段の定めがなければ、全社員が業務の執行をすることとなるが、定款で業務執行社員を定めた場合は、業務執行は業務執行社員により行われることとなり、その他の社員（非業務執行社員）は業務執行権を有さない。

　非業務執行社員は、定款の変更等の総社員または当該社員以外の社員全員の同意を要する会社の重要事項について会社意思形成に参画し、また、利益相反取引について承認することを通して、自己の利益を守ることができるが、これらについても、定款自治が認められている。

　このように、合同会社においては、株式会社と異なり、社員の権利を保護するための強行規定は原則として規定されていない。やむを得ない事由がある場合の退社の自由が保障されているにすぎない。したがって、投資の継続の判断材料を与える観点から、非業務執行社員を保護するため、若干の権利が付与されている。

2　業務・財産状況の調査権

　定款で業務執行社員を定めた場合には、各社員は、業務を執行する権利を有しないときであっても、合同会社の業務および財産の状況を調査することができる（592条1項）。この規定は、業務執行社員は、その業務執行権限に基づいて当然に、合同会社の業務および財産の状況を調査することができることを前提としていると解することが合理的である。

　合同会社において、社員と会社の人的関係は株式会社に比し密接といえるが、非業務執行社員は普段は会社の経営に関与することはできない。また、監査役等の監査機関は設置されていない。したがって、会社法は、株式会社

の場合のように、裁判所に対して、会社の業務・財産状況を調査するための検査役選任請求権を認めるのではなく（358条1項。選任申立事由も限定的である）、合同会社の社員に直接の調査権を認めている。

他方で、いつでも調査を可能とすると、事業活動に支障が出るおそれもあるため、定款でこれを制限することができるが、定款によっても、事業年度の終了時または重要な事由があるとは、調査権を制限することはできない（592条2項）。

3　報告義務

業務執行社員は、会社または他の社員の請求があるときは、いつでもその職務の執行の状況を報告し、その職務が終了した後は、遅滞なくその経過および結果を報告しなければならない（593条3項）。これは、定款で業務執行社員を定めた場合にのみ適用されるわけではない。業務執行社員について、委任に関する規定が多数準用されているが（593条4項）、業務執行社員の報告義務については、会社とともに他の社員に対しても、報告請求権を認めるため、民法645条を準用するのでなく、明示的な規定が設けられたのである。なお、積極的に業務執行の報告を請求することに困難が生じると考えられるから、定期の状況報告を定款で定めることも考えられる[37]。

定款記載例

> 第○条（業務執行社員の報告義務）
> 　1　業務執行社員は、当会社又他の社員の請求があるときは、いつでもその職務の執行の状況を報告し、その職務が終了した後は、遅滞なくその経過及び結果を報告しなければならない。
> 　2　会社法593条3項の規定にかかわらず、業務執行社員は3ヶ月に1回以上、自己の職務の執行状況を他の社員に報告しなければならない。

この報告義務については、調査権と異なり、定款で別段の定めについて特

---

(37)　酒井＝野入・定款対談第9回52頁。

別の制約は設けられていない。このため、これを全面的に免除することも可能と解されている。民法645条の解釈論として、委任者が絶えず受任者を監督したり、必要書類を委任者が保管している場合には、報告義務を免除する黙示の合意があるとされている[38]。合同会社には様々なものがあり、報告義務を全面的に免除することに合理性がある場合もあろうが、報告義務が全面的に免除されている場合には、社員が、業務および財産の状況を調査する際、業務執行社員に必要に応じて説明義務を認めることが妥当であろう。

(大口　敬)

---

(38)　幾代通＝広中俊雄・新版注釈民法(16)債権(7)（有斐閣、1989）238頁［明石三郎］。

第5章 合同会社の計算

第1節 序 説

1 合同会社の制度趣旨

　合同会社は、他の持分会社（合名会社・合資会社）と違い、その社員全員が、株式会社の社員たる株主と同様、有限責任しか負わないという点に特徴がある（576条4項・580条2項）。

　合同会社においては、無限責任社員がいないことから、会社債権者保護のために会社財産の保護が強く要請される一方で、持分会社であることから、株式会社と比較すれば、その規制は相当緩やかとなっている。合同会社においては、株式会社の場合のように、会社をめぐる利害関係者の利益を保護するための法規制を積極的に講じないこととし、当事者間で最適な利害状況を自由に設定することを可能とすることにより、その事業の実施の円滑化を図る[1]という立場が採られている。法的知識や交渉能力が低い者が安易に社員や債権者となれば、その利益を害されるおそれがあるが、それは、民事の一般原則に従い、会社、社員、債権者その他の者の自己責任により贖われるべき問題とされるのである[2]。

　もっとも、合同会社制度については、「今後の利用状況を観察し、株式会社の計算等に係る規制を逃れるために株式会社から合同会社への組織変更等が顕在化した場合は、必要に応じ、その計算に関する制度のあり方について、見直しを検討すること」が会社法制定時の附帯決議[3]としてなされており、

---

(1) 立案担当者155頁。
(2) 立案担当者155頁。
(3) http://www.sangiin.go.jp/japanese/joho1/kousei/gian/162/pdf/k031620811620.pdf

近時その数が増加する合同会社において、制度の濫用的な事例が散見されるようになれば、その見直しが検討されることに留意する必要があろう。なお、同時に「合同会社に対する課税については、会社の利用状況、運用実態等を踏まえ、必要があれば、対応措置を検討すること」も附帯決議されており、立法論として、今後、パススルー課税の導入の余地などがないわけではないが、本稿においては現行法の規律について説明をするに留め、立法論には立ち入らない。

2　合同会社の計算等に関する特則

合同会社の計算等について、会社法は他の持分会社と異なる特則を設けている（578条、〔第3編第5章第7節〕625条～636条）。社員となろうとする者は、設立時または入社時までに定款で定めた出資の全部を履行しなければならない（578条・604条3項）。合同会社の債権者に計算書類の閲覧等が認められる（625条）。損失のてん補のほかに、出資の払戻しまたは持分の払戻しのための資本金の額の減少が認められるが（626条）、資本金の額の減少のためには債権者保護手続を要する（627条・635条）。社員への利益配当にかかる配当規制も存する（628条）。各規制に違反した場合の社員の責任の定めも置かれている（629条1項・631条1項・636条1項）。また、他の持分会社と異なり、合同会社においては、株式会社と同様、資本金の額が登記事項とされている（914条5号）。

合同会社における資本金の額が、有限責任社員に対する会社財産の払戻しの場面における債権者保護のための財産留保額の基準値となるものであり[4]、資本金の額減少の方法に制限を課すとともに、株式会社に準じた債権者保護手続等を規律し、会社財産の確保を図っているのである。

---

[4]　会社法大系(1) 430頁［松嶋英機＝濱田芳貴］。立案担当者164頁、会社法コンメ(14) 62頁［今泉邦子］。出資を行おうとする者にとっては出資によりいかなるリスクを負うのか、特に事業に関して事業体が負担する債務について、出資者も債務ないし責任を負担することになるのかは、事業体の選択において重要な意義を有するとの指摘について、棚橋・企業形態633頁。

第2節　計算書類制度

1　会計の原則

　合同会社の会計は、株式会社と同様（431条）、一般に公正妥当と認められる企業会計の慣行に従うものとされている（614条）。

　「公正妥当」とは会社の財産および損益の状況を明らかにするという会計帳簿と計算書類の作成目的に照らして公正妥当という意味であり、「慣行」は民法92条の慣習と同義である[5]。

　会計の慣行についての定義規定はなく、企業会計の慣行は会社の規模、業種などで異なるため、公正な会計慣行は複数存在する可能性があると指摘される。実務上、規模の大きい有価証券報告書提出会社では「企業会計原則」をはじめとする企業会計審議会ないし企業会計基準委員会設定の会計基準などが用いられ、中小企業では、「中小企業の会計に関する指針」（日本税理士会連合会・日本公認会計士協会・日本商工会議所・企業会計基準委員会）および「中小企業の会計に関する基本要領」（中小企業の会計に関する検討会）は、一定範囲の会社にとっては公正な会計慣行の1つであると解することができる[6]。企業規模等にもよるが、後者の指針・要領が合同会社の公正妥当と認められる企業会計の慣行になる[7]。

2　会計帳簿・計算書類の作成

　合同会社は、法務省令[8]で定めるところにより、適時に、正確な会計帳簿を作成しなければならない（615条1項、計算規則4条）。会計帳簿には、少なくとも仕訳帳（取引を借方・貸方に分けて記録する帳簿）と総勘定元帳（仕

---

(5)　新基本法コンメ(3)41頁［青竹正一］。
(6)　太田・活用事例102頁～103頁。
(7)　葭田編著・法制度と税制37頁～38頁。
(8)　計算に関する法務省令は、施行規則159条各号により、会社計算規則が定めるものとされている。

訳帳の記録を勘定科目別に分類して記録する帳簿）とが含まれ、そのほか、補助記入帳（現金出納帳、仕入帳、売上帳、受取手形記入帳、支払手形記入帳など）および勘定科目を相手先や内容によって区別して記録していく補助元帳（商品残高帳、売掛元帳、買掛元帳など）からなる補助簿も会計帳簿に当たる[9]。

合同会社は、各事業年度にかかる計算書類を作成しなければならない（617条2項）[10]。事業年度は、株式会社の場合と同様、1年を超えることはできない（617条2項、計算規則59条2項・71条2項後段）。株式会社においては、計算書類の承認、監査・公告制度が設けられているが、合同会社において、これらの制度は法定されていない。

合同会社の計算書類には、会社法の定める貸借対照表のほか[11]・損益計算書[12]・社員資本等変動計算書[13]・個別注記表[14]が含まれる（計算規則71条1項2号）。有限責任社員のみから構成される合同会社の会社債権者にとっては合同会社の財産の状況を知る必要性が高いため[15]、株式会社に準じた計算書類の作成義務が課せられているのである。もっとも、株式会社と異なり、事業報告と附属明細書の作成は義務づけられていない（435条2項括弧書、計算規則59条1項参照）。

計算書類は、株式会社と同様、電磁的記録をもって作成することができる（617条3項）。作成義務者については、株式会社においても合同会社においても、法令上の定めはない。これは、業務執行事項であるが、合同会社にお

---

(9) 弥永92頁。
(10) 合同会社は、法務省令で定めるところにより、成立の日における会計帳簿に基づき、その成立の日における貸借対照表を作成しなければならない（617条1項、計算規則70条）。
(11) 一定の時点（事業年度の末日）における企業の財政状態を明らかにする一覧表であり、資産の部、負債の部、純資産の部からなる。
(12) 一定の期間（1事業年度）に企業が獲得した利益または被った損失を算定する過程を、収益と費用を示して、計算表示するものをいう。
(13) 貸借対照表の純資産の部の1事業年度における変動額のうち、主として持分会社の社員に帰属する部分である社員資本の各項目の変動事由を報告するものをいう。
(14) 貸借対照表、損益計算書および社員資本等変動計算書により会社の財産または損益の状態を正確に判断するために必要な事項を表示したものをいう。
(15) 弥永353頁。

いては、計算書類の承認手続と併せて、代表社員が作成義務者である旨、定款で定めることが通例となろう。計算書類の作成期限も法定されていないが、実務上、税務申告の期限も考慮して事業年度の末日から起算して2か月以内とすることも多いようである(16)。株式会社と異なり、業務執行者の第三者責任規定に計算書類の虚偽記載の責任が定められていない（429条2項参照）(17)。ただし、業務執行社員が会計帳簿、貸借対照表、損益計算書の虚偽記載をした場合には、過料に処せられる（976条7号）。

なお、他の持分会社である合名会社および合資会社においては、貸借対照表を作成することは強制されるが、その他の計算書類を作成するかどうかについて、会社自治が認められている（617条2項、計算規則71条1項1号）。平成17年改正前商法32条1項のもとでの規律を維持して、貸借対照表の作成を義務づける一方、作成を望む場合に損益計算書等の作成を禁止する理由はないとして、合名会社と合資会社は、損益計算書・社員資本等変動計算書・個別注記表の全部または一部を作成するものと定めることが明示的に認められたのである(18)。

3　臨時計算書類・連結計算書類

株式会社では、事業年度途中でも臨時決算が可能であり（441条1項）、期中損益を分配可能額に取り込むことが認められる（461条2項2号イ）。合同会社では、このような臨時決算を行うことができない。これは、事業年度途中でその時点までの利益を利益額に加算することができないことを意味する(19)。

株式会社では、会計監査人設置会社において連結計算書類を作成することができ（444条1項、計算規則61条以下）、大会社かつ有価証券報告書会社に

---

(16) 神﨑・設立・運営のすべて75頁、酒井＝野入・定款対談第6回39頁。
(17) 立法論としての合理性に疑問を呈するものとして、弥永真生・リーガルマインド会社法〔第14版〕（有斐閣、2015）467頁注）20。
(18) 弥永353頁。
(19) 新家＝桑田・留意点37頁。

は連結計算書類の作成が義務づけられる（同条3項）。連結計算書類とは、会計監査人設置会社およびその子会社から成る企業集団の財産および損益の状況を示すために必要かつ適当なものとして法務省令で定めるものであり、連結貸借対照表、連結損益計算書、連結株主資本等変動計算書、連結注記表から構成される（計算規則61条1号）。

合同会社には、連結計算書類作成の根拠規定は存在しないが、任意に大会社相当の合同会社が会計監査人を設置した場合などに、グループ企業の状況を示す情報開示が禁じられる理由はなく（むしろこのような開示は積極的に推奨されるべきとも思われ）、連結計算書類を作成することは可能というべきであろう[20]。もっとも、連結計算書類を作成しても、それ自体、利益配当に影響を与えることはない。

4　計算書類の確定

株式会社においては、計算書類は、原則として、定時株主総会において計算書類の承認を受けることで確定するが（438条2項）、会計監査人設置の取締役会設置会社において、会計監査人の会計監査報告と監査役等の監査報告にいわゆる適法意見が含まれている場合は、436条所定の取締役会の決議で計算書類が確定し、定時株主総会においては当該計算書類の内容を報告することで足りることとなる（439条、計算規則135条）。

合同会社では、このような計算書類の確定手続が法定されていない。計算書類を作成することで当該計算書類は確定するのであって、作成行為とは別個の承認等の確定行為は特に必要としていないと解することもできるが[21]、一般には、作成行為は事実行為であり、作成された計算書類を権限ある機関が承認することにより、計算書類は確定すると解されているようである。

計算書類の確定は業務執行ないし業務の決定に該当するが、これを会社の

---

(20)　企業会計基準委員会「有限責任事業組合及び合同会社に対する出資者の会計処理に関する実務上の取扱い」（実務対応報告第21号、改正平成21年3月27日）も参照。

(21)　大杉・法律問題64頁は、作成を担当する業務執行社員が作成することにより計算書類は直ちに正式なものとなるとする。

第1編　合同会社の法

常務とみることはできないため、590条2項の規定が適用される。したがって、社員の過半数をもって計算書類を確定することとなるが、定款で別段の定めをすることができる。一般的な実務としては、計算書類の作成手続と併せて、定款において、社員の過半数による承認によって計算書類を確定する旨定められるのであろうが、代表社員が作成した計算書類をベンチャーキャピタルである社員が承認するものとしたり、同社員を含む多数決として、ベンチャーキャピタルにいわゆる拒否権を与えたりすることも考えられる[22]。代表社員限りにおいて承認し、他の社員へは報告に止めるという定款の定めも禁じられていないのであろう。

定款記載例1

> 第○条（事業年度）
> 　当社の事業年度は、毎年○月○日から○月○日までとする。
>
> 第○条（計算書類の承認）
> 　代表社員は、各事業年度に係る計算書類を作成し、各事業年度の末日の翌日から起算して、2ヶ月以内に、当該事業年度に係る計算書類を各社員に提出して、社員の過半数によるその承認を求めることとし、計算書類はその承認により確定する。

定款記載例2

> 第○条（計算書類の作成・報告）
> 　1　代表社員は、各事業年度の末日から起算して、2ヶ月以内に、当該事業年度に係る計算書類を作成し、当会社の計算書類は作成時点において確定するものとする。
> 　2　代表社員は、当該計算書類の内容を各社員／定時社員総会に提出して報告しなければならない。

株式会社と異なり、合同会社に決算公告義務はない（440条1項参照）。会社と利害関係を持たない不特定多数の者に対して財産状況を開示する必要が

---

[22]　江頭編著・モデル定款64頁、214頁。

認められないことが理由とされる。その非公開性に着目して決算公告が義務づけられていなかった有限会社（会社法施行後の特例有限会社）と同様の整理である（会社法整備法28条）[23]。なお、合同会社の債権者には計算書類の閲覧等請求権が認められている（618条1項柱書参照）。

5　計算書類の内訳

合同会社の貸借対照表のうち、資産の部および負債の部の項目の区分について、株式会社の場合と異なるところはないが（計算規則74条・75条）、合同会社の純資産の部においては、社員資本と評価・換算差額等が区分されるだけであって、新株予約権[24]という項目が規定されていないことが株式会社と相違する（計算規則76条1項1号・3号）。

社員資本に係る項目は、出資金、出資金申込証拠金、資本剰余金、利益剰余金に区分される（計算規則76条3項）[25]。株主資本については自己株式・自己株式申込証拠金の区分があるが、合同会社にはこれに相当する区分がない。これは、株式会社の場合には自己株式の取得・保有が認められるが（155条以下）、合同会社の場合には、自己の持分を譲り受けることができず（587条1項）、自己の持分を取得した場合には当該持分は取得した時に消滅するとされているためである（587条2項）[26]。また、合同会社には、株式会社と異なり、資本剰余金または利益剰余金の項目に、資本準備金とその他資本剰

---

(23)　立案担当者276頁〜277頁。
(24)　745条5項および744条1項7号・8号を根拠に合同会社が新株予約権に当たるものを発行することが認められていないとする見解もあるが（会社法大系(1)441頁［松嶋＝濱田］）、両条は、株式会社が持分会社に組織変更する場合の権利関係の引継ぎを簡便にするためのデフォルト・ルールに過ぎず、当事者間の合意によって、新株予約権類似の権利を契約・定款で作る出すことは可能であると解されている（会社法コンメ(14)8頁［宍戸善一］、論点解説566頁）。
(25)　合同会社の資本金・資本剰余金・利益剰余金は、各社員の資本金・資本剰余金・利益剰余金に分かれるが、社員ごとの帳簿を作成することが義務づけられるわけではない（大杉・法律問題64頁）。
(26)　太田・活用事例106頁。持分会社には自己持分という概念は存在しないのである（論点解説574頁）。

余金、利益準備金とその他利益剰余金の区分はない（計算規則76条4項・5項参照）。資本準備金および利益準備金は、資本制度をより充実させるために、445条3項等により株式会社に積立てが強制される法定準備金であって、これらの準備金の額は配当阻止数として機能する。合同会社においては、資本の額を超えて配当を阻止する必要はないと考えられたのである。

損益計算書（計算規則88条1項）、社員資本等変動計算書（計算規則96条1項）については、上記貸借対照表上の相違点が反映されるほかには、株式会社の場合と特に変わるところはない。

個別注記表について、株式会社では計算規則98条1項各号に定める項目に区分して表示しなければならないが（計算規則98条1項各号）、合同会社を含む持分会社においては、表示項目が大幅に簡易化されている（計算規則98条2項5号）。計算規則98条1項各号のうち、2号（重要な会計方針に係る事項に関する注記）、3号（会計方針の変更に関する注記）、4号（表示方法の変更に関する注記）、6号（誤謬の訂正に関する注記）、19号（その他の注記[27]）の各項目を表示すれば足りるが、3号および4号は、当該変更をした場合において記載する必要があるに止まり（計算規則102条の2第1項・102条の3第1項）、6号も、誤謬をした場合で、かつ、重要性の乏しいものを除くため、通常は、2号の重要な会計方針に係る事項に関する注記が必要となるのみである。

> 二　重要な会計方針に係る事項に関する注記（計算規則101条）
> ①　資産の評価基準及び評価方法
> ②　固定資産の減価償却の方法
> ③　引当金の計上基準
> ④　収益及び費用の計上基準
> ⑤　その他計算書類の作成のための基本となる重要な事項

---

(27) 「その他の注記」は、計算規則100条から115条までに掲げるもののほか、貸借対照表等、損益計算書等および株主資本等変動計算書等により会社（連結注記表にあっては、企業集団）の財産または損益の状態を正確に判断するために必要な事項である（計算規則116条）。

第5章　合同会社の計算

　以下において、合同会社の標準的な計算書類の形式を参考記載例として掲げる(28)。

(参考記載例1：貸借対照表)

貸　借　対　照　表
(平成__年__月__日　現在)

(単位：円)

科　　目	金　額	科　　目	金　額
(資産の部)	円	(負債の部)	円
流動資産	00,000,000	流動負債	00,000,000
現金及び預金	0,000,000	買掛金	0,000,000
受取手形	0,000,000	短期借入金	0,000,000
売掛金	0,000,000	未払金	0,000,000
商品	0,000,000	未払費用	0,000,000
部品	0,000,000	未払法人税等	0,000,000
前払費用	0,000,000	預り金	0,000,000
繰延税金資産	0,000,000	賞与引当金	0,000,000
短期貸付金	0,000,000	製品保証引当金	0,000,000
未収入金	0,000,000	その他	0,000,000
その他	0,000,000		
貸倒引当金	△ 0,000,000	固定負債	0,000,000
固定資産	00,000,000	退職給付引当金	0,000,000
有形固定資産	00,000,000	繰延税金負債	0,000,000
建物	0,000,000	その他	0,000,000
構築物	0,000,000		
機械及び装置	0,000,000		00,000,000
車両及び運搬具	0,000,000	(純資産の部)	
工具、器具及び備品	0,000,000	社員資本	00,000,000
土地	0,000,000	資本金	00,000,000
建設仮勘定			
無形固定資産	0,000,000	資本剰余金	0,000,000
施設利用権	0,000,000		
ソフトウェア	0,000,000		
その他	0,000,000	利益剰余金	0,000,000
投資その他の資産	0,000,000		
投資有価証券	0,000,000		
関係会社株式	0,000,000		
関係会社出資金	0,000,000	評価・換算差額等	
長期貸付金	0,000,000	その他有価証券評価差額金	0,000,000
長期前払費用	0,000,000		
その他	0,000,000		
貸倒引当金	△ 0,000,000		00,000,000
資産合計	00,000,000		00,000,000

---

(28)　葭田編著・法制度と税制42頁～45頁［標準的な計算書類の形式］に掲げられた貸借対照表、損益計算書、社員資本等変動計算書、個別注記表を各参照。

第1編　合同会社の法

(参考記載例2：損益計算書)

合同会社○○　損益計算書
自　平成　年　月　日　至　平成　年　月　日

単位：　　　　円

科　　目	金	額
【純売上高】		
売上高	00,000,000	
売上値引戻り高	△0,000,000	
役務収益	0,000,000	00,000,000
【売上原価】		
期首商品棚卸高	0,000,000	
期首製品棚卸高	000,000	
仕入高	0,000,000	
当期製品製造原価	000,000	
他勘定振替高	000,000	
期末商品棚卸高	△0,000,000	
期末製品棚卸高	△000,000	
返品調整引当金戻入	△000,000	
返品調整引当金繰入	000,000	0,000,000
売上総利益		00,000,000
【販売費及び一般管理費】		0,000,000
営業利益		0,000,000
【営業外収益】		
受取利息	00,000	
受取配当金	00,000	
仕入割引	000,000	
為替差益	000,000	
デリバティブ評価益	00,000	
雑収入	000,000	000,000
【営業外費用】		
支払利息	000,000	
手形売却損	000,000	
売上割引	00,000	
為替差損	00,000	
デリバティブ評価損	00,000	
支払手数料	00,000	
雑損失	00,000	000,000
経常利益		000,000
【特別利益】		
固定資産売却益	000,000	000,000
【特別損失】		
固定資産売却損	000,000	
固定資産除却損	00,000	000,000
税金等調整前当期純利益		00,000
法人税・住民税及び事業税	000,000	
法人税等調整額	00,000	00,000
当期純利益		00,000

第5章 合同会社の計算

(参考記載例３：社員資本等変動書)

<div style="text-align:center">合同会社○○　社員資本等変動計算書 自　平成　年　月　日　至　平成　年　月　日</div>				(単位：円)
社員資本	資本金			○○,○○○,○○○
	資本剰余金	当期首残高		○○,○○○,○○○
		当期変動額		○,○○○,○○○
		当期末残高		○○,○○○,○○○
	利益剰余金	当期首残高		○,○○○,○○○
		当期変動額		
		当期純利益	○,○○○,○○○	○,○○○,○○○
		当期末残高		○,○○○,○○○
純資産の部		当期首残高		○,○○○,○○○
		当期変動額		
		当期純利益	○,○○○,○○○	○,○○○,○○○
		当期末残高		○,○○○,○○○

(参考記載例4：個別注記表)

合同会社○○　個別注記表
自　平成　年　月　日　至　平成　年　月　日

<u>重要な会計方針に係る事項に関する注記</u>
1　資産の評価基準及び評価法
　　棚卸資産の評価基準及び評価方法
　　　　先入先出法による原価法を採用しております。
2　固定資産の減価償却の方法
　(1)　有形固定資産
　　　　法人税法の規定に基づく定率法又は旧定率法を採用しております。ただし、平成10年4月1日以後に取得した建物（付属設備を除く）については法人税法の規定に基づく旧定額法、平成19年4月1日以後に取得した建物（付属設備を除く）については定額法を採用しております。なお、平成15年4月1日以後に取得した取得時価30万円未満の資産については、取得時に費用処理しております。
　(2)　無形固定資産
　　　　法人税法の規定に基づく定額法又は旧定額法を採用しております。
3　引当金の計上基準
　(1)　貸倒引当金
　　　　債権の貸倒損失に備えるため、一般債権については法人税法に規定する法定繰入率により計算した回収不能見込み額の他、個別に債権の回収可能性を検討し、必要額を計上しております。
　(2)　賞与引当金
　　　　従業員の賞与支給に備えるため、支給見込額に基づき計上しております。
　(3)　退職引当金
　　　　従業員の退職給付に備えるため、退職給付会計基準による簡便法に基づき計上しております。
4　収益及び費用の計上基準
　　　収益及び費用ともに発生主義により計上しております。
5　その他計算書類作成のための基本となる重要な事項
　　　消費税等の会計処理方法
　　　　　税抜方式によっております。

6 計算書類の備置・閲覧等

(1) 計算書類制度の意義

　計算書類を作成することは、企業（会社）の合理的経営を遂行するために必要なものであるが、会社法は、計算書類の開示機能の重要性に配慮して、計算書類の備置・閲覧等の制度を整備している。

　合同会社・合資会社について法人業務執行社員が認められることとなったのに伴い、連結の対象となる持分会社も存在することになる等の事情により、計算規定の整備が必要と考えられた。合同会社については、さらに、計算書類の係数を用いた払戻規制を導入する必要があることから、計算関係規定の整備が不可欠となり、また、会社債権者にとり、間接有限責任社員のみから構成される合同会社の財産状況等を把握できることが望ましいとされ、会社法の下で計算に関する規定が整備された[29]。

(2) 計算書類の保存・備置

　株式会社において、計算書類は、作成したときから10年間、保存しなければならないと定めるとともに（435条4項）、定時株主総会の日の1週間（取締役会設置会社にあっては、2週間）前の日から5年間、計算書類等を本店に備え置くことが義務づけられている（442条1項）。さらに、定時株主総会の日の1週間（取締役会設置会社にあっては、2週間）前の日から3年間、計算書類等の写しを支店に備え置くことが義務づけられているが、電磁的記録で作成されている場合、支店における備え置きが免除される場合がある（442条1項・2項）。

　これに対して、合同会社においては、作成した時から10年間の保存義務が法定されているだけであり（617条4項）、その備置きについて特段の規定はない。

---

(29)　会社法大系(1) 392頁［相澤光江］、法務省令の解説161頁。

> **COLUMN**
> 「保存」と「備置き」
>
> 「保存」とは、書類等を保管している事実状態を意味する。「備置き」とは、請求に応じて閲覧等を適切に行うために、一定の場所に保管していることを意味する。株式会社においては、計算書類等が散逸・紛失しないように、適切に保管するとともに、株主や会社債権者の請求に応じて適切に閲覧等に供するため、計算書類等(またはその写し)を本店・支店に備え置いておかなければならない。合同会社とは異なり、持分会社一般については、会社債権者に計算書類の閲覧等の請求権が認められていない(625条参照)。社員に対して、計算書類の閲覧等の請求権は認められているが、社員間には人的関係があり、また、定款により、事業年度の終了時にその閲覧を制限することができる(618条)。このため、備置義務に係る規定は設けられず、保存義務のみが規定されているのであろう。

　株式会社においても合同会社においても、保存場所について、特段の規定はない。特定の業務執行社員または職務執行者の住所に保存することも禁じられるわけではないのであろうが[30]、社員および債権者による閲覧または謄写の請求が認められ、また、散逸・紛失の危険にも配慮するとき、合同会社の本店を保存場所とし、備え置くことが合理的であろう。

(3) 計算書類の閲覧等

　(ア) 社員

　　社員は、合同会社の営業時間内は、計算書類の閲覧または謄写を請求することができる(618条1項)。株式会社の場合には、閲覧の請求とともに、謄本または抄本の交付の請求ができるものとされている(442条3項2号)。謄写とは、書き写す等、権利者が行為をすることが前提となるが、謄抄本は会社が用意するものである。合同会社においても、定款で別段の

---

[30] 酒井＝野入・定款対談第2回85頁は、合同会社は組合的な会社類型であり、社員に業務執行権があるため、「人」が重要であって「場所」はさほど重要でないと指摘する。

定めをしてこれらの請求権を認めることは妨げられないと考えて差し支えなかろう。

閲覧等を請求することができる期間について特に規定されていないため、社員は、保存されている計算書類を保存期間が満了するまでの10年間、閲覧等を請求することができることとなろう。

定款で、618条1項の定めと異なる定めをすることができるが、社員が事業年度の終了時に閲覧または謄写の請求をすることを制限する旨を定めることはできない（同条2項）。保存期間について、別段の定めをすることが規定されていないため、閲覧等の請求期間を短縮する定款の定めは認められないこととなるのであろう[31]。

COLUMN　非業務執行社員の調査権と社員による計算書類の閲覧

平成17年改正前商法下において、合資会社の有限責任社員は、営業年度の終わりにおいて営業時間内に限り、貸借対照表の閲覧・謄写を求め、会社の業務および財産の状況を検査することができ、重要な事由があるときは、有限責任社員は何時にても裁判所の許可を得て会社の業務および財産の状況を検査することができるとされていた（平成17年改正前商法153条[32]）。

これに対して、会社法の下において、計算書類の閲覧等請求権とは別個に、定款で業務執行社員を定めた場合に、非業務執行社員はその業務および財産を調査することができ（592条1項）、定款の定めによっても、事業年度の終了時、または重要な事由があるときに調査を制限する旨を定めることはできないとされている（同条2項）。立案担当者は調査権の内容・対象については特に言及せず[33]、学説上、非業務執行社員のモニタリング権限の内容に変更を加

---

(31) 立案担当者は、持分会社の規定も基本的にその全部が強行規定であるとしたうえで、定款で別段の定めをすることができることとする点についてはその旨を明らかにするという規定の整理をしているとする（論点解説563頁）。
(32) 平成17年改正前商法153条は「検査」の文言を用いていたが、会社法により「調査」に改められた。これは、非業務執行社員のモニタリング権限の内容に変更を加えたものではないとされる（会社法コンメ⑭140頁〜141頁［宍戸善一］）。
(33) 立案担当者159頁。

第1編　合同会社の法

> えたものではないとされる(34)。非業務執行「社員」は、事業年度の終了時ではないが、重要な事由があるとして、その調査権行使の一環として、貸借対照表の閲覧を求めることができるのであろう。

(イ)　債権者

債権者は、合同会社の資産価値を適切に把握するため(35)、営業時間内は、いつでも、計算書類の閲覧または謄写の請求をすることができるが、作成した日から5年以内のものに限定される（625条・618条）(36)。合同会社においては、無限責任社員が存在しないことから、債権者保護の観点から、合名会社や合資会社とは異なり、株式会社の場合に準じた規律となっている（442条参照）。

(4)　訴訟当事者

裁判所は申立てまたは職権で訴訟の当事者に対して、会計帳簿および計算書類の全部または一部の提出を命じることができる（616条・619条）。株式会社と同様の規律である（434条・443条）。

定款記載例

第○条（計算書類の閲覧等）
　当会社の社員は、当会社の事業年度の終了時に限り、当会社の営業時間内において、次に掲げる請求をすることができる。
　一　計算書類が書面をもって作成されているときは、当該書面の閲覧又は謄写の請求
　二　計算書類が電磁的記録をもって作成されているときは、当該電磁的記録に記録された事項を紙面又は映像面に表示する方法により表示したものの閲覧又は謄写の請求

---

(34)　会社法コンメ⑭140頁〜141頁［宍戸］。
(35)　一問一答177頁。
(36)　保存期間が10年間であることとの関係で、5年以内に限ったことに対して疑問を呈するものとして、新基本法コンメ⑶56頁［青竹］。また、会社法コンメ⑮87頁［岸田雅雄］。

第3節　資本金の額の増加・減少

1　資本金の額

　持分会社において、出資が履行された場合に増加すべき資本金の額は、出資された財産の価額の範囲内で持分会社が定めた額となる。決定方法について、特に定めはない。資本金の額は、業務執行事項として、社員（定款で業務執行社員を定めた場合には、業務執行社員）の過半数をもって決定することとなるが、定款に別段の定めがあるときは、これに従うこととなる（590条2項・591条1項）。

　なお、出資の価額は社員間で各社員が持分会社に対して出資すべきものとして定款で定めた額であるところ、出資された財産の価額は、株式会社と同様に、会計慣行に従って決められる。定款で定めた出資の価額と資本金・資本剰余金の額との間には特に関連性はなく[37]、資本金・資本剰余金の額の決定のための一要素になるにすぎない[38]。資本金・資本剰余金の額は持分会社に対して社員が現に履行した財産の価額の合計額であり、出資の履行時における財産の評価方法等のいかんによっては、定款で定められた出資の価額とは必ずしも合致しないこととなる。とりわけ、合名会社や合資会社において、社員が会社債権者に対して会社の債務の履行をした場合には、出資の価額と資本金・資本剰余金とは異なる額となる。

　出資が履行された場合の合同会社の会計処理は、原則として、株式会社の場合と同様であり、出資された財産の価額相当分の払込資本（資本金または資本剰余金）が増加する。一方で、合同会社の資本規制には、株式会社のよ

---

(37)　法務省令の解説162頁〜163頁。会社法の下では、定款で定めた出資の価額と貸借対照表上の表示の問題である資本金・資本剰余金の合計額との間には、特に関連性がないことから、両者の関係が混同されないようにするために、後者については、その位置づけが同様である株式会社の対応するものと同様の名称を付した項目を設けることとされたものである。

(38)　郡谷大輔＝細川充「持分会社の計算〔下〕」商事1772号（2006）25頁。

うに払込金の半分以上の資本組入れが強制される（445条2項）という制約がない。資本準備金および利益準備金制度もない（445条3項、計算規則76条3項・4項参照）[39]。したがって、新たに社員が加入する場合や出資金額を増額する場合でも、当該出資金額の全額を資本金ではなく資本剰余金とすることができる。これは、出資金を配当原資とすることができることを意味するが、実務的には、増資の登記が不要となることにより[40]、増資の登記に要する登録免許税（増資額の0.7％）の負担を回避することに大きな意味があろう。

合同会社には、大会社規制がなく、負債200億円以上または資本金5億円以上となる場合であっても（2条6号参照）、会計監査人（さらに、監査役等）の設置義務が存在しない（328条・327条3項）。立案担当者は、会社と利害関係のない不特定多数者に財産状況を開示させてまで取引を円滑化させる必要はないとするが、会計監査人に支払う報酬等、合同会社の負担を軽減する趣旨が決定的なように思われる。計算書類の開示の実効性を確保するという点を考慮すれば、債権者が多数にのぼる大規模な合同会社については、会計監査人監査を必要的とすることも制度論として一考に値しよう。

2　出資の履行

(1)　合同会社について、社員の間接有限責任性を確保するため、社員の責任を出資の価額に限定するとともに、設立時または入社時に定款で定めた出資の全部を履行させることとされ（578条、604条3項）、会社債権者に対して直接責任を負わないような措置が講じられている（580条2項）[41]。

合同会社の設立時、社員になろうとする者は、定款の作成後、設立の登記

---

(39)　資本準備金、利益準備金を設けなかった理由について、法務省令の解説163頁〜164頁。
(40)　江頭ほか・座談会（上）12頁［新家寛］。
(41)　合資会社が社員の退社によって合同会社に変更したものとみなされた場合において、640条2項に違反して社員がその出資の全部の履行をしないときは、当該出資を履行しない社員は、例外的に債権者に対して直接責任を負うこととなる。

をするまでに、その出資に係る金銭の全額を払い込み、またはその出資に係る金銭以外の財産の全部を給付しなければならない（578条本文）。ただし、社員となろうとする者全員の同意があれば、登記・登録等の第三者対抗要件具備のために必要な行為については合同会社の設立後にすることを妨げない（578条但書）。

出資は、設立中の会社を代表する者（代表社員となる自然人または法人）に対してなされるべきであるが、登記実務上、代表社員が法人である場合、その代表者から出資の受領に係る権限が授与された当該法人の職務執行者に対して出資がされても差し支えないと解されている[42]。

社員が金銭を出資の目的とした場合において、その社員が出資を怠ったときは、当該社員は、その利息を支払うほか、損害の賠償をしなければならない（582条1項）。また、社員が債権を出資の目的とした場合において、当該債権の債務者が弁済期に弁済をしなかったときは、当該社員は、その弁済責任を負うとともに、その利息を支払うほか、損害の賠償をしなければならない（582条2項）。これらは、他の社員保護の規制として説明されている[43]。

(2) 株式会社と同様、金銭その他の財産のみをもって出資の目的とすることができ、労務出資は認められていない（34条、578条）[44]。

しかしながら、合同会社においては、労務を提供し、その対価として事業活動から生じる利益を受け取ることは、定款で損益分配割合について別段の定めを設けることで可能となる。人的資本の拠出者には名目的な金額の金銭出資を行わせ、財産の出資額とは異なる比率での損益分配割合を定款で定めるのである[45]。なお、合名会社・合資会社の無限責任社員において、労務

---

[42] 松井617頁。
[43] 一問一答179頁。
[44] 会社法コンメ⑭6頁［宍戸］、論点解説564頁。江頭ほか・座談会（上）12頁［江頭憲治郎］では、会社法が労務出資を認めないこととした理由として、貸借対照表の資産の部に当該労務出資を計上してよいか否かという問題があったとする。
[45] 会社法コンメ⑭7頁［宍戸］。

出資が許容される（576条1項6号括弧書の反対解釈）[46]。その評価額を出資金として計上することは許されないとする見解もあるが（計算規則30条1項参照）、労務出資にかかる出資履行請求権を資産として計上するものと定めた場合、当該出資履行請求権を資産として計上し、かつ、同額だけ資本金または資本剰余金を増加させることとなると解される[47]。合名会社・合資会社においては、無限責任社員が存在し、かつ、労務出資請求権という科目で記載されていること、および、その貸借対照表は会社債権者の閲覧に供されるものではないことからこのような会計処理によって会社債権者を誤導するおそれを考慮する必要はなく、会社債権者保護の観点からの弊害はないといえる。

(3) 報酬等の債権の出資の是非が問題とされているが、出資について全額払込み・給付義務が課させられることから、報酬等の債権が現実に発生した段階で出資の目的とすることができる[48]。現時点では出資しないが、今後1年間の労働に対する報酬債権を1年後に出資して社員となる旨、将来的な出資の履行に関する定めも、有効である[49]。したがって、新株予約権（ストックオプション）と類似した制度設計も可能となるが、新株予約権を用いたもの以外の、その他の企業形態におけるストックオプション類似の権利には、税制適格ストックオプション制度（租税特別措置法29条の2）の適用はないと考えられることに留意する必要がある[50]。

(4) 現物出資について、株式会社の場合には検査役の調査（33条）や取締役のてん補責任（52条）の規定が置かれているが、合同会社には置かれていな

---

(46) なお、税法上の扱いについて、国税庁webサイト「労務出資等に関する法人税法上の取扱いについて」（https://www.nta.go.jp/ntc/kenkyu/ronsou/62/06/hajimeni.htm）を参照。
(47) 弥永255頁。
(48) 郡谷＝細川・前掲注(38) 26頁（注1）。
(49) 論点解説566頁。
(50) 宍戸・ベンチャー企業223頁〜224頁。

い。会社設立の際には、社員の全員一致により作成した定款により現物出資の目的である財産とその価格またその評価の標準が定められ、設立後、新たな社員を加入される場合においても、原則として社員全員の同意による定款変更を必要とすることにより、他の社員の保護が図られている（576条）。他方、債権者の保護については、立案担当者は、現物出資の対価は会社の持分であるから、会社財産の実質的な流出はないので、特に債権者を保護する必要はないと考えたようである[51]。

　なお、合名会社にあっても、一定の物件につき現物出資する旨の記載のある定款が作成され、会社設立の登記がなされただけでは、現物出資の目的物件の所有権が会社財産に帰属する効果は生ぜず、出資義務者の履行があってはじめて所有権移転が生ずると解されている（東京高判昭和50・5・30判時791号117頁）[52]。

3　資本金の額の増加

　合同会社の資本金の額が増加する事由は、計算規則30条1項各号が列挙する。

(1)　社員の加入に伴う資本金の額の増加

　社員の加入に際して、当該社員が業務執行社員でない場合には資本金の額の増加の登記をすれば足りるが[53]、当該社員が業務執行社員である場合には、加えてその加入の登記をしなければならない。

---

[51]　一問一答179頁。また会社債権者は、貸借対照表、損益計算書等の閲覧または謄写の請求をすることができるため、合同会社の資産価値を適切に把握することが可能であるとする。

[52]　これは、第1審以来、現物出資者とされるAは、訴外会社設立および現物出資は心裡留保または通謀仮装のものであると主張し、現物出資の順行を争っており、一方、会社代表者においても、右現物出資がなされたとする時期以後本件建物を使用するにつき会社がAに対し賃料の支払いを申し出てAがその賃料を受領した事実をもって、賃貸借契約の成立を予備的に主張し、かつ、本件建物につき現物出資による会社への所有権移転登記を経ていないという特殊の事案である。

[53]　松井684頁。

この場合の登記添付書面および登記申請書の記載例については、**第1編第3章第5節**を参照。

(2) 出資の増加

　合同会社の社員が、追加出資をして自己の出資の価額を増加させる場合について、会社法上、特別の定めはないが、これを否定する理由はない。出資の価額の増加は定款変更事項であり（576条1項6号）、当該社員と会社の間の追加出資に係る合意とともに、定款の変更が必要となる。出資を増加する旨の定款変更の効力は、当該出資に係る払込等を完了した時に生じることとなろう（604条3項参照）。

　社員が他の社員の持分を譲り受けたために、自己の出資の価額が増加する場合にも、出資の価額を増加する旨の定款変更が必要となるが、この場合は、出資の履行は不要であり、当該出資額に関する定款を変更したときに、その者の出資増加の効果が生じる[54]。なお、持分を譲渡した社員の出資の価額の減少（または退社）についても同様である。

(3) 資本剰余金の資本組み入れ

　合同会社において、定款に別段の定めがある場合を除き、業務執行として、社員の過半数の決定により、いつでも資本剰余金を資本金に組み入れることができる（計算規則30条1項3号）。定款により業務執行社員が定められているときは、業務執行社員の過半数の一致によることとなる（法591条1項）。利益の配当によって社員に払い戻すことができる剰余金は利益剰余金であり、資本剰余金を資本金に組み入れることによって、利益の配当に制約が生ずるという関係にないため、この場合に、社員の利益保護を特に配慮する必要はない[55]。

---

(54)　会社法コンメ(14) 206頁［今泉邦子］。
(55)　小川＝相澤 312頁。

4　資本金の額の減少

　合名会社・合資会社においては、無限責任社員が存在し、会社債権者保護のための資本金制度の意義は大きなものではなく、資本金の額の登記も求められていない。資本金の額を増減させることについて、特に規制はない。いつでも資本金を資本剰余金に組み入れることができ、組入額に相当する額だけ資本金と資本剰余金の額が変動する（計算規則30条2項4号・31条1項3号）。また、社員に対して出資の払戻しをする場合においても、減少する資本金・資本剰余金の内訳は、当該合名会社・合資会社が定めることができる（計算規則30条2項2号・31条2項2号）。

　620条1項は、持分会社一般について、損失のてん補のために資本金を減少することができる旨定めるが、この「損失のてん補」は、社員に払戻可能な財源を回復するという意味以上のものではない[56]。損失のてん補による資本金の額の変更においては、資本金の額の減少相当額が資本剰余金の額として増加する。さらに、別途、資本剰余金を減少して利益剰余金を増加させることによって、損失を過去の拠出金をもって埋め合わせる表示上の損失処理を行うことができる（計算規則31条2項6号・32条1項3号）[57]。これにより、社員に払戻可能な財源を回復することが認められるのである。繰越損失がある場合に過去の払込資本をもって損失を埋め合わせるという意味での損失のてん補については法令が直接規定するところはなく、資本剰余金を減少させることが適切な場合で、利益剰余金を増加させることが適切な場合の一場合として処理されることとなる[58]。

　合同会社の資本金の額の減少については、会社債権者を保護するため、厳格な規制が設けられている。資本金の額は債権者異議手続（627条）を経な

---

(56)　合名会社・合資会社においては、明示的規定はないが、損失のてん補以外の場合（出資の価額の減少や退社）でも資本金の額を減少することは妨げられない。したがって、持分会社一般にこのような定めを置く必要はなかったと批判されている（論点体系(4)480頁［道野真弘］）。
(57)　論点解説593頁。
(58)　新基本法コンメ(3)49頁［青竹］。

ければ減少することができないのである。

　合同会社は、資本金の額を減少する場合、①当該資本金の額の減少の内容、および、②債権者が一定の期間内（1か月を下ることはできない）に異議を述べることができる旨を公告し、かつ、知れている債権者に対して各別に催告しなければならないが、官報のほか、定款の定めに従い、日刊新聞紙に掲載する方法または電子公告により公告するときは、各別の催告をすることを要しない（627条2項・3項）。債権者が異議を述べたときは、合同会社は債権者に弁済もしくは相当の担保を提供し、または相当の財産を信託しなければならないが、当該資本金の額の減少をしても当該債権者を害するおそれがないときはこれらが不要となる（627条5項）。債権者が上記期間内に異議を述べなかったときは、当該債権者は、当該資本金の減少について承認したものとみなされる（627条4項）。

　資本金の額の減少は、債権者異議手続が終了した日にその効力を生ずる（627条6項）。

　合同会社においては、損失のてん補のためだけでなく、社員に対する出資の払戻しまたは退社員に対する持分の払戻しのために、資本金の額を減少することができる（626条1項）。出資の払戻しをする社員の出資につき計上されている資本剰余金以上の額の出資の払戻しをする場合には、626条2項の規定により、その超過部分に相当する額の資本金の額を減少することができ（計算規則164条3号イ）、このような出資の払戻しにより資本金の額が減少するのである（計算規則30条2項2号）[59]。なお、合同会社における出資の払戻しは、間接有限責任からの制約として、定款を変更してその出資の価額を減少する場合を除いて認められておらず（632条1項）、また、出資払戻額が、(i)払戻しの請求日における剰余金額、(ii)資本金減少後の剰余金額または(iii)出資の価額を減少した額のいずれか少ない額を超える場合は、出資の払戻しを請求することができない（同条2項）。

　なお、社員の退社に伴う資本金を減少させる場合の登記については、第1

---

(59)　郡谷＝細川・前掲注（38）26頁。

編第3章第6節を参照。

第4節　損益の分配・利益の配当と持分の払戻し

1　利益の配当・損益の分配に関する規律

　合同会社を含む持分会社においては、会社損益の社員に対する分配（622条）と、社員に分配された利益に相当する会社財産を利益配当として現実に社員に払い戻すこと（621条）が区別して規定されている[60]。

　損益の分配とは、合同会社の事業活動により獲得された利益がどのように各社員に分配されるかに関するものであり、会社損益の各社員に対する計算上の「配布」という意味であり、実際に社員に払い戻される利益の配当とは異なる[61]。合同会社の損益が各社員との関係でどのように分配されるか（損益分配の割合）について定款の定めがないときは、その割合は、各社員の出資の価額の割合に応じて定められ（622条1項）、利益または損失の一方についてのみ分配の割合についての定めを定款に定めたときは、その割合は、利益および損失の分配に共通であるものと推定される（同条2項）。

　これに対して、利益の配当については621条が規定する。同条1項は、社員は合同会社に対し、利益の配当を請求することができるものとする。社員が合同会社に対して一定の額の配当を請求すれば、当該社員には配当を受ける具体的権利が発生し、会社には配当を行う義務が生じる（具体的配当受領権・具体的配当支払債務）。配当を請求することができる権利と具体的配当受領権の関係は、いわば前者が基本権、後者が支分権にあたる[62]。支分権としての具体的配当受領権には、その発生時期や消滅時効が観念でき、法規定からは明らかではないが、具体的配当受領権は社員による配当請求の意思表示が合同会社に到達したときに発生し、この時点から遅延利息が生じるとと

---

(60)　立案担当者163頁。
(61)　大杉・法律問題65頁、太田・活用事例121頁。
(62)　大杉・法律問題69頁。会社法コンメ(15)58頁［伊藤靖史］。

もに、消滅時効の期間が開始する[63]。

　合同会社は、定款で、利益の配当を請求する方法その他の利益の配当に関する事項を定めることができる（621条2項）。この定めがある場合、これに従い利益の配当がなされることとなり、各社員は自己の持分に分配された当期純利益額の集積額（自己の持分に帰属する利益剰余金の額）を支払うよう、会社に対し当然に請求できるわけではない[64]。同条3項は、持分の差押えの効力について規定する。なお、一部の社員が利益の分配を全く受けない旨の定めは会社の営利性から無効であるとされているが[65]、なお検討を要するように思われる[66]。

定款記載例

第○条（利益の配当）
　1　当会社が利益の配当をしようとするときは、社員の過半数の同意によって、次に掲げる事項を定めなければならない。
　　(1)　配当財産の種類及び帳簿価額の総額
　　(2)　社員に対する配当財産の割当てに関する事項
　　(3)　当該利益の配当が効力を生じる日
　2　社員は、前項に定める場合を除き、当会社に対し、利益の配当を請求することができない。

---

[63]　大杉・法律問題69頁。なお、消滅時効期間は、株式会社における具体的剰余金配当請求権と同様に10年と解されている。2020年4月1日から施行される改正民法により、債権は、債権者が権利を行使することができることを知った時（主観的起算点）から5年間行使しないときまたは権利を行使することができる時（客観的起算点）から10年間行使しないときに時効によって消滅することとなる。
[64]　江頭・合同会社制度245頁。
[65]　酒井＝野入・定款対談第7回27頁、会社法コンメ⒂66頁［伊藤］。
[66]　論点体系⑷484頁〜485頁［道野真弘］。

> **COLUMN　業務執行社員の報酬との関係**
>
> 　合同会社において、利益の配当とは別に、業務執行社員に対して、その職務執行の対価としての報酬を支払うことは可能である（593条5項、民法648条）。株式会社における取締役報酬と異なり、その報酬の決め方について特別の定めはないが、お手盛りの危険があることから、利益相反取引の一種として、定款に別段の定めがない限り、他の社員の過半数の承認（595条1項1号）を要すると解される[67]。
>
> 　定款の定めにより、報酬の支払いを代表社員に一任することも可能であろうか。株式会社において役員報酬は当期利益から支払われるため、役員報酬の支払いにより当期純利益が発生しないことがある。これと同様に、合同会社においても業務執行社員に報酬が支払われることによって当期純利益・利益剰余金が発生しない事態が生じる懸念[68]も存する。報酬額の決定を代表社員に一任するとの定款の定めが、法的に否定されるとまで直ちにいえないものの、適切な制度設計とはいえないのではなかろうか[69]。

　出資比率に影響されない損益分配が可能である点が、合同会社の利点として指摘されることが多いが、実務上は、財貨の無償移転を生じさせることにならないかといった税務上の問題が解決できない可能性があることから、出資比率に応じたものとすることが多いと考えられる[70]。損益分配について、別段の定めを設ける場合には、合理性の説明が容易な差の設け方にする必要があるとされる[71]。具体的には、業務執行社員と非業務執行社員との間では、前者の方が利益に寄与する割合が一定程度高くとも合理的な説明が可能であ

---

(67)　田中亘・会社法（東京大学出版、2016）719頁。
(68)　江頭・合同会社制度247頁。
(69)　江頭ほか・座談会（下）28頁［江頭発言］。立法論として、報酬決定への全員一致主義の導入を述べるものとして、江頭・合同会社制度254頁。
(70)　仲谷＝田中・定款27頁。酒井＝野入・定款対談第5回34頁も経済的合理性が認められない損益分配の割合についての税務否認のリスクを指摘する。損失の分配に合理性が認められず、かつ、社員間に何らかの経済的利益の移転が見られる場合には贈与税が課される可能性が生じることについて指摘するものとして、葭田編著・法制度と税制138頁。
(71)　江頭編著・モデル定款65頁、215頁。

ると思われるし、また反対に、ベンチャーにおいてVC側の投資を可能とするために非業務執行社員であるVCに、業務執行社員たる創業家よりも優先して一定の配当を受けられるようにするということも合理性を有するといえるのではなかろうか。

合同会社に損失が生じると、会社の計算上、社員の持分（会社の純資産額に対して社員の有する分け前を示す計算上の数額）が減少するが、損失分担の結果は社員の退社または会社の解散の場面で初めて現実化する。

定款記載例1

> 第○条（損益分配の割合）
> 1　各事業年度の利益の分配割合は、業務執行社員が＿＿割、業務執行社員以外の社員が＿＿割とする。
> 2　各事業年度の損失の分配割合は、業務執行社員が＿＿割、業務執行社員以外の社員が＿＿割とする。

定款記載例2

> 第○条（損益分配の割合）
> 1　各事業年度の利益は、社員毎に次のとおりの金額の分配を受けることができる。
> (1)　業務執行社員以外の社員については、業務執行社員に先立ち、各社員の当該事業年度の末日における出資の価額に＿＿％を乗じた金額の分配を受けることができる。
> (2)　前項の分配後残額がある場合には、業務執行社員は、その残額を各業務執行社員の出資の価額に応じて、分配を受けることができる。
> 2　各事業年度の損失の分配は、当該事業年度の末日における各社員の出資の価額に応じて分配する。

2　利益配当規制

合同会社は、利益の配当により社員に対して交付する金銭等の帳簿価額が当該利益の配当をする日における利益額を超える場合には、当該利益の配当をすることができない（628条）。この場合、社員が利益の配当を請求しても

第 5 章　合同会社の計算

合同会社は請求を拒むことができる。この「拒むことができる」という意味について、社員から利益額を超える利益の配当の請求がされた場合に、合同会社は当該利益配当の全体を拒否できるのか、利益額を超えない範囲で配当請求に応じる義務を負うのか、という問題となり得るが、同条ただし書は社員からの利益の配当請求全体（利益額を超えない部分を含む）を拒否することができることを明らかにしたものと解される[72]。

配当をする場合における利益額とは、

① 会社債権者との関係で、配当する時点において、配当可能である利益額、すなわち、その時点における利益剰余金の額（計算規則 191 条 1 号）

② 社員間の関係で、配当をする時点において、当該配当を受ける社員に分配されている利益の額（既に分配された損失の額および配当を受けた額を減じて得た額）（同 2 号）

のいずれか小さい額、をいう[73]。

純資産額が 300 万円を下回る会社は配当をなしえないという株式会社におけるような規律はない（458 条参照）。

合同会社では、利益配当の上限が「利益額」（623 条 1 項、計算規則 163 条）に限られ（628 条）、配当の財源に、資本剰余金等が含まれない点で株式会社の分配可能額と異なる（461 条 2 項参照）。株式会社においては、分配可能額は、最終事業年度の末日におけるその他利益剰余金およびその他資本剰余金の合計を出発点として算出され、剰余金の配当の手続によって株主に対して金銭が払い戻される場合に、利益剰余金に限らず、資本剰余金についても当該払戻相当額だけ減額する（計算規則 23 条）。このため、「剰余金の配当」とされているのである。これに対して、合同会社においては、利益の配当の手続によって社員に対して金銭等が払い戻される場合に、減額することのできる剰余金は利益剰余金のみであり、資本剰余金の減額は、持分または出資の払戻しの手続により金銭等が社員に払い戻される場合に行うこととなる（計

---

(72) 会社法コンメ(15) 100 頁 [松尾健一]。
(73) 論点解説 595 頁。

算規則31条2項)[74]。

　配当規制に違反する配当が行われた場合、配当に関する業務を執行した社員は、配当を受けた社員と連帯して、会社に対し当該配当額に相当する金銭の支払義務を負うが、当該業務執行社員については、その職務を行うについて注意を怠らなかったことを証明した場合は、責任を免れることができる（629条1項）。かかる義務は免除することができないが、利益の配当をした日における利益額を限度として当該義務を免除することについて総社員の同意がある場合は、この限りでない（同条2項）。

　合同会社が利益の配当をした場合において、当該利益の配当をした日の属する事業年度の末日に欠損額が生じたときは、配当に関する業務を執行した社員は、会社に対し、当該利益の配当を受けた社員と連帯して、その欠損額（当該欠損額が配当額を超えるときは、当該配当額）を支払う義務を負うが、当該業務執行社員が、その職務を行うについて注意を怠らなかったことを証明した場合は、支払義務を免れる（欠損てん補責任、631条1項）。この義務は総社員の同意により全額免除することができる（同条2項）。

　欠損額について、計算規則165条が定める。欠損額を算定するに当たって当期純損失金額を控除するため（計算規則165条2号）、当期純損失金額に相当する額については欠損てん補責任を負わない。合同会社の欠損てん補責任は、利益がないにも関わらず配当が行われた場合のみに問題となり、株式会社の業務執行者等の欠損てん補責任（465条）と異なるのである[75]。これは、合同会社においては、株式会社と異なり、欠損てん補責任は配当を受領した社員にも課されるところ、配当を受領した社員は必ずしも当期の業績予測等について責任を負うべき立場にないという考え方に基づく[76]。

---

(74)　宍戸・ベンチャー企業210頁。
(75)　弥永832頁～833頁。
(76)　法務省令の解説154頁。

> **COLUMN**
> 期末に欠損が生じる見込みがある場合の業務執行役員の責任

「配当をする日」における利益額を超える場合には、当該利益の配当をすることができず、この場合、社員が利益の配当を請求しても合同会社は請求を拒むことができる（628条）。ところで、配当をする日時点では、社員の請求する配当額を超える利益が存していたとしても、当期の事業計画上、事業年度末までに大きな設備投資を実施する予定であるとか、あるいは、製品事故が発生し特別損失が生じることは明確だけれどもその額は未だ計上できていないだけであるといった事態も考えられ、期末には欠損が生じることが見込まれる場合もある。

この場合、実際に事後的に欠損が生じたときは、利益配当を行った業務執行社員は過失責任を負い、配当を受けた社員は無過失責任を負うこととなる（631条）。しかし、一時的にせよ、会社財産を危険に晒すものであり、債権者保護も考慮すれば、このような請求自体を業務執行社員が拒むことができないのであろうか。

これは、株主提案（303条）によって剰余金配当議案が株主総会の目的とされ、決議されたケースの業務執行取締役と同様の利害状況にあると思われるところ、業務執行取締役は株主の正当な権利行使の結果、配当に応じざるを得ないというものであり、直ちに過失責任が問われることはなかろう（462条も参照）。合同会社のケースにおいても、原則として、業務執行社員は、配当を求める社員からの正当な権利行使である以上、請求を拒むことはできないのと考えることになろう。業務執行社員としては、期末に欠損が生じる見込みであること、欠損が生じた場合には当該配当を受けた社員が無過失責任を負うことの説明を尽くすことが善管注意義務の一内容となろうが、この説明を尽くしたときには、業務執行社員の過失責任が否定されるとするのが合理的である。なお、権利行使である以上、極めて例外的な場面に限られようが、個別事情によっては、配当を請求すること自体が、権利濫用（民法1条3項）として、業務執行社員が拒みうるケースも存在するのであろう。

こうした事態を事前に回避するためにも定款記載例のように、社員による配当請求の時期、方法について予め定款で定めておくことが有用と思われる。定款自治が広く認められる合同会社において、こうした紛争の予防を図るという観点からも検討を加えておくことの重要性を指し示すことの一事例といえよう。

3　出資の払戻し

　合名会社・合資会社では、社員の出資の履行は会社の事業の状況を勘案しつつ、適宜行えば足りることから、いったん出資した財産の払戻を受けることが認められる（624条）[77]。出資した金銭等が、金銭以外の財産（現物出資）であるときに当該「財産の価額」に相当する金銭の払戻しを請求することは妨げられない（同条ただし書）。ここでの「財産の価額」は出資時における当該財産の帳簿価額をいう[78]。

　これに対して、合同会社では、定款を変更してその出資の価額を減少する場合を除き、出資の払戻しを請求することができない（632条1項）。これは、間接有限責任制を確保するために出資の価額と既履行の出資との関係を一致させておく必要があるためである[79][80]。この場合、他の社員の利益および債権者の利益の保護のため、出資払戻額が剰余金額（払戻日の利益剰余金および資本剰余金の合計額と出資の払戻しを受ける社員の出資について計上されている資本剰余金のいずれか少ない額）を超えることはできない（同条2項、計算規則164条3号ハ）。かかる出資の払戻しの制限に違反して出資の払戻しをした場合は、当該出資の払戻しに関する業務を執行した社員は当該払戻しを受けた社員と連帯して、当該出資払戻額に相当する金額の支払義務が課せられるなど、違反配当の場合と同様の規律が設けられている（633条・634条）。

　なお、出資の払戻しによって、払い戻された金銭の相手勘定は、当該出資につき計上されていた払込資本（資本金・資本剰余金）である。とりわけ、資本金の額の減少に厳格な手続が求められているため、実務上、出資の払戻しが行われる場合には、原則として、資本剰余金を減少させることとなろう[81]。

---

(77)　立案担当者164頁。
(78)　郡谷＝細川・前掲注（38）26頁、黒沼悦郎・会社法（商事法務、2017）376頁。
(79)　立案担当者164頁。
(80)　債権者保護とのバランスという点も考慮に入れてなされるべきであり、本規制のみでは不十分であるとする指摘について、櫻井隆「合同会社制度の現状と課題」経営論集第24巻1号29頁～44頁（2014）42頁。

4　合同会社の社員の退社に伴う払戻し

　社員の退社に際しては、その持分の全部が払い戻されることになるが（611条1項〜4項）、合同会社では会社財産のみが責任財産となり、退社する社員に対する払戻しによって会社債権者の債権の弁済が危険にさらされることになるため、一定の配慮を要する。他方、退社に伴う払戻しについても利益の配当等と同様の財源規制を設けることとすると退社する社員の利益が害されることになる[82]。

　このことに配慮して、法は、合同会社の場合に次の特則を規定する（635条）。

　①　持分の払戻しにより社員に対して交付する金銭等の帳簿価額（持分払戻額）が剰余金額を超えない場合

　会社債権者からみれば、通常の利益の配当等と同様の利益状況であり、特段の手続を要しない。

　②　持分払戻額が剰余金額を超えるが、会社の簿価純資産額を超えない場合

　資本金の額を0円までの範囲内で減少した上で払戻しを行うことと実質的に同様であるから、資本金の額の減少を伴う出資の払戻の場合と同様の債権者保護手続（635条・627条参照）を経ることにより払い戻すことができる。

　③　持分払戻額が会社の簿価純資産額を超える場合[83]（簿価債務超過の会社において持分を払い戻す場合）

　会社債権者からみれば、清算の場合と同様の利益状況であり、これに準じた債権者保護手続を経ることにより払い戻すことができる。資本金の額の減少を伴う出資の払戻の場合との相違は、3点ある。具体的には、①異議を述

---

(81)　郡谷＝細川・前掲注（38）26頁。
(82)　立案担当者165頁。
(83)　会社の貸借対照表上の純資産額は、原則として取得原価を資産に付すなど、簿価で算定されるが、持分の払戻により払い戻すべき額は、当該持分会社の現在価値であり、資産等は時価評価され、将来収益を含む、いわゆる自己のれんもその算定の基礎となる。したがって、持分払戻額が簿価純資産額を超える場合もありうる。

べることができる期間が 2 か月であり（635 条 2 項柱書括弧書）、②公告方法の如何を問わず、知れている債権者への個別催告を省略することはできないこと（635 条 3 項ただし書）、③異議を述べた債権者に対して債権者を害するおそれがないという抗弁（法 627 条 5 項ただし書参照）が認められず、必ず、弁済または相当の担保の提供等をしなければならないこと（635 条 5 項ただし書）である。

　　④　上記②③の場合に、必要な手続をとらずに持分の払戻しをした場合は、当該払戻を受けた社員および業務執行社員に対して、違法配当の場合と同様の責任が課せられる（636 条）。

第 5 節　補論——合同会社の税務

1　法人税の課税

　合同会社は、普通法人として、課税所得および法人税額の計算ならびにその手続について法人税法の適用を受ける（法人税法 2 条 3 号・4 条 1 項）。このため、合同会社は株式会社と同様に、各事業年度終了の日の翌日から 2 月以内に、確定した決算に基づいて法人税の確定申告書を提出しなければならない（同法 74 条）。

2　社員に対する課税

　合同会社の業務執行社員（法人である者も含む）は、法人税法で定める役員に該当する（法人税法 2 条 15 号、法人税法施行令 7 条 1 号・71 条 1 項 3 号、法基通 9 ― 2 ― 2）。また、合同会社の業務執行社員は使用人兼務役員となることができない（法人税法 34 条 6 項、法人税法施行令 71 条 1 項 3 号）。このため、合同会社の業務執行社員に支給する報酬は、その全額が役員給与として取り扱われることになる[84]。したがって、定期同額給与、事前確定届出給与または利益連動給与のいずれにも該当しない給与については、その法人の

---

(84)　莇田編著・法制度と税制 114 頁。

損金に算入されない(法人税法34条2項)。

3　損益の分配にかかる課税

　合同会社においては、社員に分配された損益については各社員の所得と通算されることなく、その合同会社の課税所得として法人税が課されることとなる(パススルーの否定)。有限責任事業組合では、その組合事業から生じた損益については、有限責任事業組合に課税されることはなく、パススルー課税によりその組合員へ配分され、その組合員の出資額を上限として、他の所得と損益通算されることとなる(所得税法69条、法基通14—1—1)。

　なお、アメリカに親会社があり、その完全子会社として日本で活動する会社が、合同会社を選択すると、アメリカの税務上、パススルーのメリットが取れる、すなわち、子会社の利益を親会社に配当してもこの段階では課税されないとされる[85]。この点、日本国内の合同会社に対する法人税課税がなくなるというわけではない。アメリカ国内の親会社側で税制上のメリットが生じるという意味である。

4　利益の配当にかかる課税[86]

　合同会社から利益の配当を受けた社員が法人である場合には、その受取配当金について益金として法人税の課税所得となり、出資の割合に応じて、受取配当等の益金不算入の規定の適用を受ける。社員が個人である場合には、受取配当金は原則として総合課税または申告分離課税として所得税の確定申告の対象となり、総合課税の対象とした配当所得については配当控除の適用

---

[85]　江頭ほか・座談会(上)10頁［大杉］。アメリカ税法との関係では、日本の合同会社はアメリカのLLCと同様、その社員権の上場が認められていないという特性に鑑み、チェック・ザ・ボックス規制により構成員課税が認められている。したがって、アメリカ法人が合同会社の社員である場合、当該アメリカ法人のアメリカにおける課税関係では、合同会社における損益について、当該アメリカ法人には構成員課税が認められることになる(関口智弘＝西垣建剛「合同会社や有限責任事業組合の実務上の利用例と問題点」法時80巻11号(2008)18頁)。

[86]　葭田編著・法制度と税制141頁。

を受けることになる。

なお、法人税が合同会社に対して課せられた後の税引後利益が各社員に計算上分配されるが、その分配された額を社員が当然に配当として請求できるわけではなく、621条に基づく定款の定めにより、請求できるとなったとき、あるいは請求して現に支払われたときに、社員に対する配当課税がなされると考えられている[87]。

5 連結納税制度

連結納税制度とは、親法人である内国法人とその内国法人による完全支配関係[88]がある他の内国法人（子法人）のすべてを1つのグループとして、親法人がその連結グループ全体の所得（連結所得）を1つの申告書（連結確定申告書）に記載して法人税の申告・納付を行なうことができる制度をいい、グループ内の損益通算をすることができるというメリットが存する。

同制度の適用は選択性であり、法人の任意に委ねられる。連結納税の適用を受けようとする場合には、原則として最初にその適用を受けようとする事業年度開始の日の3か月前の日までに、所定の承認申請書を親法人およびすべての子法人の連名で、親法人の納税地の所轄税務署長を経由して国税庁長官に提出する必要があり（法人税法4条の3）、いったん、連結納税を選択した場合は、原則として次年度以降継続して適用される。

連結納税において、連結親法人となることができるのは、法人は、内国法人である普通法人または協同組合等に限ることとされ（法人税法4条の2、法人税法施行令14条の6第1項1号・3号）、また、連結子法人となることができる法人は、連結親法人となる法人による一定の完全支配関係がある内国法人とされる[89]。合同会社について、連結除外法人とはされておらず、そ

---

[87] 江頭ほか・座談会（下）34頁［江頭］。
[88] 親法人が子法人の発行済株式等の全部を直接または間接に保有する関係をいう（法人税法2条12の7の6号）。
[89] 国税庁webサイト：（連結親法人となることができる法人）、（連結子法人となることができる法人）

の他要件を充足することで合同会社において連結納税制度の適用は可能であると思われ、現に制度を利用しているとみられる会社も存する[90]。

（大澤武史）

---

[90] たとえば、Abalance株式会社では、合同会社を連結計算書類の連結の範囲に含めた上で、連結納税制度も利用しているようである。

第6章 合同会社と会社の種類の変更・組織変更・組織再編行為

第1節 序 説

1 序

　持分会社の種類の変更手続により、合同会社は、合名会社・合資会社のいずれにもなることができ、合名会社・合資会社のいずれも、合同会社になることができる（638条）。会社法は、合名会社・合資会社・合同会社を持分会社として整理し、持分会社間の形態の変更は、定款所定の社員の有限責任または無限責任の区別を変更することにより行うものとし、当該手続を持分会社の種類の変更と呼ぶ。これに対し、持分会社から株式会社、または株式会社から持分会社への形態の変更は、組織変更として、会社の種類の変更とは区別して規制されている。合名会社・合資会社・合同会社は、株式会社に、また、株式会社は、合名会社・合資会社・合同会社に組織変更することができるのである（2条26号イ・ロ・743条以下）。このほか、合名会社・合資会社・合同会社・株式会社は、相互に合併することができ（2条27号・28号）、合同会社は、会社分割のほか（2条29号・30号）、株式交換により株式会社の発行済株式の全てを取得することができる（2条31号）。ただし、株式移転の当事会社は株式会社に限られる（2条32号）。

　なお、米国のLLC（Limited Liability Company）を参考に、有限責任事業組合契約に関する法律が制定され、民法の組合の特例として、有限責任事業組合の制度が設けられた。有限責任事業組合は組合という法形式をとるため、株式会社への組織変更または合併等の組織再編行為は認められていない。

第6章 合同会社と会社の種類の変更・組織変更・組織再編行為

> **COLUMN 特例有限会社**
>
> 会社法制定に際して、多数存在する有限会社の便宜に配慮して、「特例有限会社」制度が設けられた。会社法施行前の有限会社は、会社法施行後株式会社として存続することとなるが（会社法整備法2条1項）、当該株式会社はその商号中に「有限会社」という文字を用いなければならない（会社法整備法3条1項）。これを「特例有限会社」という（会社法整備法3条2項括弧書）。特例有限会社も、会社法上、株式会社であり、株式会社に関する規定が適用されるが、会社法整備法14条～39条が特例有限会社に係る会社法の特例を定めている。特例有限会社は、株式会社として、合同会社に組織変更することや株式会社または合同会社との間で合併や会社分割をすることができるが、特例有限会社は、吸収合併存続会社、吸収分割承継会社となることはできない（会社法整備法37条）。特例有限会社には、株式交換と株式移転に係る規定は適用されず（会社法整備法38条）、株式交換や株式移転をすることができない。合同会社は、特例有限会社に組織変更することはできない[1]。特例有限会社は、会社法施行前の有限会社に特例的に認められる「株式会社」であるからである。

2 持分会社の種類の変更

本章では、実務において多く用いられるであろう合同会社と株式会社間の組織変更および株式会社との合併等を中心に解説を行うが、以下において、持分会社の種類の変更について簡単に説明する。

合名会社は、有限責任社員を加入させる定款変更またはその社員の一部を有限責任社員とする定款変更により合資会社となり、その社員全部を有限責任社員とする定款変更により、合同会社となる（638条1項）。合資会社は、その社員全部を無限責任社員とする定款変更により合名会社となり、その社員全部を有限責任社員とする定款変更により合同会社となる（638条2項）。合同会社は、その社員全部を無限責任社員とする定款変更により合名会社となり、無限責任社員を加入させる定款変更またはその社員の一部を無限責任社員とする定款変更により合資会社となる（638条3項）。

---

(1) 論点解説650頁。

なお、無限責任社員が有限責任社員となった場合であっても当該有限責任社員となった者は、その旨の登記をする前に生じた持分会社の債務については、無限責任社員として、当該債務を弁済する責任を負わせることとして（583条3項）、無限責任社員がなくなるような持分会社の種類の変更が生じた場合であっても、特に債権者保護手続を要求していない[2]。合名会社または合資会社が合同会社となるために、その社員の全部を有限責任社員とする定款変更を行う場合において、当該定款の変更をする持分会社の社員が、当該定款の変更後の合同会社に対する出資に係る払込みまたは給付の全部または一部を履行していないときは、当該定款の変更は、当該払込み・給付が完了した日に、効力を生ずるものとしている（640条1項）。また、合資会社の無限責任社員が退社することにより当該会社の社員が有限責任社員のみとなった場合には、当該合資会社は合同会社となる定款変更をしたものとみなされるが（639条2項・610条）、この場合において、社員がその出資に係る払込みまたは給付の全部または一部を履行していないときは、合名会社または合資会社となる定款変更をしない限り、当該定款の変更をしたものとみなされた日から1か月以内に、当該払込み・給付を完了しなければならない（640条2項本文）。当該社員がこの期間内に未履行部分の出資をしない場合、合同会社は、当該社員に当該出資の履行を請求しなければならないが、当該社員は、当該出資の履行をしない限り、会社債権者に対して580条2項の責任を負うこととなろう[3]。

第2節　合同会社から株式会社への組織変更

1　序

　組織変更とは、株式会社が法人格の同一性を保ちながら、組織を変更して持分会社に変わること、または持分会社が株式会社に変わることをいう[4]。

---

(2)　立案担当者167頁。
(3)　立案担当者157頁。

この場合、登記上、旧会社の解散登記および新会社の設立登記が行われるが、新会社と旧会社は、同一の法人格として取り扱われる。

　合同会社と株式会社間の組織変更が認められている[5]。合同会社の持分は上場することができないため、合同会社として設立された会社が、順調に成長し、上場を目的として、株式会社への組織変更を希望する場合が考えられることから、組織変更のうち、今後多く行われるものがあるとすれば、合同会社から株式会社への組織変更であるとの指摘もある[6]。

2　手　続
(1)　概　要

　合同会社から株式会社に組織変更する場合、
　　a．組織変更計画の作成（746条）
　　b．組織変更計画に対する総社員の同意（781条1項）
　　c．債権者の異議手続（781条2項・779条）
　　d．組織変更の効力発生（747条）
　　e．組織変更の登記（920条）
という手続を行う必要がある。

　債権者の異議手続において、1か月を下回らない一定の期間内に異議を述べることができる旨を官報に公告する必要があるため、組織変更には、1か月以上の期間を要することとなる。

　なお、合同会社については、手続の簡素性の要請から書類の備置・開示義務を課さないとの方針が採用され、合同会社から株式会社に組織変更する場合は、株式会社から合同会社に組織変更する場合と異なり、組織変更計画の本店での備置は必要とされていない[7]。しかし、組織変更後の株式会社の債務の履行の見込等を示さないと、異議を述べる債権者が多く出る可能性があ

---

(4)　江頭968頁。
(5)　一問一答188頁。
(6)　江頭969頁。
(7)　江頭973頁。

り、合同会社は、事実上、債権者の不安を解消するための資料を用意することが必要であろうと指摘されている(8)。

　組織変更は、会社が法人格の同一性を維持して行われる手続であるため、組織変更をする合同会社の社員の少なくとも1人は組織変更後の株式会社の株主としなければならず、かつ、組織変更をする合同会社の社員以外の者を組織変更後の株式会社の株主とすることはできない(9)。組織変更後に第三者に対して募集株式を発行すること（さらに、株式譲渡）により、合同会社の社員以外の者を株主にすることとなる。

(2)　組織変更計画の作成

　組織変更を行う場合、まず、組織変更計画を作成しなければならない（743条）。合同会社が株式会社に組織変更する場合の組織変更計画には、(1)組織変更後の株式会社の組織、体制に関する事項、(2)組織変更に際して合同会社の社員に交付する金銭等、(3)組織変更の効力が生ずる日を記載する必要がある（746条1項）。

　(1)組織変更後の株式会社の組織、体制に関する事項として、組織変更後の株式会社の目的、商号、本店所在地、発行可能株式総数その他の定款で定める事項を定める必要がある（746条1項1号・2号）(10)。組織変更後の株式会社の取締役の氏名（同項3号）、および、組織変更後の株式会社が会計参与設置会社・監査役設置会社・会計監査人設置会社である場合、それぞれ選任される会計参与等の氏名・名称を定めなければならない（同項4号）。組織変更後の株式会社が監査等委員会設置会社である場合は、監査等委員である取締役とそれ以外の取締役を区別して定めなければならない（746条2項）。なお、指名委員会等設置会社における委員・執行役を定めるものとはされていない。取締役会設置会社となる場合にも、設立時における設立時代表取締

---

(8)　江頭975頁。
(9)　論点体系(5)248頁［桑原聡子］。
(10)　登記上、新会社の設立登記が行われるが、公証人による定款の認証は必要ではない（江頭974頁）。

役の選定に関する規定（47条）は適用されない[11]。組織変更の効力が生じた後に、設立された株式会社において、委員・執行役を選定・選任し（400条2項・402条2項）、代表取締役を選定する（362条2項3号）こととなる。

次に、(2)組織変更をする合同会社の社員が組織変更に際して取得する株式の数（種類株式発行会社においては、株式の種類および種類ごとの数）またはその数の算定方法（746条1項5号）、および当該株式の合同会社の社員に対する割当てに関する事項（同項6号）を定めなければならない。組織変更に際し、合同会社の社員に対し、組織変更後の株式会社の株式以外の金銭等を交付するときは、その内容・数またはその算定方法および各社員に対する割当て方法を記載することとなる（同項7号・8号）[12]。各社員に対する割当て方法について、社員平等原則は定められていない。総社員の同意により組織変更計画を承認する場合は特に問題はないが、業務執行社員が組織変更計画を承認する等、定款で別段の定めを設ける場合には、この点について留意する必要があろう。

最後に、(3)組織変更の効力発生日（同項9号）を記載する。

組織変更計画書例

組織変更計画書[13]

1．目的　　　　　　　　　○○の販売
　　　　　　　　　　　　　○○の製造
　　　　　　　　　　　　　上記各号に付帯する一切の事業
1．商号　　　　　　　　　○○株式会社
1．本店　　　　　　　　　○○県○○市
1．発行可能株式総数　　　○○株
1．上記の次項以外に定款で定める事項
　　別紙定款案の通り

---

(11) 論点解説654頁。
(12) 株式以外の金銭等については、それを「交付するときは」とされているのに対して、株式については、「社員が取得する株式」とされている。このことからも、社員の少なくとも1人に株式を交付しなければならないことが明らかとなる。
(13) 法務局HP参照。

```
 1．取締役の氏名          ○○○○
                          ○○○○
                          ○○○○
 1．監査役の氏名          ○○○○
 1．組織変更をする持分会社の社員が組織変更に際して取得する組織変更後
   の株式の数又はその数の算定方法
 1．組織変更をする持分会社の社員に対する割当てに関する事項
   以下の通り、割り当てることとする。
   社員○○について、○○株
   社員○○について、○○株
   社員○○について、○○株
 1．効力発生日    平成○年○月○日
```

(3) 総社員の同意

　組織変更を行うには、定款に別段の定めがない限り、当該合同会社の総社員の同意を得なければならず、当該総社員の同意は、組織変更計画で定めた効力発生日の前日までになされる必要がある（781条）。

　合同会社では、合名会社や合資会社と異なり、社員の氏名が登記事項でないため、個々の社員の同意書のみでは、社員全員が同意しているかは必ずしも明らかにはならない。しかし、株式会社の登記手続における全株主の同意書に関する実務において、株主名簿の添付が求められていないことから、この場合にも、社員全員の氏名を明らかにするための書面（定款等）の添付は不要と解される[14]。

　成長した合同会社が上場を目指して、株式会社への組織変更を行う場合、総社員の同意の要件が組織変更の障害となることがありえる。したがって、あらかじめ定款によって（781条1項ただし書）、組織変更を行うには、業務執行社員全員の同意で足りるとするなど、総社員の同意要件を緩和しておくことも考えられるが、組織変更計画の内容は、社員の権利関係に決定的な影響を与えるため、このような定款規定を設けることには慎重さが必要であろ

---
(14)　松井634頁。

う[15]。

定款記載例

> 第○条
>   当会社が、組織変更、吸収合併等、新設合併等、事業の全部の譲渡、事業の重要な一部の譲渡又は他の会社の事業の全部の譲り受けをする場合には、効力の発生日の前日までに、組織変更計画、吸収合併契約、吸収分割契約、株式交換契約、新設合併契約、新設分割計画又は事業譲渡若しくは譲り受けの契約について、総社員【業務執行社員全員】の同意を得なければならない。

同意書例

> 同意書
>
>   本同意書の署名者は、○○合同会社の総社員であり、株式会社へ組織変更するに際して、会社法746条の規定に基づいて作成した別紙組織変更計画書について同意する。
>
>   平成○年○月○日
>
> ○○合同会社
> 社員　○○○○　印
> 社員　○○○○　印
> 社員　○○○○　印

(4) 債権者異議手続

　持分会社が株式会社に組織変更する場合、債権者異議手続が必要となる（781条2項・779条）。合名会社・合資会社が株式会社に組織変更する場合には、社員の責任が無限責任から有限責任となるため、債権者に大きな影響を与えることになり、債権者異議手続は不可欠となる。これに対して、合同会社よりも株式会社の方が債権者保護のレベルは高いように思われるが、合同

---

[15] 江頭編著・モデル定款の定款例においては、原則通り、総社員の同意を要するものとしている（同書54頁〜55頁、245頁〜246頁）。

会社が株式会社に組織変更する場合にも、債権者異議手続が求められている。合同会社の社員の間には人的関係が色濃く認められるが（人的会社性）、合同会社が物的会社である株式会社化するとき、とりわけ、組織変更後の株式会社が上場した場合には、利害関係人が増え、債権者の利益にも影響すること等に配慮されたのであろう。

　債権者異議手続として、①組織変更をする旨、②債権者が1か月を下回らない一定の期間内に異議を述べることができる旨を官報に公告し、かつ、知れたる債権者には各別に催告をしなければならない[16]。合名会社や合資会社と異なり、合同会社が株式会社に組織変更する場合は、官報のほかに、日刊新聞紙に掲載する方法または電子公告の方法により公告を行うときは、各別の催告を省略することができる（781条2項・779条3項）。

　債権者が上記②で定めた期間内に異議を述べなかったときは、当該組織変更を承認したものとみなされ、異議が述べられた場合は、当該組織変更をしても異議を述べた債権者を害するおそれがないときを除き、当該債権者に対し、弁済し、もしくは相当の担保を提供し、または当該債権者に弁済を受けさせることを目的として相当の財産を信託しなければならない（781条2項・799条5項）。

　「債権者を害するおそれがないとき」に該当するか否かは、その債権額、弁済期などを考慮して判断され[17]、異議を述べた債権者の債権について十分な担保が提供されていた場合や、相手方会社の資産状況からその債権の弁済が確実である場合等は、債権者を害するおそれがないと解される[18]。

　当該債権者異議手続と総社員の同意を得る時期の先後関係は問題とならない。効力発生日までに、これらの手続が完了していれば良い[19]。

---

(16)　株式会社が合同会社に組織変更する場合には、計算書類に関する事項も公告しなければならないが，この場合は不要となっている（781条2項括弧書、779条2項2号参照）。
(17)　江頭706頁。
(18)　会社法コンメ⑱176頁［伊藤壽英］。
(19)　論点解説686頁。

債務超過であったとしても、組織変更を行うことができる[20]。組織変更は、会社がその法的同一性を維持しながら組織を変更するものであり、会社法上、株式会社、持分会社のいずれも債務超過状態になることは許容されているからである。なお、会社が組織変更するにあたり、当該組織変更を理由として、その有する資産および負債の帳簿価額を変更することはできない（計算規則7条）。

(5) 組織変更の効力発生

　合同会社は、効力発生日に、株式会社となり（747条1項）、組織変更計画の定めに従い、当該事項に係る定款の変更をしたものとみなされる（同条2項）。合同会社の社員は、効力発生日に、組織変更計画の定めに従い、株主となり（同条3項）、また、社債権者、新株予約権者等となる（同条4項）。もっとも、債権者異議手続が終了していない場合、または、組織変更を中止した場合は、これらの効力は生じない（同条5項）。債権者異議手続が終了していない場合には、次に述べる効力発生日を変更することが必要となる。

　効力発生日は、組織変更計画において定められるが、効力発生日を事後的に変更することができる（781条2項・780条1項）。その場合、変更前の効力発生日（変更後の効力発生日が変更前の効力発生日前の日である場合は、当該変更後の効力発生日）の前日までに、変更後の効力発生日を公告しなければならない（781条2項・780条2項）。効力発生日の変更については、総社員の同意は必要ではなく、業務執行として、業務執行社員の過半数等により決定することができると解される[21]。

　組織変更は、会社がその法的同一性を維持しながら組織を変更するものであり、組織変更によっても事業年度は変更されない。事業年度の途中で組織変更が行われた場合、組織変更後の株式会社は、合同会社であった期間も含めて計算書類等の作成を行い、計算書類等の監査についても、合同会社で

---

(20) 論点解説650頁。
(21) 論点体系(5)415頁〔桑原〕参照。

あった期間も含めて監査を行う必要がある。このことに配慮して、実務上、組織変更の効力発生日を、事業年度の初日とあわせることも合理的であろう。

3　登　記
(1)　序

合同会社が株式会社に組織変更をした場合、本店の所在地においては効力発生日から2週間以内に、支店の所在地においては3週間以内に[22]、組織変更前の合同会社については解散登記および組織変更後の株式会社については設立登記をしなければならない（920条・930条）。この場合、株式会社の設立登記と合同会社の解散登記の申請を同時に行う（商登法123条・107条2項・78条1項）。いずれかについて却下事由があるときは、ともに却下されることになる（商登法123条・107条2項・78条3項）。

(2)　株式会社の設立登記
ア　登記申請書

組織変更後の株式会社の代表者が申請人となり、申請手続を行う。当該設立登記においては、通常の設立登記事項（911条3項）に加え、会社成立の年月日、合同会社の商号、それを組織変更した旨、および組織変更した年月日が登記される（商登法107条2項・76条・114条・123条）。

---

[22]　法制審議会会社法制（企業統治関係）部会第17回会議（平成30年10月24日開催）の部会資料26「企業法制（企業統治等関係）の見直しに関する要綱案（仮案）」によれば、会社法の一部改正によって、会社の支店の所在地における登記は廃止される見込みである。
[23]　法務局HP参照。

申請書例(23)

合同会社の組織変更による株式会社の設立登記申請書

1．会社法人等番号
　　フリガナ
1．商　　号
1．本　　店
1．支　　店　　　　　管轄登記所　　　　　法務局
　　　　　　　　　　支店の所在地
1．登記の事由　　　組織変更による設立
1．登記すべき事項　【省略】
1．課税標準金額　　金　　　　　　　　円
1．登録免許税　　　金　　　　　　円
　　　内　訳　　　本店所在地分　　金　　　　　　円
　　　　　　　　　支店所在地分　　金　　　　　　円

1．添付書類
定款　　　　　　　　　　　　　　　　　　　　　　1通
組織変更計画書　　　　　　　　　　　　　　　　　1通
組織変更計画に関する総社員の同意書　　　　　　　1通
代表取締役の選定に関する書面　　　　　　　　　　1通
取締役、代表取締役の就任承諾書　　　　　　　　　　通
本人確認証明書　　　　　　　　　　　　　　　　　　通
公告及び催告をしたことを証する書面　　　　　　　　通
登録免許税法施行規則第12条第4項の規定に関する証明書　通
委任状　　　　　　　　　　　　　　　　　　　　　　通

上記のとおり、登記の申請をします。

　　　　　平成　　年　　月　　日
　　　　　　　　申請人
　　　　　　　　代表取締役
　　　　　　　　連絡先の電話番号

　　　　法務局　　支　局　御中

イ　添付書類

当該設立登記の申請書には、以下の書類の添付が必要となる（商登法123条・107条1項）。

a．組織変更計画書

b．定款

　　組織変更後株式会社の定款の内容は、総社員の同意を得た組織変更計画で定められ、組織変更の効力発生日に定款が変更されたとみなされるため、定款に関しては、「定款は総社員の同意書（組織変更計画書）の記載を援用する」と付記することで足りる[24]。

c．総社員の同意があったことを証する書面（商登法118条・93条）

d．代表取締役の選定に関する書面

　(a)　定款

　(b)　取締役会の議事録

　(c)　定款の定めに基づく取締役による互選を証する書面

　(d)　定款の定めに基づく株主総会

e．組織変更後株式会社の取締役（監査役設置会社（監査の範囲を会計に関するものに限定する旨の定款の定めがある株式会社を含む）にあっては取締役および監査役）の就任承諾書

f．組織変更後株式会社の会計参与または会計監査人を定めたときは、次の書面

　(a)　就任承諾書

　(b)　これらの者が法人であるときは、当該法人の登記事項証明書

　(c)　これらの者が法人でないときは、会社法333条1項または337条1項に規定する資格者であることを証する書面

g．株主名簿管理人を置いたときは、その者との契約を証する書面

　(a)　契約書

　(b)　定款に株主名簿管理人を具体的に定めないときは、株主名簿管理

---

[24]　法務局HP参照。

第6章　合同会社と会社の種類の変更・組織変更・組織再編行為

人の設置に関する取締役会議事録（または取締役の一致を証する書面）
　　h．債権者異議手続関係書面[25]
　　　(a)　公告および催告をしたことを証する書面
　　　　官報および知れたる債権者に対する催告書の控え等
　　　(b)　異議を述べた債権者があるときは、異議を述べた債権者に対し弁済もしくは担保を供しもしくは信託したことまたは組織変更をしてもその者を害するおそれのないことを証する書面
　　　　債権者の異議申立書ならびに弁済金受領書、担保提供書もしくは信託証書または組織変更をしてもその者を害するおそれがないことを証する書面を添付する。
　　　　異議を述べた債権者がいないときは、「異議を述べた債権者はない。」旨を記載した書面を添付する。
　　i．本人確認証明書
　　　　取締役（代表取締役である取締役を含む。）および監査役について、住民票記載事項証明書、運転免許証のコピーなど。
　ウ　登録免許税
　本店所在地における登記申請の登録免許税額は、資本金の額の1000分の1.5（組織変更の直前における資本金の額として財務省令で定めるものを超える資本金の額に対応する部分については、1000分の7。ただし、これによって計算した税額が3万円に満たないときは、3万円。登税法別表一24号㈠ホ）。
　支店所在地における登記申請の登録免許税額は、申請1件につき9000円となっている（登税法別表一24号㈡イ）。

(3)　解散登記
　ア　申請書
　組織変更により設立した株式会社の代表者が申請人となり、申請手続を行う。当該登記においては、組織変更により解散する旨および解散の年月日が

――――――――――――――――――
(25)　法務局HP参照。

登記される（商登法118条・98条1項）。

```
              合同会社組織変更による解散登記申請書

 1．会社法人等番号
      フリガナ
 1．商　　号
 1．本　　店
 1．支　　店        管轄登記所           法務局
                    支店の所在地
 1．登記の事由      組織変更による解散
 1．登記すべき事項  【省略】
 1．登録免許税      金         円
      内　訳        本店所在地分　金         円
                    支店所在地分　金         円
   上記のとおり、登記の申請をします。

        平成    年    月    日
                    申請人
                    代表取締役
                    連絡先の電話番号

        法務局    支局御中
```

イ　添付書類

当該解散登記については、添付書類は不要である。

ウ　登録免許税

当該登記についての登録免許税は、本店所在地において3万円、支店所在地において9000円となっている（登税法別表一24号㈠レ、24号㈡イ）。

第3節　株式会社から合同会社への組織変更

1　序

合同会社は、法人格を有し、社員の有限責任を確保しつつ、株式会社よりもさらに定款自治の範囲を拡大し、株主総会、取締役という機関も必要的で

はなく、機関設計の自由が拡大されている。また、社員たる法人が業務執行社員・代表社員となることができる。

監査等委員会設置会社・指名委員会等設置会社以外の取締役会を設置しない株式会社においても、大会社に該当する場合、会計監査人の設置が必要となり（328条）、監査役の設置が要求され（327条3項）、内部統制システムの整備も必要となる（348条3項4号・4項）。合同会社においては、これらに相当する規定は設けられていない。

このように、合同会社においては、株式会社に比べ、柔軟な機関設計により、迅速な意思決定が可能となるような制度設計がなされ、また、その維持・管理費用が、株式会社に比べて廉価になるとされている。また、計算書類の公告義務もない。

なお、米国法人の子会社として利用する場合、合同会社については米国税法上のCheck-the-Box Regulationの適用が認められ、構成員課税を選択することにより、米国において税務上のパス・スルー性が確保される[26]。

合同会社には、以上のようなメリットがあるため、株式会社から合同会社への組織変更を利用して、外資系子会社や完全子会社である株式会社を合同会社化することが多く行われている。

また、非公開会社が大規模化するときのほか、特例有限会社においても、法人を業務執行社員とすることにメリットを認めて、合同会社に組織変更することも考えられるように思われる。

経営スピードの迅速化やコスト面などを重視して、株式会社形態の事業法人が積極的に合同会社に組織変更をしているとの指摘がある[27]。
　流通大手のアマゾンジャパン株式会社が、2016年5月1

---

(26)　新家＝桑田・留意点31頁。
(27)　新家＝桑田・留意点30頁。本書268頁～270頁、380頁～382頁。

第1編　合同会社の法

> 日アマゾンジャパン合同会社に組織変更を行い、また、米国のユニバーサルミュージックグループの100％子会社で、日本の大手レコード会社であるユニバーサルミュージック株式会社が、2009年1月、ユニバーサルミュージック合同会社に組織変更した例などがあり、外国法人の完全子会社を合同会社とする事例が増えている。また、石油精製会社である極東石油工業株式会社が、2012年合同会社に組織変更した事例もあり、日本においても合同会社の積極的な活用が見込まれる。
> 　このように、合同会社を活用して、事業を行う会社は今後も増加するものと思われる。

2　手　続

(1)　概要（スケジュール）

　株式会社から合同会社に組織変更する場合、

　a．組織変更計画の作成（744条）

　b．組織変更計画に関する書面等の備置および閲覧等（775条）

　c．組織変更計画に対する総株主の同意（776条）

　d．株券提供の公告、新株予約権証券提供の公告（219条1項5号・293条1項2号）

　e．新株予約権買取請求（777条）

　f．債権者異議手続（779条）

　g．組織変更の効力発生（745条）

　h．組織変更の登記（920条）

という手続が必要となる。この場合にも、債権者の異議手続が必要となり、1か月を下回らない一定の期間内に異議を述べることができる旨を官報に公告する必要があるため、1か月以上の期間を要する。また、組織変更をする株式会社の株主の少なくとも一人は組織変更後の合同会社の社員としなければならず、かつ、組織変更をする株式会社の株主以外の者を組織変更後の合同会社の社員とすることはできない[28]。

---

(28)　論点体系(5)236、237頁［桑原］。

(2) 組織変更計画

　株式会社は、まず、組織変更計画を作成しなければならない（743条）。株式会社が組織変更をする場合の組織変更計画には、(1)組織変更後の持分会社の組織、体制に関する事項、(2)組織変更に際して株主・新株予約権者に交付する金銭等、(3)組織変更の効力が生ずる日を記載する必要がある（744条1項）。

　(1)組織変更後の持分会社の組織、体制に関する事項として、持分会社の種別として合同会社であること（同項1号）、組織変更後の合同会社の目的、商号、本店の所在地（同項2号）、組織変更後の合同会社の社員の氏名（名称）、住所、当該社員がすべて有限責任社員であること、および当該社員の出資の価額（同項3号・4項）、これら以外の定款で定める事項（744条1項4号）を定めなければならない。

　次に、(2)組織変更後の合同会社が、組織変更後の合同会社の持分以外の金銭等を交付するときは、その内容、数、額またはその算定方法、および各株主（自己株式を除く）に対する割当てに関する事項を定める（同項5号・6号）。また、組織変更を行う株式会社が新株予約権を発行しているときは、効力発生日に当該新株予約権が消滅することから、新株予約権者に交付する当該新株予約権に代わる金銭の額またはその算定方法、および各新株予約権者に対するその割当てに関する事項を定めなければならない（同項7号・8号）。

　最後に、(3)組織変更の効力発生日を記載する（同項9号）。

(3) 組織変更計画等の備置・閲覧等

　株主等が、組織変更の条件の公正等を判断し、また、会社債権者が組織変更に対し異議を述べるべきか否かを判断するための資料を提供するため[29]、組織変更をする株式会社は、組織変更計画備置開始日から効力発生日までの間、組織変更計画の内容等を記載した書面等を本店に備え置かなければなら

---

(29) 江頭971頁。

ない（775条1項）。

　組織変更計画備置開始日とは、(1)組織変更計画につき組織変更をする会社の総株主の同意を得た日、(2)新株予約権買取請求にかかる通知・公告の日、または(3)債権者異議手続の開始の日のいずれか早い日をいう（775条2項）。当該株式会社の株主および債権者（新株予約権者を含む）は、営業時間内はいつでも、その書面等の閲覧を請求し、または、会社の定めた費用を支払ってその謄本・抄本の交付等を請求することができる（775条3項）。これは合併の場合と同趣旨のものである[30]。

　組織変更計画の内容以外の開示事項は以下のとおりである（施行規則180条）。

(1)　組織変更をする株式会社が新株予約権を発行しているときは、新株予約権者に対して交付する金銭の額・算定方法およびその割り当てについての定めの相当性に関する事項

(2)　組織変更をする株式会社において最終事業年度がないときは、当該組織変更をする株式会社の成立の日における貸借対照表

(3)　組織変更後合同会社の債務の履行の見込みに関する事項

(4)　組織変更計画備置開始日後、上記事項に変更が生じたときは、変更後の当該事項

(4)　総株主の同意

　株式会社が合同会社に組織変更する場合、持分の譲渡性や業務執行権限等の点においてその地位に大きな変化が生ずるため、効力発生日の前日までに、総株主の同意を得なければならない（776条1項）。もっとも、現実には、完全子会社である株式会社を合同会社に組織変更することが多く、実務上、総社員の同意の取得に困難が生じることは少ないと考えられる[31]。

──────────────────────────

[30]　これに対して、合併等の場合と異なり、手続の簡素性の要請から書類の備置き・開示義務を課すことが適当でない、会社債権者の利害に与える影響が小さい等の理由から、効力が生じた日以後の開示は要求されていない。この点について、立法論として批判もありうるとの指摘もある（江頭973頁）。

株式会社から合同会社への組織変更については、合同会社から株式会社への組織変更の場合と異なり、総社員の同意要件について、定款の別段の定めを設けることが認められていない（776条1項と781条1項対照）。株式会社から合同会社への組織変更には、常に総株主の同意が必要となる。このため、組織変更前の株式会社の株主に対して交付する持分や金銭等の内容について、その有する株式数に応じた平等な取り扱いをする必要はなく、反対株主の株式買取請求権も規定されていない。

(5) 債権者異議手続

　株式会社から合同会社に組織変更する場合、合同会社では計算書類の公告義務がなく、大会社であっても会計監査人の設置義務がないことなどから、会社債権者に不利益となるため、債権者異議手続が必要とされている。債権者異議手続は、総株主の同意の取得前に開始することもできる。

　具体的には、(1)組織変更をする旨、(2)組織変更をする株式会社の計算書類に関する事項として会社法施行規則181条に定めるもの、(3)債権者が1か月を下回らない一定の期間内に異議を述べることができる旨を官報に公告し、かつ、知れたる債権者には各別に催告をしなければならない。官報のほかに、日刊新聞紙に掲載する方法または電子公告の方法により公告を行うときは、各別の催告を省略することができる（779条）。

(6) 組織変更の効力発生

　株式会社は、組織変更計画において定めた効力発生日に、合同会社となる（745条1項）。効力発生日に、定款変更の効力が生じ（同条2項）、株式会社の株主は、社員、社債権者となり（同条3項・4項）、新株予約権は消滅する（同条5項）。もっとも、債権者異議手続が終了していない場合、または、組織変更を中止した場合は、これらの効力は生じない（745条6項）。

---

(31)　宍戸・持分会社114頁。

3 登　　記

(1) 序

　株式会社が合同会社に組織変更をしたときは、本店の所在地においては、その効力が生じたときから2週間以内に、支店の所在地においてはその効力が生じたときから3週間以内に[32]、合同会社については設立登記、株式会社については解散登記をしなければならない（920条・932条）。合同会社の設立登記と株式会社の解散登記の申請は同時に行う（商登法78条）。登記の申請手続は組織変更後の合同会社の代表者が申請人となって行う。

(2) 設立登記

　ア　登記事項

　当該設立登記においては、通常の設立登記事項に加え（914条）、会社成立の年月日、株式会社の商号、それを組織変更した旨、および組織変更した年月日が登記される（商登法76条）。

申請書例[33]

```
                組織変更による合名会社設立登記申請書

 1．商　　号
 1．本　　店
 1．登記の事由　　　　組織変更による設立
 1．登記すべき事項　　【省略】
 1．課税標準金額　　　金　　　　　　円
 1．登録免許税　　　　金　　　　　　円

 1．添付書類
 定款　　　　　　　　　　　　　　　　　　　　　　　　　　　1通
 組織変更に関する総株主の同意書（又は株主総会議事録）　　　　1通
 株主の氏名又は名称，住所及び議決権数等を証する書面（株主リスト）　1通
```

---

(32)　支店登記について、前掲注(22)参照。
(33)　法務局HP参照。

```
組織変更計画書                                    1通
公告及び催告をしたことを証する書面                     通
異議を述べた債権者があるときは異議を述べた債権者に対し弁済し若しくは
担保を供し若しくは信託したこと又は組織変更をしてもその者を害するおそ
れがないことを証する書面                           通
代表社員の選定に関する書面                        1通
代表社員の就任承諾書                              通
登録免許税法施行規則第12条第4項の規定に関する証明書  1通
委任状                                         1通


上記の通り，登記の申請をします。
          平成   年   月   日
                 申請人
                 代表社員
                 連絡先の電話番号


          法務局     支 局 御中
```

　イ　添付書類

　当該設立登記の申請書には、以下の書類の添付が必要となる（商登法77条）。

　　a．組織変更計画書
　　b．定款
　　c．総株主の同意があったことを証する書面（商登法46条）
　　d．債権者異議手続関係書面
　　e．当該会社が株券発行会社であるときは、株券提供公告等関係書面
　　f．当該会社が新株予約権を発行しているときは、新株予約権証券提供公告等関係書面
　　g．法人である社員の加入があるときは、法人社員関係書面
　　h．代表社員の就任承諾書（代表社員を定款の定めに基づき社員の互選により定める場合）

　ウ　登録免許税額

　本店所在地における登記申請の登録免許税額は、資本金の額の1000分の

1.5（組織変更の直前における資本金の額として財務省令で定めるものを超える資本金の額に対応する部分については、1000分の7。ただし、これによって計算した税額が3万円に満たないときは、3万円。登税法別表一24号㈠ホ）。

支店所在地における登記申請の登録免許税額は、申請1件につき9000円となっている（登税法別表一24号㈡イ）。

(3) 解散登記
　ア　登記事項
組織変更した旨、および組織変更した年月日を登記する（商登法71条1項）。
　イ　添付書類
添付書類は不要である（商登法78条2項）。
　ウ　登録免許税額
本店所在地における登記申請の登録免許税額は、申請1件あたり3万円、支店所在地における登記申請の登録免許税額は9000円である（登税法別表一24号㈠ソ、㈡イ）。

第4節　合同会社の合併・会社分割・株式交換

1　序

平成17年改正前商法においては、合併する会社の一方または双方が株式会社である場合には、存続会社、新設会社は、株式会社でなければならないとされていたが、会社法においては、当該制約はなくなり、株式会社が、持分会社を存続会社または新設会社とする合併を行うことも可能になった。

また、平成17年改正前商法では、合名会社・合資会社が行うことのできる組織再編行為は合併のみであったが、合同会社においては、合併以外の組織再編行為を行うニーズがあると考えられたため、合併のほか、会社分割および株式交換も行うことができるよう規定が設けられた。なお、株式移転の当事会社は株式会社に限られる（2条32号）。

経営の迅速化等のために、株式会社を合同会社化する事例が多いことは前

述のとおりであるが、当該目的達成のために、端的に、株式会社を合同会社へ組織変更するのではなく、合同会社を新設し、当該会社を存続会社として、既存の株式会社を吸収する事例もある。企業グループにおいて、グループ内の法人の整理のために、このような手法が用いられることもあるようである。組織変更の際には認められない資産の評価替えが認められることもメリットと考えられるが、組織変更の手続の方が、別会社の設立を要せず、容易である旨の指摘がなされている[34]。

2 合　併

(1) 序

　以下、株式会社と合同会社が合併する場合の合同会社における手続について、解説する。合同会社において、合併契約を締結し、総社員の同意を得、さらに、債権者異議手続が必要となるが、合併契約等の備置きは必要とされていない。

(2) 吸収合併

　ア　消滅会社となる合同会社における手続[35]

　　ａ．吸収合併契約の締結

　　　合併をするにあたり、合併契約を締結する（748条）。株式会社が存続会社となる吸収合併契約には、全当事会社の商号・住所、合併条件（吸収合併消滅合同会社の社員に対して合併対価を交付するときは、それに関する事項）、吸収合併の効力発生日を記載する（749条1項）。消滅合同会社の社員に対する合併対価の割当てについては、株式会社の場合のような

---

[34]　江頭 968 頁。
[35]　存続株式会社においては、吸収合併契約の書面の備置き・閲覧等の手続を経て、原則として株主総会の特別決議による承認を得なければならず（795条・309条2項11号）、反対株主に株式買取請求権が認められ（797条）、債権者異議手続も必要となる（799条）。さらに、吸収合併の効力発生後、吸収合併に関する書面等の備置き・閲覧等の制度が設けられている（801条）。

社員平等原則の適用はない（749条3項参照）。また、組織変更計画の場合と異なり（746条1項2号）、合併後の株式会社の定款で定める事項は合併契約の内容とはならない。合併後の株式会社の定款を変更する必要があるときは、合併契約の承認とは別個の手続において行われることとなる。

　　b．総社員の同意（793条1項1号）

　消滅合同会社においては、定款に別段の定めがある場合を除き、効力発生日の前日までに、総社員の同意を得る必要がある（793条1項）。当該会社のすべての社員の地位に変動が生じ、影響を与えることになるためである[36]。定款で別段の定めをすることができるが、そのような定めを設ける場合には、慎重な検討が必要である。

　　c．債権者異議手続（793条2項・789条）

　債権者異議手続として、①吸収合併をする旨、②債権者が1か月を下回らない一定の期間内に異議を述べることができる旨を官報に公告し、かつ、知れたる債権者には各別に催告をしなければならない。ただし、吸収合併存続会社が株式会社または合同会社の場合、官報のほかに、日刊新聞紙に掲載する方法または電子公告の方法により公告を行うときは、各別の催告を省略することができる（793条2項・789条3項）。

　イ　存続会社となる合同会社における手続[37]

　　a．吸収合併契約の締結

　合併をするにあたり、吸収合併契約を締結する（748条）。株式会社を消滅会社とする吸収合併契約においては、全当事会社の商号・住所、消滅株式会社の株主が存続合同会社の社員となる場合、当該社員の氏名・名称、住所、出資の価額、合併条件および合併の効力発生日が規定される（751条1項）。吸収合併消滅株式会社の株主に対する合併対価の割当

---

[36] 論点解説702頁。
[37] 消滅株式会社においては、吸収合併契約の書面の備置き・閲覧等の手続を経て（782条）、吸収合併契約について総株主の同意を得なければならない（783条2項）。これについて、定款自治は認められていない。債権者異議手続も必要となる（789条）。

てについては、株主平等原則が適用されるが、存続合同会社の持分を合併対価とするときは、消滅株式会社の総株主の同意を得なければならないため株主平等原則の適用はない（751条3項）[38]。

　b．総社員の同意

　存続合同会社においても、消滅株式会社の株主が存続合同会社の社員となる場合には、定款に別段の定めがある場合を除き、効力発生日の前日までに、総社員の同意を得る必要がある（802条1項1号）。当該吸収合併により、新たな社員を加えることになるため、新たな社員の加入の場合（604条）と同様に、総社員の同意が必要となるのである[39]。

　他方、消滅株式会社の株主が合同会社のみである場合のように、株主が存続会社の社員とならない場合は、総社員の同意は不要であり、一般的な業務執行として合併契約を承認すれば足りる[40]。

　c．債権者異議手続

　存続合同会社においても、消滅合同会社と同様の債権者異議手続を行う必要がある（802条2項・799条）。

(3) 登　　記

　会社が吸収合併を行ったときは、効力発生日から2週間以内に、存続会社の本店所在地において、消滅会社につき解散の登記、存続会社につき変更の登記をしなければならない（921条、商登法79条・80条・83条）。登記の申請手続は存続会社の代表者が申請人となって、消滅会社について解散の登記、存続会社について変更の登記の申請を同時に行う（商登法82条）。

　登録免許税は、原則として、吸収合併により増加した資本金の額の1000分の1.5であるが、増加した資本金の額が消滅した会社の当該吸収合併直前における資本金の額として財務省令で定める額を超過するときは、その超過

---

(38)　会社法コンメ(17) 186、187頁［柴田和史］。
(39)　論点解説 702頁。
(40)　会社法コンメ(18) 297頁［伊藤靖史］。

分の資本金の額に対応する部分については、1000分の7となる。ただし、当該計算による金額が3万円に満たないときは、3万円となる（登税法別表一24号㈠ヘ）。

　吸収合併の効力は、効力発生日に生じるが、消滅会社の合併による解散は、当該登記をしなければ、第三者に対抗できない（750条1項・2項・752条1項・2項）。債権者異議手続が終了していない場合または吸収合併を中止したときは、これらの規定は適用されない（750条6項・752条6項）。

(4)　新設合併
　ア　株式会社を設立する新設合併契約における消滅合同会社の手続
　　a．合併契約の締結
　　　合併をするにあたり、合併契約を締結する（748条・753条）。株式会社を設立する新設合併契約には、消滅会社の商号・住所、新設合併設立株式会社の目的・商号・本店所在地・発行可能株式総数、その他の新設合併設立株式会社の定款で定める事項、新設合併設立株式会社の設立時取締役等の氏名（会計参与や会計監査人については、氏名・名称）、合併条件等が定められるが（753条1項・2項）、合併の効力発生日は合併契約の内容ではない。新設合併の場合は、新設会社の合併登記により、合併の効力が生ずるのである。なお、消滅株式会社の株主に対する合併対価の割当てについては、株主平等原則が適用されるが（753条4項）、消滅合同会社の社員については、それに相当する規定は設けられていない。合併契約については、原則として、総社員の同意を要するからである。また、新設合併設立株式会社について、設立に関する規定の多くは適用されず（株式会社の成立に係る会社法49条は適用される）、設立株式会社の定款は消滅会社が作成するものとされている（814条）。消滅株式会社においては、吸収合併契約の書面の備置き・閲覧等の手続を経て（803条）、新設合併契約について原則として株主総会の特別決議による承認を得なければならず（804条1項・309条2項11号）、反対株主の株式買取請求権も認められている（806条）。債権者異議手続も必要となる（810

第6章　合同会社と会社の種類の変更・組織変更・組織再編行為

条）。

　　　ｂ．総社員の同意（813条1項）

　　　　新設合併により消滅する合同会社においては、定款に別段の定めがある場合を除き、効力発生日の前日までに、総社員の同意を得る必要がある（813条1項）。

　　　ｃ．債権者異議手続

　　　　合同会社が新設合併を行う場合にも、消滅合同会社において、債権者異議手続が必要とされている（813条・810条3項）。

　イ　合同会社を設立する新設合併契約における消滅合同会社の手続[41]

　　　ａ．合併契約の締結

　　　　合併をするにあたり、合併契約を締結する（748条）。新設合併契約には、消滅会社の商号・住所、新設合併設立会社が合同会社であること、当該合同会社の目的・商号・本店所在地、新設合併設立合同会社の社員の氏名・名称・住所、当該社員が有限責任社員であること、当該社員の出資の価額、その他の新設合併設立合同会社の定款で定める事項、合併条件等が定められる（755条1項・4項）。なお、新設合併設立合同会社について、定款の作成と出資の履行に係る575条と578条の規定は適用されず、設立合同会社の定款は消滅会社が作成するものとされている（816条）。

　　　ｂ．総社員の同意

　　　　新設合併により消滅する合同会社においては、定款に別段の定めがある場合を除き、効力発生日の前日までに、総社員の同意を得る必要がある（813条1項）。

　　　ｃ．債権者異議手続

　　　　合同会社が新設合併を行う場合にも、消滅合同会社において、債権者

---

[41]　消滅株式会社においては、吸収合併契約の書面の備置き・閲覧等の手続を経て（803条）、新設合併契約について総株主の同意を得なければならない（804条2項）。これについて、定款自治は認められていない。債権者異議手続も必要となる（810条）。

異議手続が必要とされている（813条2項・810条3項）。

ウ　登記

株式会社と合同会社が株式会社を設立する新設合併を行う場合には、

　　a．新設合併により消滅する会社が株式会社のみである場合、次に掲げる日のいずれか遅い日
- 合併契約承認の株主総会の決議の日
- 種類株主総会の決議を要するときは、当該決議の日
- 株式買取り請求通知または公告をした日から20日を経過した日（新株予約権を発行している場合も同様）
- 債権者の異議手続が終了した日
- 新設合併により消滅する株式会社が定めた日

　　b．新設合併により消滅会社が合同会社のみである場合、次に掲げる日のいずれか遅い日
- 総社員の同意を得た日
- 債権者の異議手続が終了した日
- 新設合併により消滅する合同会社が定めた日

　　c．新設合併をする会社が株式会社および合同会社である場合
　　　上記に定める日のいずれか遅い日

から2週間以内に、設立株式会社の本店所在地において、消滅会社については解散の登記、設立会社については設立の登記をしなければならない（922条1項、商登法79条・81条・83条）。

登記の申請手続は設立会社の代表者が申請人となって、消滅会社について解散の登記、存続会社について変更の登記の申請を同時に行う（商登法82条）。新設合併の効力は、設立会社は設立の登記をすることによって成立する（49条・579条・814条1項・816条1項）。新設合併の効力は、設立会社が成立したときに生ずるのである（754条1項・756条1項参照）。

登録免許税は、原則として、資本金の額の1000分の1.5であるが、当該新設合併の合併直前における資本金の額として財務省令で定めるものを超過するときは、その超過分の資本金の額に対応する部分については、1000分

の7となる。ただし、当該計算による金額が3万円に満たないときは、3万円となる（登税法別表一24号㈠ホ）。

3　会社分割
⑴　序
　株式会社と合同会社は、会社分割をすることができる（757条前段・762条前段）。当事会社は、吸収分割においては吸収分割契約を締結し、新設分割においては新設分割計画を作成しなければならない（757条後段・762条後段）。

　会社分割に係る株式会社と合同会社の手続を比較すると、主に①株主総会の特別決議に代えて、原則として、総社員の同意が必要となる点、②会社分割契約等の備置が不要な点が異なる。また、承継会社・設立会社が合同会社で、分割会社の株主または社員が、承継会社・設立会社の社員となる場合、会社分割契約または新設分割計画において、社員の名称・住所その出資の価額を記載する必要がある（760条4号ハ・765条1項2号）。

　以下において、会社分割における合同会社の手続の概要を簡単に説明する。

⑵　吸収分割
ア　吸収分割契約の締結
　吸収分割をするにあたり、吸収分割契約を締結する（757条）。吸収分割承継会社が株式会社である場合には、吸収分割契約において、758条所定の事項を定めなければならない。吸収分割承継会社が合同会社である場合には、吸収分割契約において、760条所定の事項を定めなければならない。分割当事会社の商号・住所、承継対象権利義務、分割対価、効力発生日等が定められる。なお、いわゆる人的分割制度に配慮して、剰余金配当等の特則が設けられている（758条8号・760条7号）。

イ　総社員の同意（793条1項）
　吸収分割によりその事業に関して有する権利義務の全部を他の会社に承継させる分割合同会社においては、定款に別段の定めがある場合を除き、効力

発生日の前日までに、総社員の同意を得る必要がある（793条1項2号括弧書）。

吸収分割にあたり、一部の権利義務の承継にとどまる場合は、分割合同会社の社員に与える影響は通常の事業譲渡の場合と同様であるといえることから、原則として、総社員の同意は不要であり、一般的な業務執行としての意思決定をすれば足りるが、権利義務の全部を承継させる場合には、合併に類似する効果が生じることから、総社員の同意を必要としているのである[42]。

吸収分割において事業に関する権利義務を承継する承継合同会社において、吸収分割会社が吸収分割承継会社の社員となるときは、分割会社の権利義務の全部を承継する場合だけでなくその一部を承継する場合にも、定款に別段の定めがある場合を除き、効力発生日の前日までに、総社員の同意を得る必要がある（802条1項2号）。吸収分割会社が承継会社の社員とならない場合は、総社員の同意は不要であり、一般的な業務執行としての意思決定をすれば足りる。

ウ　債権者異議手続

吸収分割に際して、承継合同会社において債権者異議手続を行う必要がある（799条・802条2項）。分割合同会社においては、吸収分割後吸収分割会社に対して債務の履行を請求することができない吸収分割会社の債権者に対して、債権者異議手続を行う必要がある（789条1項2号・793条2項）。

エ　登記

吸収分割を行ったときは、効力発生日から2週間以内に、分割会社および承継会社は、会社分割による変更の登記をしなければならない（923条、商登法84条・85条・88条）。承継会社の代表者は、その本店所在地を管轄する登記所に対して、分割会社および承継会社の会社分割についての変更の登記申請書を同時に提出する必要がある（商登法87条）。

---

(42)　論点解説702頁。

(3) 新設分割
　ア　合同会社を新設会社とする場合
　　ａ．新設分割計画の作成
　　　新設分割をするにあたり、新設分割計画を作成する（762条・765条）。
　　ｂ．総社員の同意
　　　新設分割において事業に関する権利義務の全てを承継させる合同会社においては、定款に別段の定めがある場合を除き、効力発生日の前日までに、総社員の同意を得る必要がある（813条1項2号括弧書）。
　　　新設分割にあたり、一部の権利義務の承継にとどまる場合は、一般的な業務執行としての意思決定をすれば足りる。
　　ｃ．債権者異議手続
　　　新設分割をする合同会社において、吸収分割と同様の債権者異議手続を行う必要がある（813条2項・810条）。
　イ　登記
　株式会社が新設分割を行い、合同会社を設立する場合には、
　　ａ．新設分割をする会社が株式会社のみである場合、次に掲げる日のいずれか遅い日
　　　・　株主総会の決議の日
　　　・　種類株主総会の決議を要するときは、当該決議の日
　　　・　株式買い取り請求の通知または公告をした日から20日を経過した日
　　　・　債権者の異議手続が終了した日
　　　・　新設分割をする株式会社が定めた日（2以上の株式会社が共同して新設分割をする場合にあっては、当該2以上の新設分割をする株式会社が合意により定めた日）
　　ｂ．新設分割をする会社が合同会社のみである場合、次に掲げる日のいずれか遅い日
　　　・　総社員の同意を得た日
　　　・　債権者の異議手続が終了した日

第1編　合同会社の法

・　新設分割をする合同会社が定めた日（2以上の合同会社が共同して新設分割をする場合にあっては、当該2以上の新設分割をする合同会社が合意により定めた日）
c．新設分割をする会社が株式会社および合同会社である場合
上記に定める日のいずれか遅い日

から2週間以内に、新設分割をする会社については変更の登記をし、設立される会社については設立の登記をしなければならない（924条2項、商登84条、86条～88条）。

設立会社の代表者は、その本店所在地を管轄する登記所に対して、分割会社および設立会社の会社分割についての変更の登記申請書を同時に提出しなければならない（商登法87条）。新設分割は、設立会社の設立の登記によって効力を生じる。

4　株式交換

合同会社については、合同会社が完全親会社となる株式交換のみが認められている。合同会社は、株式移転はできない。株式移転を認める場合、手続は原則として社員全員の一致によることとなり、各社員が持分を現物出資するのと実質的に同じであり、あえて制度を設ける意義が乏しいからであるとされている[43]。

---

(43)　江頭・要綱案の解説9頁。

> **COLUMN 株式交換完全親会社を合同会社とする株式交換**
>
> 　株式交換をするにあたり、当事者は、株式交換契約を締結しなければならない（767条）。株式交換完全子会社の株主が株式交換により、株式交換完全親合同会社の社員となるときは、定款に別段の定めがある場合を除き、総社員の同意を得なければならない（802条1項）。株式交換を行う場合、原則として債権者異議手続は不要であるが、株式交換完全子会社の株主に対して株式交換完全親合同会社の持分以外のものを実質的に交付する場合には（施行規則198条参照）、債権者異議手続が必要とされている（802条2項・799条1項3号）。株式交換完全親合同会社は、株式交換契約において定めた効力発生日において、株式交換完全子会社の発行株式の全部を取得し（771条1項）、株式交換完全子会社の株主であった者が、株式交換完全親会社である合同会社の社員となる場合は社員となり（同条3項）、株式交換完全親会社が株式交換完全子会社の株主に対して、株式交換完全親会社の社債をその株式に代えて交付するときは、その割当てに応じて社債権者となる（同条4項）。

（藤井康弘）

第7章 合同会社の解散・清算

第1節 序　説

　解散とは、会社の法人格の消滅を生じさせる原因となる事実をいう[1]。会社の法人格は、合併の場合を除き、清算手続または破産手続の終了時に消滅する。

　株式会社の解散事由は、①定款で定めた存続期間の満了、②定款で定めた解散事由の発生、③株主総会の特別決議、④合併（消滅会社となる場合）、⑤破産手続開始の決定、⑥824条1項または833条2項の規定による解散を命ずる裁判であり（471条1号～6号）、休眠会社のみなし解散制度も設けられている（472条）。

　合同会社を含む持分会社の解散事由も基本的に同様であり、①定款で定めた存続期間の満了、②定款で定めた解散事由の発生のほか、③合併（消滅会社となる場合）、④破産手続開始の決定、⑤824条1項または833条2項の規定による解散を命ずる裁判が解散事由とされているが（641条1号・2号・5号～7号）、社員の人的個性を重視して、総社員の同意が解散事由とされ、さらに、社員が欠けたことが明示的に解散事由に挙げられている（641条3号・4号）。

　合同会社が解散した場合、清算手続が行われる。合名・合資会社においては、無限責任社員がいるため、清算人を選任せず、定款または総社員の同意により会社財産の処分方法を定める方法による清算（任意清算）が可能である。これに対して、合同会社においては、社員全員が有限責任であり、会社

---

(1)　江頭989頁。

財産のみが債権者の債権の支払原資となるため、株式会社の場合と同様、法定の手続に従い、清算人より清算手続（法定清算）が行われる必要がある（668条参照）。

第2節　解　散

1　解散事由

(1)　定款で定めた存続期間の満了（641条1号）

　定款において、合同会社の存続期間を定めた場合、当該期間の満了により、当該合同会社は解散する。当該存続期間の定めは、登記事項である（914条4号）。

　合同会社において、開発事業を行う場合などは、当該開発期間を存続期間として定めることが考えられる。

　存続期間を定めた場合においても、当該期間の満了前に、他の解散事由が生じれば、当該時点において解散となる。

(2)　定款で定めた解散事由の発生（641条2号）

　強行法規または公序良俗に反しない限り、解散事由を定款で定めることができる。当該事由が発生したかどうか客観的に認識できない不明確な定めは無効であり、解散事由としての効力は有しないと解されている[2]。解散の事由に係る定款の定めは登記事項である（914条4号）。

　合弁事業を実施するため、合弁契約に基づき、合同会社が設立された場合において、当該合弁契約の終了または合弁契約の当事者のいずれかの脱退を解散事由とすることや、事業継続のために、特定の社員の存在が重要な意味を持つ場合に、当該社員の退社を解散事由とすることなどが考えられる。

---

(2)　新基本法コンメ(3) 77頁［菊地雄介］、会社法コンメ(15) 151頁［出口正義］。

(3) 総社員の同意（641条3号）

　株式会社においては、解散について、株主総会の特別決議が必要とされているが（471条3号・309条2項12号）、合同会社においては、社員の人的個性・関係が重要であるため、要件が加重され、総社員の同意が必要とされている（641条3号）。総社員の同意は、期限または条件を付すことはできず、直ちに解散することについての同意が必要であると解されている[3]。

　本号は、解散につき総社員の同意を必要としているが、641条2号の規定に基づき、社員の過半数の同意を解散事由とする旨を定款で定めることも有効である。

　同意の方式について、会社法上制限はなく、解散同意書等の作成は不要であるが[4]、解散登記の申請にあたって、総社員の同意があったことを証する書面を提出する必要がある（商登法93条）。

(4) 社員が欠けたこと（641条4号）

　合同会社においては、社員1人の場合でも設立、存続が認められているが、社員が1人もいなくなった場合には、当該会社は解散することになる。合同会社においては、社員の死亡が法定の退社原因とされており（607条1項3号）、社員全員が死亡した場合などにおいては、死亡した社員の持分を相続人が承継する旨の規定がない限り、合同会社の社員がいなくなる事態が生じうる[5]。

(5) 合併（合併により当該合同会社が消滅する場合に限る）（641条5号）

　吸収合併において、消滅会社の権利義務は、当然に、存続会社または新設

---

(3) 新注会(1)367頁［平出慶道］。
(4) 大判大15・1・13民集5巻1頁。
(5) 新基本法コンメ(3)77頁［菊地雄介］。株式会社においては、明示的には株主が存在しないことが解散事由とされていないが、会社は社団法人であり、構成員を不可欠の要素とする。持分会社においては、社員の死亡が法定退社事由であり、相続人等による持分承継制度が採用されていない限り、社員が存在しない事態が生ずるため、「社員が欠けたこと」が明示的に解散事由とされているのであろう。

会社に承継されることになるため、清算手続が行われることなく、合併の効力の発生時に、消滅することになる。

(6) 破産手続開始の決定（641条6号）

破産手続開始の決定がなされた場合、合同会社は解散する（破産法30条2号）。

(7) 824条1項または833条2項の規定による解散を命ずる裁判（641条7号）

裁判所が公益確保のため会社の存立を許すべきではないと認めて会社の解散を命ずる裁判（解散命令・824条1項）またはやむを得ない事由がある場合に合同会社の社員の請求に基づき会社の解散を命じる裁判（解散判決・833条2項）が確定した場合、当該合同会社は解散する。

2　合同会社の継続

合同会社は、上記1(1)から(3)の事由によって解散した場合には、清算が結了するまで、社員の全部または一部の同意によって、合同会社を解散前の状態に復帰させることができる（642条1項。継続の登記について927条）。当該同意に関しては特段の形式は要求されておらず、決議という形式は不要である[6]。当該継続に同意しなかった社員は、合同会社が継続することとなった日に、退社する（同条2項）。

3　解散した合同会社の制限

合同会社が解散した場合は、合併手続において存続会社となること、吸収分割手続において承継会社となることができない（643条）。

---

(6)　論点体系(4) 522頁 ［梅村悠］。

第1編　合同会社の法

4　定款の記載例

定款記載例1

第○条（解散事由）
　当会社は、次の事由で解散する。
　一　社員○○が退社したこと
　二　総社員の同意
　三　社員が欠けたこと
　四　合併（合併により当該持分会社が消滅する場合に限る。）
　五　破産手続開始の決定
　六　会社法第824条第1項又は第833条第2項の規定による解散を命ずる裁判

定款記載例2

第○条（解散事由）
　当会社は、次の事由で解散する。
　一　○と○との間の○年○月○日付合弁契約が終了したこと
　二　総社員の同意
　三　社員が欠けたこと
　四　合併（合併により当該持分会社が消滅する場合に限る。）
　五　破産手続開始の決定
　六　会社法第824条第1項又は第833条第2項の規定による解散を命ずる裁判

5　登　　記

(1)　解散登記の申請書

　解散の登記においては、解散の旨ならびにその事由および年月日が登記される（商登法98条1項）。当該登記申請は、後述の清算人選任の登記と同時に、代表清算人によって申請される。解散と清算人選任の登記は、支店所在地において行う必要はない。

第7章 合同会社の解散・清算

```
           合同会社解散及び清算人選任登記申請書(7)

 1．会社法人等番号
     フリガナ
 1．商　　　号
 1．本　　　店
 1．登記の事由　　　　解散
                   平成　　年　　月　　日清算人就任
 1．登記すべき事項　【省略】
 1．登録免許税　　金39,000円
 1．添付書類
     総社員の同意書　　　　　　　　　　　　　　　　1通
     清算人の選任を証する書面　　　　　　　　　　　1通
     就任承諾書　　　　　　　　　　　　　　　　　　通
     委任状　　　　　　　　　　　　　　　　　　　　1通

   上記のとおり、登記の申請をします。

     平成　　年　　月　　日

           申請人

           清算人

           連絡先の電話番号

     法務局　　支　局御中
```

(2) 解散登記申請の添付書類

ア 添付書類は、解散の事由によって異なる。

① 定款で定めた存続期間の満了（641条1号）

　　当該解散事由の場合は、登記簿上、当該期間の経過が明らかとなるため、添付書類は不要である。

---

(7) 法務局HP参照。

② 定款で定めた解散の事由の発生

当該解散事由の場合は、当該事由の発生を証する書面を添付する（商登法98条2項）。

③ 総社員の同意（641条3号）

当該解散事由の場合は、その同意があったことを証する書面を添付する（商登法93条）。

解散決定書(8)

当会社の解散に関し、社員全員の一致をもって次の事項を決定する。

1．当会社は、平成○年○月○日総社員の同意により解散するものとする。

上記の通り決定し、社員全員記名押印する。

平成○年○月○日

　　　　　　　　　　　　　　　　　○○合同会社
　　　　　　　　　　　　　　　　　社員　　○○　○○
　　　　　　　　　　　　　　　　　社員　　○○　○○
　　　　　　　　　　　　　　　　　社員　　○○　○○

---

④ 社員が欠けたこと（641条4号）

当該解散事由の場合は、同時に申請される社員の退社の登記の添付書類である退社の事実を証する書面により、その事実が明らかであるため、解散の登記申請の添付書類は不要である。

イ　清算合同会社を代表する清算人が解散の登記申請を行う場合、代表清算人の資格を証する書面を添付する。ただし、代表清算人が、647条1項1号により業務執行社員が就任した者（代表清算人を定めた場合はその者（655条4項））である場合は、当該書面の添付は不要である（商登法98条3項）。

---

(8)　法務局HP参照。

(3) 申請期限

合同会社が解散したときは、2週間以内に、本店所在地において、解散の登記をしなければならない（926条）。

(4) 登録免許税

解散の登記については、申請1件につき3万円の登録免許税が必要である（登税法別表一24㈠レ、㈣イ）。

(5) 業務執行社員・代表社員の抹消登記

合同会社においては、解散の登記が行われたときに、業務執行社員および代表社員の登記は、登記官により職権で抹消される（商登則91条1項）。

第3節 清　算

1　序

解散をした会社が現務を結了し、未払いの債権を取り立て、債権者に対して債務を弁済し、残余財産を社員に分配する等の手続を総称して「清算」という[9]。合同会社の清算手続は、株式会社の清算手続とほぼ同様である。

合同会社は、合併または破産手続開始決定による解散の場合を除き、解散した場合には、清算をしなければならない。また、合同会社は、設立の無効の訴えにかかる請求の認容判決が確定した場合および設立取消しの訴えにかかる請求の認容判決が確定した場合も清算手続が開始される（644条）。

なお、清算合同会社の社員が死亡した場合または合併により消滅した場合には、会社法608条1項の定款の定めがないときであっても、当該社員の相続人その他の一般承継人は、当該社員の持分を承継する（675条・608条1項参照）。

---

[9]　新基本法コンメ(3) 80頁［菊地］。

2 清算人

(1) 清算人

ア 原則的場合の選任

清算合同会社においては、清算人がその事務を行うこととなり、1人以上の清算人を置く必要がある（646条）。次の者が清算人となる（647条）。

　　a．定款で定める者（647条1項2号）

　　　解散後であっても、定款を変更することにより、清算人を選任することができる[10]。

　　b．社員（業務執行社員を定款で定めた場合は、業務執行社員）の過半数の同意によって定める者（同項3号）

　　c．aおよびbにより定めた者がいない場合、業務執行社員（同項1号）

　　d．aからcにより清算人となる者がいない場合、利害関係人の申立てにより裁判所が選任した者（647条2項）

法人も清算人になることができ、その場合、当該法人は、当該清算人の職務執行者を選任し、当該職務執行者の氏名および住所を他の社員に通知しなければならない（654条1項）。

社員以外の者が清算人となることも可能であり[11]、会計士、弁護士等の専門家が清算人に就任することができる。

イ 選任の例外的場合

以上の規定にかかわらず、裁判所が清算人を選任するものとされている場合がある。社員が欠けたこと（641条4号）または解散を命ずる裁判があったこと（同条7号）を原因として解散した場合、利害関係人もしくは法務大臣の申立てによりまたは職権で、裁判所が清算人を選任する（647条3項）。前者の場合、当該清算人が、社員の退社の登記と解散の登記、清算人の登記をすることとなる[12]。後者の場合、裁判所書記官から登記の嘱託がされる（937条1項1号リ・3号ロ）。設立無効の訴え等により解散した場合にも（644

---

(10)　小川＝相澤325頁。
(11)　新注会(1)488頁［米沢明］。
(12)　松井703頁。

条2号・3号)、利害関係人の申立てにより、裁判所が清算人を選任する (647条4項)。

　ウ　解任 (648条)

　清算人は、裁判所によって清算人が選任された場合を除き、いつでも、社員の過半数により、解任できる。ただし、定款によって、別段の定めをすることができる (648条1項・2項)。

　また、裁判所によって選任されたか否かを問わず、裁判所は、重要な事由があるときは、社員その他利害関係人の申立てにより、清算人を解任することができる (648条3項)。「重要な事由」とは、清算事務の公正を欠き会社・社員および債権者の利益を害する場合、清算人の行為が清算の目的に照らして著しく乖離する場合、または清算事務の遂行に支障が生じ清算人が著しく不適格である場合などと解されている[13]。

(2)　代表清算人

　清算人が複数いる場合でも、原則として、各自が清算合同会社を代表することとなるが (655条2項)、定款または定款の定めに基づく清算人の互選によって、清算人の中から代表清算人を定めることができる (同条3項)。また、業務を執行する社員が清算人となる場合において、持分会社を代表する社員を定めていたときは、当該持分会社を代表する社員が清算持分会社を代表する清算人となる (同条4項)。

　法人である清算人にあっては、清算人の互選によって代表清算人を定める場合、清算人の互選にかかる意思表示および互選された清算人の代表清算人への就任承諾の意思表示は、選任された職務執行者が行う[14]。

　裁判所が清算人を選任した場合に代表清算人を置くときは、裁判所が代表清算人を決定する (同条5項)。

---

(13)　会社法コンメ(15)171頁［畠田公明］。
(14)　松井707頁。

3　財産目録および貸借対照表の作成

清算人は、就任後遅滞なく清算合同会社の財産の現況を調査し、清算の開始原因が生じた日における財産目録および貸借対照表を作成し、各社員にその内容を通知しなければならない（658条1項）。清算合同会社は、財産目録等を作成したときから、その本店の所在地における清算結了の登記のときまでの間、当該財産目録等を保存しなければならない（同条2項）。

清算合同会社は、社員の請求により、毎月清算の状況を報告しなければならない（同条3項）。この請求に対して報告することは清算人の任務であり、清算状況の報告を求める相手方は、清算人である[15]。

4　清算手続

(1)　現務の結了

現務の結了とは、会社の解散時においていまだ完了していない業務を完了することをいう。

具体的には、解散前に受注した仕掛かり中の製品を完成して納品すること、解散前に締結した契約の履行のための物品の買い入れ、解散前に提起されている訴訟の承継処理、解散前の会社の業務上の犯罪につき訴追審理を受けること、清算合同会社の物品の売却等が含まれる[16]。

(2)　債権の取り立て

債権の取り立てとは、会社が有する未払債権について債務者から弁済を受けるのみではなく、広く代物弁済、更改、和解、債権譲渡による債権の処分、取り立てのため債務者を支払人としてなす為替手形の振り出しなども含むものと解される[17]。

---

(15)　会社法コンメ(15)191頁［岸田雅雄］。
(16)　山口和男編・[新版]特別清算の理論と裁判実務（新日本法規出版、2002）149頁［須藤英章］。
(17)　新基本法コンメ(3)84頁［菊地］、会社法コンメ(15)173頁［畠田］。

(3) 債務の弁済と債権者申出手続

　合同会社の社員は、全て、（間接）有限責任であるため、持分会社のうち合同会社のみが、債権者を保護するため、債権者に対する債権の申出手続が採用されている。清算合同会社は、清算開始原因が生じた後、遅滞なく、一定の期間（2か月以上）内に、清算合同会社の債権者に対し、その債権を申し出るべき旨を官報に公告し、かつ、知れている債権者には格別に催告しなければならない（660条1項）。当該公告には、当該債権者が当該期間内に申出をしないときは清算から除斥される旨付記されなければならない（同条2項）。「知れている債権者」とは、会社の帳簿その他により、氏名・住所等が会社に知れている債権者をいい、債権額が確定している必要はないとされる[18]。

　債権申出期間内に申出をしない債権者は、清算から除斥され、分配されていない残余財産に対してのみ、弁済を請求できる（665条）。この債権申出期間内は、債務の弁済はできないが、これによって履行遅滞が生じた場合、履行遅滞責任を負う（661条1項）。期限が到来した金銭債務については、遅延損害金を支払わなければならないのである。このため、裁判所の許可を得て、少額の債権や会社財産について存する担保権によって担保される債権等の弁済をしても他の債権者を害するおそれがない債権に係る債務について、弁済することが認められている（661条2項）。

　清算合同会社の財産がその債務を完済できないことが明らかになったときは、清算人は、直ちに、破産手続開始の申立てをしなければならない（656条1項）。清算持分会社が破産手続開始決定を受け、清算人が、破産管財人にその事務を引き継いだときに、清算人の任務は終了となる（同条2項）。

(4) 残余財産の分配

　清算合同会社は、債務を弁済した後でなければ、その財産を社員に分配することができない（664条）。

　残余財産の分配の割合について、定款の定めがあるときはそれに従うが、

---

[18]　会社法コンメ(15) 197頁、198頁［川島いづみ］。

定款の定めがないときは、各社員の出資の価額（576条1項6号）に応じて定められる（666条）。

出資の価額には、定款に記載された出資の価額ではなく、履行済みの出資の価額をいう[19]。しかしながら、当該出資の価額は、分配された利益および損失の額が算入されておらず、清算手続時における持分の額とは異なり、公平を欠く可能性がある。そこで、当該持分の額を基準に残余財産の分配を行う旨を、定款に定めることが考えられる[20]。

定款記載例[21]

> 第○条　（残余財産の分配）
> 　当会社は、残余財産の分配をするときは、各社員に対し、第1号及び第2号に掲げる合計額から第3号及び第4号に掲げる額の合計額を減じて得た額の割合で分配するものとする。
> 1．当該社員の出資の価額
> 2．当該社員に対して既に分配された利益の額（会社計算規則第32条第1項第3号に規定される額がある場合にあっては、当該額を含む。）
> 3．当該社員に対して既に分配された損失の額（会社計算規則第32条第2項第4号に規定される額がある場合にあっては、当該額を含む。）
> 4．当該社員に対して既に利益の配当により交付された金銭等の帳簿価額

残余財産の分配は、金銭による分配が原則であるが、金銭以外の財産を処分して代金を分配する代わりに、当該財産をそのまま分配することもできる。ただし、当該分配を行うためには、定款の定めまたは総社員の同意が必要と解される[22]。

株式会社においては、剰余金の配当を受ける権利および残余財産の分配を受ける権利の全てを与えない旨の定款の定めは無効とされているが（105条2項）、合同会社においては、これに相当する規定はない。このため、定款

---

(19)　新基本法コンメ(3) 100頁［菊地］。
(20)　酒井＝野入・定款対談第10回63頁。
(21)　酒井＝野入・定款対談第10回63頁。
(22)　新基本法コンメ(3) 100頁［菊地］。

自治が認められるが、これらの権利を全部否定する定款の規定の効力が問題となる。

5　清算事務の終了の社員の承認（667条1項）

　清算合同会社は、現務の結了、債権の取立て、債務の弁済、残余財産の分配の全てを完了し、清算事務が終了したときは、遅滞なく、清算にかかる計算をして、社員の承認を受けなければならない（667条1項）。清算にかかる計算について、社員の承認を得ることにより、社員の権利保護を図る趣旨である[23]。

　清算人が行った計算を各社員が承認したときは、それによって清算手続の結了となり、清算合同会社の法人格は消滅する[24]。

　社員が1か月以内に、清算事務結了の計算について異議を述べなかったときは、清算人の職務の執行に不正の行為があったときを除き、当該計算を承認したものとみなされる（同条2項）。異議を述べない場合に承認擬制を認めることにより、清算手続の早期の終了が可能となる。各社員が清算人の計算を承認した場合、清算株式会社において、決算報告が株主総会において承認された場合と同様に、清算人の任務懈怠責任は免除されると解される（507条4項参照）[25]。

6　帳簿資料の保存

　清算人、定款もしくは社員の過半数の賛成により定めた者、または利害関係人の申立てにより裁判所が選任した者は、清算合同会社の本店の所在地における清算結了の登記の時から10年間、清算合同会社の帳簿ならびにその事業および清算に関する重要な資料を保存しなければならない（672条）。

　帳簿については、事業および清算に関する資料とは異なり、重要性が要件とされていない。したがって、仕訳帳、総勘定元帳、各種補助元帳、仕入帳、

---

(23)　論点体系(4)582頁［髙井章光］。
(24)　新基本法コンメ(3)101頁［菊地］。
(25)　新基本法コンメ(3)101頁［菊地］。

売上帳、受入手形記入帳、支払手形記入帳、現金出納帳、賃貸借対照表、不動産台帳、機械・設備台帳、原価元帳等の一切の帳簿が保存対象となる[26]。事業に関する重要な資料としては、事業に関して受け取った信書、発信した信書の控え、受領書等が、清算に関する重要な資料としては、清算財産目録、清算貸借対照表、清算事務報告書、清算に関する決算報告書、現務の結了のために授受された信書またはその控え、弁済の受取証書、支払証書、財産換価のための契約書、残余財産分配の際の受領証等が含まれる[27]。

7 登　記

(1) 序

清算手続に関する登記としては、清算人・代表清算人にかかる登記（928条）および清算結了の登記（929条）がある。清算人選任の登記については、通常、解散の登記と同時に申請される。

(2) 清算人にかかる登記

ア　登記事項

清算人については、以下の事項の登記が必要となる（928条2項）。

  a．清算人の氏名または名称および住所
  b．代表清算人の氏名または名称（清算合同会社を代表しない清算人がいる場合のみ）
  c．代表清算人が法人であるときは、清算人の職務執行者の氏名および住所

清算株式会社と異なり、清算合同会社においては、全ての清算人の住所を登記する必要があり、清算合同会社を代表しない清算人がある場合に限って、代表清算人の登記が必要となっている。

イ　添付書類（商登法99条1項・111条・118条）

---

[26]　会社法コンメ(15)244、245頁［川島］。
[27]　新注会(1)577、578頁［蓮井］。

a．清算人の選任に関して

清算人の選任方法に応じて、添付書類が異なる。

① 定款で定める者が清算人となる場合

定款または定款変更にかかる総社員の同意を証する書面および清算人の就任承諾書を添付する（商登法99条1項2号）。

② 社員の過半数の同意によって定める者が清算人となる場合

当該同意があったことを証する書面および清算人の就任承諾書を添付する（商登法93条・99条1項3号）。

③ 業務執行社員が清算人となる場合

定款を添付する（商登法99条1項1号）。

④ 裁判所が選任した者が清算人となる場合

選任決定書正本または認証のある謄本を添付する。

b．代表清算人に関して

代表清算人の定め方に応じて、添付書類が異なる。

① 定款の定めに基づき清算人の互選によって定めた場合

定款および互選を証する書面ならびに代表清算人の就任承諾書

② 定款で定められた場合

定款または定款変更にかかる総社員の同意書

③ 裁判所が選定した場合

選定決定書正本（または認証のある謄本）

c．法人の清算人関係

清算開始時の業務執行社員が法人、または裁判所が選任した清算人が法人である場合、清算会社を代表する法人について、次の添付書面が必要となる（商登法99条2項・3項・94条）。

・ 登記事項証明書
・ 職務執行者の選任に関する書面
・ 職務執行者の承諾書

d．定款で定める法人、または社員の過半数の同意によって定めた法人が清算人となった場合、次の書面（商登法99条3項）

　　　　　・清算会社を代表する法人については、上記ｃ．に掲げる書面
　　　　　・清算会社を代表しない法人については、登記事項証明書
　　ウ　登録免許税
　清算人・代表清算人の就任の登記にかかる登録免許税は、9000円となっている（登税法別表一24(4)イ）。

(3) 清算結了の登記
　　ア　登記の申請
　清算結了の登記は、本店の所在地においては、清算人が計算について各社員の承認を得た日から２週間以内、支店の所在地においては３週間以内に、行う必要がある（929条・932条）。登記すべき事項は、清算結了の旨およびその年月日であり、支店所在地においても、登記申請を行う必要がある。
　清算結了の登記は、設立の登記のような創設的効力を有するものでなく（579条。清算合同会社の消滅）、清算手続の結了により清算合同会社の法人格が消滅したことを公示する機能を有するにすぎない。

```
　　　　　　　　　合同会社清算結了登記申請書

１．会社法人等番号
　　フリガナ
１．商　　号
１．本　　店
１．支　　店　　　　管轄登記所　　　　　法務局
　　　　　　　　　　支店の所在地
１．登記の事由　　　清算結了
１．登記すべき事項　【省略】
１．登録免許税　　　金　　　　　円
　　　内　訳　　　　本店所在地分　　　金　　　　　円
　　　　　　　　　　支店所在地分　　　金　　　　　円
１．登記手数料　　　金　　　　　円
　　　　　　　　　　支店所在地登記所数　　庁
　　　納付額合計　　金　　　　　円
```

```
  1．添付書類
      清算結了承認書         1通
      委任状              1通

   上記のとおり、登記の申請をします。

      平成　　年　　月　　日
           申請人
           清算人
           連絡先の電話番号
        法務局　　　支　局　御中
```

イ　添付書類

　清算人が計算の承認を得たことを証する各社員の記名押印のある書面を添付する（商登法121条）。

　なお、債権者異議手続に関する書面は、添付書類ではないが、清算人の就任日から債権者異議手続にかかる2か月の期間が経過した日以後でなければ、清算結了の登記は受理されないとしている[28]。

```
              ○○合同会社清算結了承認書[29]

  1．当会社の清算は、別紙清算計算書のとおり結了したことを承認する。

  平成○年○月○日

                         ○○合同会社
                            社員　○○　○○　　印
                            社員　○○　○○　　印
                            社員　○○　　　　　印

                         清算計算書[30]
```

---

(28)　昭33・3・18民事甲572号通達。
(29)　法務局HP参照。
(30)　法務局HP参照。

第1編　合同会社の法

```
1．借入金　　　　○○円　　平成○年○月○日返済
1．買掛金　　　　○○円　　同
1．営業什器一切を○○円と評価し、○○○○へ売却。
1．売掛金　　　　○○円　　平成○年○月○日取立済
　差引　　　　　○○円　　残余財産

　残余財産の処分は、次の通りである。
　清算費用　　金　○○円
　残余金は、出資額に応じ分配した。

　上記のとおり清算しました。

　平成○年○月○日
　　　　　　　　　　　　　　　○○合同会社
　　　　　　　　　　　　　　　　清算人　　○○　○○　印
```

　ウ　登録免許税

　登録免許税は2000円である（登税法別表一24(4)ハ）。ただし、管轄の異なる支店が存在する場合、支店所在地の登記所1庁あたり、登録免許税2000円および登記手数料300円が加算される。

（藤井康弘）

第2編

合同会社の実務

第1章　専門家集団の事業と合同会社

第1節　序

　合同会社制度の創設当時、「日本版LLC（Limited Liability Company）」の利用目的[1]の1つとして、「高度の専門家集団」による利用が挙げられていた[2]。この点、わが国において、弁護士、公認会計士、税理士、行政書士、弁理士など、いわゆる「士業」と称される専門家集団の多くは、その根拠法に基づいて、全員無限責任の合名会社型法人[3]か、民法組合を用いるか、もしくは個人事業主として、事業を営むことのみが認められている[4]。このように、それぞれの根拠法令において無限責任が求められている「士業」については、合同会社による事業の実施はできないこととなる[5]。他方で、コンサルティング業務について、特別の法的制約はなく、「士業」の業務のうちでも会社形態で行うことが許容されているもの（不動産鑑定士、測量士等）も存在している。したがって、これらの事業については株式会社ではなく合

---

(1) 宍戸・日本版LLC33頁、武井一浩「日本版LLC制度とジョイント・ベンチャー実務への利用可能性——合弁契約（株主間契約）の実効性の観点から」金法1706号（2004）14頁参照。
(2) 江頭編著・モデル定款2頁。
(3) 弁護士法人については弁護士法30条の15第1項、司法書士法人については司法書士法38条1項、監査法人については公認会計士法34条の10の6第1項、特許業務法人については弁理士法47条の4第1項において、法人の各社員が持分会社の無限責任社員と同様の無限責任を負う旨定められている。行政書士法人については行政書士法13条の21第1項が、税理士法人については税理士法48条の21第1項が、それぞれ580条1項の規定を準用している。
(4) 根田正樹＝矢内一好・合同会社・LLPの法務と税務（学陽書房、2005）175頁。
(5) LLP法7条1号を受けて、同施行令1条は、公認会計士法、弁護士法等が規定する業務を有限責任事業組合が行うことはできないものとしている。

第1章 専門家集団の事業と合同会社

〔図表1〕 合同会社の業種内訳

産業　大分類	件数	割合
農業、林業	263	1.81%
漁業	25	0.17%
鉱業、採石業、砂利採取業	1	0.01%
建設業	598	4.11%
製造業	556	3.82%
電気・ガス・熱供給・水道業	26	0.18%
情報通信業	640	4.40%
運輸業、郵便業	158	1.09%
卸売業、小売業	3585	24.63%
金融業、保険業	406	2.79%
不動産業、物品賃貸業	879	6.04%
学術研究、専門・技術サービス業	1245	8.55%
宿泊業、飲食サービス業	1554	10.68%
生活関連サービス業、娯楽業	833	5.72%
教育、学習支援業	433	2.98%
医療、福祉	2693	18.50%
複合サービス事業	4	0.03%
サービス業（他に分類されないもの）	654	4.49%
全産業	14553	100.00%

(出所)　総務省統計局「平成26年経済センサス基礎調査」より作成。

同会社を選択するということも十分考えられる。

　現実には、専門職業人による事業を営むための会社形態として、合同会社はあまり利用されていないようである。その理由として制度創設前に期待されていた税制上のパススルー（構成員課税）の取扱いが認められなかった点も小さくない[6]が、合同会社制度に対する認知度があまりなかったこともその大きな原因であると思われる。もっとも、不動産鑑定士や測量士等が合同会社という会社形態を選択して事業を営んでいるケースや、建築、税務および観光等のコンサルティング業を合同会社として営んでいるケースが認められ、図表1に示した業種内訳から明らかなように、学術研究、専門・技術

---

(6)　江頭編著・モデル定款3頁。

サービス業の比率は約8.6％と一定の割合を占めている。平成28年末には、約13万社の合同会社が存在するに至り[7]、徐々に合同会社の認知度は高まっている。今後ますます、設立・運営コストを抑制しつつ、出資比率と異なる利益配当や組織運営が可能であること等の自由度の高い経営を実現するために、さらには、倒産した場合に会社更生法の適用を受けないことや、決算公告が不要であること、大規模化しても会計監査人監査が不要であること等に留意して、専門職業人による事業を営むための会社形態として、合同会社が利用されることが期待されよう。

そこで、本章においては、専門家集団が合同会社という会社形態によって事業遂行する場合、専門家集団の事業の特色に鑑み、どのような定款の定めを設けるのが良いかという点を検討した上で、専門家集団による合同会社の具体的な活用事例について触れることとしたい。なお、本章末尾記載の定款記載例は、不動産鑑定および不動産コンサルティングを事業目的とする合同会社を想定し、江頭編著・モデル定款をベースに、第1編における検討結果も参照しつつ作成したものである。

第2節　専門家集団の事業の特色と定款の定め方

1　序

専門家集団が、構成員の有限責任が認められる法人格がある組織体で事業活動を行うことを企図するとき、会社法制定前は、有限会社または株式会社形態を採用するほかなかったが、現在では、会社の設立費用や運営のコストを抑制しつつ、より自由度の高い経営を実現するために、合同会社の形態を選択することができる。

専門家集団が合同会社という形態を選択して事業を営む場合の最も大きな特色は、各社員が専門家として、何らかの合同会社の業務を執行することである。典型的には、相当多数の社員、具体的には、10人程度またはそれ以

---

[7] 松井信憲「商業・法人登記制度をめぐる最近の動向」商事2155号（2018）43頁。

第 1 章　専門家集団の事業と合同会社

上の自然人である社員全員が、専門家として、業務を執行することが前提とされるように思われる[8]。

ところで、10人程度またはそれ以上の自然人である社員が存在する合同会社においては、社員全員で組織する会議体として社員総会を設置し、その招集手続等を整備し、社員総会の普通決議ないし特別決議によることを会社の意思決定の基本ルールとすることが考えられる。

また、各社員の専門性は属人的なものであることから、社員資格は一身専属的であることが求められ、社員の死亡によって相続人が持分を承継し、社員として加入することを認める必要は特にない。他方、各社員はそれぞれ独立して事業を営む専門性を備えていることから、合同会社の設立後において、一定程度の社員の加入と退社（社員の交代）が行われることも想定される[9]。

以下、このような専門家集団の事業の特色を考慮して、専門家集団が合同会社という形態を選択する場合に、定款の定めをおくべき事項について、具体的な定款例を挙げながら、検討することとしたい。

なお、株式会社の場合と異なり、定款の備置・閲覧等について規定はないが、社員は、定款内容を明確に認識している必要があり、これについての規定を定款に設けることとしている（章末の定款記載例第5条参照）。また、合同会社においては、文書の保存義務が規定されているにすぎないが、閲覧との関係で、定款の定めとしては、備置義務とするのが妥当である。

2　管理運営

合同会社の全ての社員は、業務を執行し（590条1項）、業務を執行する社員は、原則として各自合同会社を代表するものとされ（599条1項——社員の自己機関性）、社員が2人以上ある場合には、定款に別段の定めがある場合を除いて、常務以外の業務は、社員の過半数をもって決定するものとされて

---

[8]　江頭編著・モデル定款222頁。社員の全てが業務執行社員となるときは、全ての社員が業務執行社員として、その氏名・名称が登記される（914条6号）。
[9]　江頭編著・モデル定款222頁。

いる（590条2項・3項）。

　合同会社においては、株主総会に対応する社員総会制度は法定されていないものの、定款で社員総会を設置する旨定めることができる（577条）。コンサルティング会社のように専門家集団が事業を遂行するに際しては、多数の専門家である社員の参加が見込まれる。そのような専門家集団が合同会社形態により事業を行う場合には、その業務の決定の円滑化のため[10]、業務の決定は社員総会の普通決議により行われるものとし、招集方法や決議方法を明確化することが、社員の総意を集約するために合理的であり、また、会議において意見交換をすることにより、合理的な意思決定をすることが可能となるように思われる。社員が5名以上いる場合は社員総会の導入を検討すべきであるという指摘もなされている[11]。したがって、専門家集団の事業を目的とする合同会社においては、下記のような定款規定を設けることが考えられる[12]。

定款記載例

> 第○条（業務の執行等）
> 　1　社員は、全員が業務を執行する。
> 　2　当会社の業務は、社員総会の決議により決定する。
> 　3　当会社の常務は、前項の定めにかかわらず、各社員が単独で行うことができる。

　専門家集団の一つである弁護士法人や司法書士法人といった、いわゆる「士業法人」においても、原則として全員が業務執行社員とされ[13]、法人の代表権限も有している[14]。また、定款で別段の定めをしない限り、法人の業務は社員の過半数をもって決するものと解される[15]。弁護士法人は弁護

---

(10)　神﨑・設立・運営のすべて134頁。
(11)　酒井＝野入・定款対談第8回84頁、神﨑・設立・運営のすべて89頁。
(12)　社員総会の設置、招集、議事録等の定款記載例については、本書144頁以下参照。
(13)　弁護士法人につき弁護士法30条の12、司法書士法人につき司法書士法36条、監査法人につき公認会計士法34条の10の2第1項・第2項、税理士法人につき税理士法48条の11第1項、行政書士につき行政書士法13条の12第1項、特許業務法人につき弁理士法46条。

士である資格者により構成される法人であることから、当初は、弁護士が独立して職務を行うのと同じように、すべての社員弁護士が業務執行権を有するものとし、定款をもってしても業務執行権を奪うことができないものとすることも検討された。しかし、法人の業務や事件の扱い方にはさまざまな事情があり得ることなどから一律に定めるのではなく、持分会社と同様、定款で定めることにより、業務執行権を持たない社員を置くことが可能となった。弁護士法人について、例えば社員が高齢になったとき業務執行は行わないが、退職まで社員としての地位は残すといったことが考えられると指摘されている(16)。専門家集団の事業を目的とする合同会社においても、業務を執行する社員を定款で定めることが認められており、上記定款例とは異なり、下記のとおり一部の社員についてのみ業務執行権を有しないという選択肢も考えられてよいと思われる。

定款記載例

> 第○条（業務の執行等）
> 1 社員○及び○を除く社員は、業務執行社員として、当会社の業務を執行するものとする。
> 2 当会社の業務は、社員総会の決議により決定する。
> 3 当会社の常務は、前項の定めにかかわらず、各業務執行社員が単独で行うことができる。

業務執行社員は、原則として、代表権を有することとなるが（599条1項本文）、定款または定款の定めに基づく社員の互選によって定められた業務執行社員にのみ、会社代表権を付与することが認められている（同条1項ただし書・3項）。社員が全員業務執行社員である場合においても、特定の業務

---

(14) 弁護士法人につき弁護士法30条の13第1項、司法書士法人につき司法書士法37条1項、監査法人につき公認会計士法34条の10の3第1項・第2項、行政書士につき行政書士法13条の13第1項、特許業務法人につき弁理士法47条の2第1項。税理士法人については税理士法48条の21第1項が、599条1項・2項の規定を準用している。
(15) 弁護士法人につき、髙中正彦・弁護士法概説〔第4版〕（三省堂、2012）180頁。
(16) 日本弁護士連合会調査室編著・条解弁護士法〔第4版〕（弘文堂、2007）264頁。

執行社員を代表社員とすることが妥当であろう。この場合、代表社員以外の業務執行社員は、代理人または支配人として、会社を代理することができる(17)。

定款記載例

> 第○条（代表社員）
> 1　当会社には、会社を代表する社員（以下「代表社員」という。）1名を置く。
> 2　代表社員は、社員の過半数をもって［社員総会の決議により］選定する。
> 3　代表社員は、社員の過半数［社員総会の決議］により解職することができる。
> 4　代表社員は、いつでも辞任することができる。ただし、当会社に不利な時期に辞任したときは、やむを得ない事由がある場合を除き、当会社に生じた損害を賠償しなければならない。

なお、定款の変更（637条）をはじめ、総社員の同意（631条2項・633条・793条1項・802条・813条）や他の社員の全員の承諾または承認（585条1項・594条）が要求されるものが多いが、これらの事項については、原則として、定款で別段の定めを設けることが認められている。重要事項について、社員全員一致の意思決定を求めると、いわゆるデッドロック状態となり、事業の円滑な遂行の障害となり得る。そこで、総社員または当該社員以外の全社員の同意が要求される事項についても、総社員または当該社員以外の全社員の同意を要求する事項、社員総会制度を前提に、その特別決議事項とする事項、さらには、その普通決議事項や特定の業務執行社員の決定に委ねることが妥当な事項等について、精査し、きめ細かな定款規定を設けることが要請される場合があるように思われる。これについては、事項ごとに後述することとする。

3　社員総会制度の下における議決権と決議方法

　合同会社において社員総会を設置した場合、各社員にどのような議決権を

---

(17)　会社法コンメ（14）177頁［尾関幸美］。

与えるかは定款で自由に定めることができる。合同会社の社員総会における議決権に関しては、定款自治を基本とした旧有限会社の取扱いが参考となろう。具体的には、①各社員の出資1口（一定の出資の価額を一口とする）につき1個の議決権とすること（旧有限39条本文）を原則とし、定款の定めにより、②社員1人につき1個の議決権とすること（いわゆる頭数主義）、③一定以上の出資口数における議決権の上限制や逓減制を設けること、④出資1口に複数議決権を付与すること等が考えられる[18]。株式会社のように、出資額に応じた発言権を社員に付与したいというニーズもある一方で、専門家集団による合同会社においては、各社員が専門性を備えており、事業を遂行する上で、経済力がない者でも能力が高く、優れたビジネスプランを有しているのであれば平等な発言権が与えられて然るべきであるといえるため、各社員に出資比率と異なる議決権を付与することが考えられる。

　出資額に関係なく社員一人当たり一議決権を付与している会社の例として、桃浦かき生産者合同会社[19]が挙げられる。同社が設立された「桃浦地区」は、東日本大震災により被害を受け、地元漁業者のみでは養殖業の再開が困難な区域として「地元漁業者主体の法人」に対して県知事が直接漁業権免許を付与することを可能とする「水産業復興特区法」にて日本で初めて認可を受けた区域に当たり、宮城県知事から同社に対して漁業権が付与されている。同社においては、漁業者15名が各30万円出資したのに対し、株式会社仙台水産は440万円を出資したが、一人一議決権のみ有する旨の定款の定めが置かれているため、株式会社仙台水産は6.25%の議決権を保有するにとどまっている。

定款記載例1（一人一議決権を与える場合）

> 第○条（議決権）
> 　社員は、社員総会において各1個の議決権を有する。

---

(18)　江頭憲治郎・株式会社・有限会社法〔第4版〕（有斐閣、2005）299頁。
(19)　桃浦かき生産者合同会社URL：http://www.momonoura-kakillc.co.jp/index.html

第2編　合同会社の実務

定款記載例2（出資金額に応じて議決権を与える場合）

> 第○条（議決権）
> 　社員は、社員総会において、第○条に定める出資金額金○円を1口とし、1口につき1個の議決権を有する。1口に満たない端数については、議決権を有しない。

　決議方法については、1口1議決権方式を採用する場合、定足数を設けるか否か、議決要件をどのようにするか、とりわけ、決議すべき事項により議決要件を異にするか否か等を決める必要がある。以下の定款記載例においては、旧有限会社の社員総会の特別決議要件を参考に、頭数と議決権数の両方を満たすことを議決要件とした上で、特別利害関係社員の議決権行使を排除することとした。

定款記載例

> 第○条（決議方法）
> 　1　社員総会の決議は、別に定める場合を除いて、議決に加わることができる社員の過半数であって、議決に加わることができる社員の議決権数の4分の3以上に当たる多数をもって行う。
> 　2　社員総会の決議事項について特別の利害関係を有する社員は、議決に加わることができない。

　なお、「別に定める場合を除いて、」と規定しているが、総社員の同意を要する事項や他の社員全員の承諾・承認を要する事項について、社員総会の決議事項とするかどうか、その場合の決議方法をどのようにするか、個別的に検討する必要がある。

　また、社員が直接社員総会に参加できない場合において、その議決権行使の機会を確保するため、議決権の代理行使制度を設けることも考えられるが、ここでは、株式会社における書面投票制度を参考に、書面による議決権行使を認める定款記載例とした。専門家集団においては、専門家が自ら議決権を行使することが妥当であり、代理人に議決権行使を委任するより書面投票制度を採用することが妥当であると考えられるからである。

定款記載例

> 第○条（書面による議決権の行使）
> １　社員総会に出席しない社員は、議決権行使書面によって議決権を行使することができる。
> ２　前項に基づき書面による議決権の行使を行う場合、社員は、招集通知とともに交付された議決権行使書面に必要な事項を記載し、社員総会の日の直前の営業時間の終了時までに、当該記載をした議決権行使書面を当会社に提出しなければならない。

4　競業の制限

専門家集団の事業を目的とする合同会社においては、社員全員が専門職業人で構成されており、会社の利益を害するような競業は禁止しなければならないが、競業することについて他の社員全員の承認を要求する必要はなく、競業承認の要件を、社員総会の決議によるものとすることが考えられる[20]。他方、士業の個人事務所の補助者（従業員）となることも競業制限の規制の対象とすることが妥当であろう。

定款記載例

> 第○条（競業の禁止）
> 社員は、社員総会の決議による承認を受けなければ、次に掲げる行為をしてはならない。
> 一　自己又は第三者のために当会社の事業の部類に属する取引をすること。
> 二　当会社の事業と同種の事業を目的とする他の会社の取締役（非業務執行取締役は除く。）、執行役又は他の法人の業務を執行する社員若しくは理事となること。
> 三　当会社の事業と同種の事業を目的とする他の会社、法人又は事業者の使用人となること。

なお、利益相反取引の承認についても社員総会の決議事項とすることが妥当であろう。

---

[20]　江頭編著・モデル定款232頁。

定款記載例

> 第○条（利益相反取引）
> 業務執行社員は、次に掲げる行為をする場合には、社員総会の決議による承認を受けなければならない。
> 一　自己又は第三者のために当会社と取引をしようとするとき。
> 二　当会社が業務執行社員の債務を保証することその他社員でない者との間において、当会社と当該業務執行社員との利益が相反する取引をしようとするとき。

5　損益分配・利益配当

　社員の損益分配の割合は、定款の定めがないときは、各社員の出資の価額に応じて定められるが（622条1項）、専門家集団による合同会社においては、各社員が専門的な能力や資質を備えており、出資比率と事業遂行における会社への貢献度合いが異なることもあり得る。したがって、必ずしも出資比率に比例して、損益分配の割合または利益の配当方法を定める必要はない。

　もっとも、実務上は、財貨の無償移転を理由とする税務上の問題が生ずるため、出資比率に応じたものとすることが多いと考えられる[21]。かかる税務上のリスクについては、有限責任事業組合においても同様の指摘があり、事業への貢献度合いが異なることにより損益分配の割合を異なるものとする場合には、決定した割合が貢献度合いに合理的に対応したものとなっていることを示さなければならず、このような損益分配の割合の合理性を明らかにすることができない場合には、例えば、税務上組合員間で経済的価値の移転が生じたものとして、適正な分配基準に基づく更正処分などがなされる危険が存する、とされる[22]。

　専門家集団の事業を目的とする合同会社における定款例としては、出資割

---

(21) 仲谷＝田中・定款7頁。酒井＝野入・定款対談第5回34頁も経済的合理性が認められない損益分配の割合についての税務否認のリスクを指摘する。損失の分配に合理性が認められず、かつ、社員間に何らかの経済的利益の移転が見られる場合には贈与税が課される可能性が生じることについて指摘するものとして、葭田編著・法制度と税制138頁。

(22) 石綿学・須田徹編著・日本版LLPの法務と税務・会計（清文社、2006）146頁。

合と異なる損益分配・利益配当の割合を定款で定めた場合に税務上のリスクがあることを考慮し、下記のとおり、出資額に応じた損益分配の割合または利益の配当方法を定めることが考えられる。

定款記載例

> 第○条（損益分配の割合）
>   各事業年度の利益又は損失は、当該事業年度の末日における各社員の出資の価額に応じて分配する。

　定款において、利益の配当を請求する方法その他の利益の配当に関する事項を定めることができる（621条2項）。社員総会制度を採用する専門家集団の事業を目的とする合同会社における利益の配当については、次のような定款記載例が示されている[23]。これは、株式会社の剰余金配当とパラレルな規定である。定款記載例の第2項は、多数決により恣意的な割当てが決定されることを防止するための規定である。なお、合同会社においては、社員全員が債権者に対して間接有限責任しか負わないことから、利益配当は628条に定める財源規制に反して行うことはできない。

定款記載例

> 第○条（利益配当）
> 1　当会社は、利益の配当をしようとするときには、その都度、社員総会の決議によって、次に掲げる事項を定めなければならない。
>   一　配当財産の種類及び帳簿価額の総額
>   二　社員に対する配当財産の割当てに関する事項
>   三　当該利益の配当が効力を生ずる日
> 2　前項第2号に掲げる事項についての定めは、第1号に掲げる額から第2号及び第3号に掲げる額の合計額を減じて得た額に応じて配当財産を割り当てることを内容とするものでなければならない。
>   一　当該社員に対して既に分配された利益の額（会社計算規則第32条第1項第3号に定める額がある場合にあっては当該額を含む。）
>   二　当該社員に対して既に分配された損失の額（会社計算規則第32条第

---

(23)　江頭編著・モデル定款253頁～254頁、さらに66頁～67頁を参照。

> 2項第4号に定める額がある場合にあっては当該額を含む。)
> 　三　当該社員に対して既に利益の配当により交付された金銭等の帳簿価額
> 3　社員は、第1項に定める場合を除き、当会社に対し、利益の配当を請求することができない。

　なお、上記の税務上のリスクに配慮して、各社員の出資の価額に応じて利益の配当および損益の分配を行うこととした場合であっても、個々の社員の業務執行に対する貢献に応じて社員の業務執行の対価（報酬等）を差別化することが考えられる。

　この点、業務執行社員に対する報酬は、株式会社の役員に対する報酬と同様、法人税法34条1項各号に該当する場合には企業会計上損金に算入される[24]。もっとも、不相当に高額な部分の金額は、実質は利益処分にあたるにもかかわらず給与の名目で役員に給付することで租税負担を免れることを規制するため、損金に算入されず（同法34条2項、同法施行令70条）、事実を隠蔽しまたは仮装して経理することにより支給される給与の額も、このような不正常な給与は利益の処分にあたると考えて差し支えない、という理由により損金に算入されない（同法34条3項）。

定款記載例

> 第○条（社員の報酬等）
> 　各社員の報酬、賞与その他の職務執行の対価として当会社が各社員に支給する財産上の利益は、社員総会の決議により決定する。

6　入社・持分の譲渡

　社員の加入の態様としては、①新たに出資をして加入する場合（入社契約によって新たに社員資格を取得する場合）、②社員から持分を譲り受けて加入

---

[24]　合同会社の業務執行社員が法人税法上の「役員」（同法2条15号）に含まれることにつき国税庁ホームページ参照（https://www.nta.go.jp/m/taxanswer/5200.htm）。

する場合（持分譲渡契約によって社員資格を承継取得する場合）、③相続または合併等によって、一般承継人が持分を承継取得して加入する場合の３種類がある。

(1) 新たな社員の加入

専門家集団としての合同会社においては、各社員が何らかの専門性を備えていることが前提となるため、能力の不十分な者が容易に社員として会社に加入することは望ましくない。このため、社員資格を定めることが検討課題となる[25]。

また、社員でない者が新たに出資をして合同会社に加入する場合、当該社員に係る定款変更が必要となるが、定款変更要件について定款で別段の定めを設ける場合においても、入社に係る定款変更については、総社員の同意を要することが妥当であろう。

定款記載例

第○条（社員の資格）
　当会社の社員となることができるものは、次の各号の要件をすべて満たすものに限る。
　一　○○事業に関する知識を有し、当該事業を的確、公正かつ効率的に遂行することができるもの
　二　社会的な信用を有するもの
　三　○の登録がされていること
　四　会社法第331条第1項第3号に規定する罪を犯し、刑に処せられたことがないこと（執行猶予を受けた場合を含む。）
　五　会社法第331条第1項第4号に規定する罪を犯し、刑に処せられたことがないこと（執行猶予を受けた場合を含む。）

第○条（入社）
　新たに社員を加入させる場合には、総社員の書面による同意を得た上で、定款の変更をしなければならない。

---

[25] 社員の加入一般については、本書114頁参照。

(2) 持分の譲渡

　持分の譲渡について、定款に別段の定めがない限り、合同会社の業務執行社員は、他の社員全員の承諾がなければ、その持分の全部または一部を他人に譲渡することはできず（585条1項・4項）、非業務執行社員は、業務執行社員全員の承諾がなければ、その持分の全部または一部を他人に譲渡することはできないものとされている（同条2項・4項）[26]。

　しかし、全ての社員が業務執行社員であることが原則である専門家集団としての合同会社においては、譲渡しようとする社員が業務執行社員であるかどうかにより区別することに特別の意味はなく、他方で、他の社員に対して持分を譲渡する場合にまで、このような厳格な要件を課す必要はないと考えられる。

　したがって、定款において、一律に、社員でない者に持分を譲渡する場合には、譲渡人である社員以外の全社員の承諾を要求し、他の社員に持分を譲渡しようとするときには要件を緩和して社員総会の決議による承認を要求することが考えられる。

　なお、持分譲渡要件について定款で別段の定めをする場合には、持分の譲渡により必要となる定款の変更要件との整合性を持たせておく必要がある。

定款記載例

第○条（持分の譲渡等）
　1　社員は、その持分の全部又は一部を他の社員に譲渡しようとするときは、当会社所定の様式による承認の請求を行い、社員総会の決議による承認を得るものとする。
　2　社員は、その持分の全部又は一部を社員以外の者に譲渡しようとするときは、当会社所定の様式による承諾の請求を行い、他の社員全員の書面による承諾を得るものとする。

---

(26) 持分に係る質権設定と質権の実行については、本書113頁参照。

7 退　社

(1) 総　論

　株式会社とは異なり、合同会社では投下資本回収の手段として退社制度が認められている。退社には、任意退社と法定退社の区別がある。

(2) 任意退社

　合同会社の存続期間を定款で定めなかった場合またはある社員の終身の間合同会社が存続することを定款で定めた場合には、各社員は6か月前までに退社の予告をすることにより、事業年度の終了時において任意に退社することができる（606条1項——任意退社）。任意退社制度については、定款により別段の定めをすることができるが（同条2項）、各社員は、やむを得ない事由があるときは、いつでも退社することができる（同条3項）。

　社員全員が業務を執行する専門職業人の集合体である合同会社においては、各社員の置かれた状況の変化や方向性の違い等から、多少の離合集散はやむを得ないと思われ、ある程度自由な退社を認めるのが適当である。もっとも、退社に伴う計算事務等を考慮すると、事業年度終了時に退社するものとするデフォルト・ルールに合理性がある。他方、退社の予告期間については、適宜、短縮することも考えられよう[27]。また、「やむを得ない事由」について、個々の合同会社の実情に即して具体化することも合理的であろう。

定款記載例

第〇条（任意退社）
1　社員は、事業年度の終了の時に退社をすることができる。この場合においては、当該社員は、3ヶ月前までに、当会社に書面で退社の予告をしなければならない。
2　前項の定めにかかわらず、社員は、次に掲げるやむを得ない事由があるときは、いつでも退社することができる。
　一　心身の故障
　二　経済的困窮

---

[27] 江頭編著・モデル定款248頁。

> 三　親族の療養・介護
> 四　経営方針の不一致
> 五　その他社員を継続しがたい重大な事由がある場合

(3)　法定退社

　社員の法定退社事由は、607条1項各号が定める。個人の社員の死亡の場合については、相続人により当該社員の持分を承継することを定款で定めることができる（608条）。しかし、専門職業人の特色から、このような定めを設ける必要はなかろう。なお、自然人のみが社員となる場合は、法人社員であることが前提となる合併・解散を法定退社事由から除外することとなろう。

　また、強行法規や公序良俗に反しない限り、定款で、退社事由を定めることができる。会社法が定める行為能力に関連する法定退社事由は後見開始の審判を受けたことのみであるが（607条8号）、専門職業人による事業を営むための合同会社においては、社員全員が業務執行社員であることが想定され、事実上業務に携わることが難しい状態である保佐開始（民法876条）、補助開始（同法876条の6）、任意後見契約の発効（任意後見契約に関する法律2条1号）を加えること[28]が考えられる。専門職業人としての資格の喪失も、退社事由とすることが妥当であろう。このほか、顧客らの高度の信用が必要となるという職務の性質に鑑み、株式会社の役員の欠格事由（331条1項3号・4号）を参考に、会社ならびに他の社員の信用を損なうおそれがあるケースについては、社員の資格要件とするとともに、退社事由に加えること[29]も考えられる。

定款記載例

> 第○条（法定退社）
> 　1　社員は、会社法第609条第1項が定める社員の持分を差し押さえた債権者による当該社員の退社請求がある場合のほか、次に掲げる事由によっ

---

[28]　江頭編著・モデル定款249頁。
[29]　江頭編著・モデル定款250頁。

> て退社する。
> 一　総社員の書面による同意
> 二　死亡
> 三　破産手続開始の決定
> 四　後見開始、保佐開始、補助開始又は任意後見契約にかかる任意後見監督人選任の審判を受けたこと
> 五　会社法第859条の規定に基づく除名
> 六　第○条第○号乃至第○号の定める資格要件を欠くに至ったこと
> 2　社員は、前項に定める事由によるほか、会社法第642条第2項（合同会社の解散後の継続に同意しなかった社員の退社）及び同法第845条（合同会社の設立無効又は取消判決確定後に合同会社を継続する場合のその原因ある社員の退社）の規定に従い退社する。

第3節　専門家集団の事業としての合同会社の具体的な活用事例

　有限責任事業組合については、新規創業、創造的な連携共同事業（中小企業間の新規事業連携、ベンチャーと大企業との連携、産学連携、ITや金融専門人材による共同事業、企業間の共同研究開発）などが挙げられ、具体的な活用想定例が示されている[30]。加えて、これらに限らず、農業や食品産業、福祉関係事業なども想定されている[31]。このような事業遂行の上で専門的な知識を要する事業分野については、合同会社の活用も期待できる。
　以下、専門家集団による合同会社の具体的な活用事例について見ていく。

1　士　業

　弁護士、公認会計士、税理士、行政書士、弁理士など、それぞれの根拠法令において無限責任が求められている「士業」については、合同会社による事業の実施はできない。他方で、不動産鑑定士、測量士、中小企業診断士、

---

(30)　経済産業省「有限責任事業組合（LLP）制度の創設について」(2005) 1頁。
(31)　2005年4月1日衆議院経済産業委員会における質疑参照。

栄養士、電気工事士等については、かかる規制が存在しないため、設立・運営にかかるコストを抑制しつつ、より自由度の高い経営を実現するため、実際に株式会社ではなく合同会社の形態で事業を営んでいるケースが散見される。

2　コンサルティング会社

コンサルティング会社のように複数の専門家による総合的な検討・提案が要求される場合にも合同会社の活用が検討されてよい。大手コンサルティング会社のうち、合同会社の形態をとってコンサルティング業を営んでいるものとして、デロイトトーマツコンサルティング合同会社、PwCコンサルティング合同会社が挙げられる。

なお、前者については、デロイトトーマツ合同会社がデロイトトーマツグループのガバナンスと経営執行を担っているとされる。同社の事業目的には、トーマツグループの経営戦略の立案および調整ならびに実施に必要な投資、マーケティングおよび広告宣伝活動、デロイトトーマツグループ内各法人に対してシェアードサービス（経理その他事務処理等の業務）を提供する子会社の株式所有、管理および事業活動の管理等が挙げられており、平成30年3月23日時点において、業務執行社員66名、代表社員3名が登記されている（組織図参照）[32]。

---

(32)　会社ホームページURL：https://www2.deloitte.com/jp/ja/pages/about-deloitte/articles/dt/deloitte-tohmatsu-llc.html

第1章　専門家集団の事業と合同会社

（組織図）

グループ ガバナンス 経営執行	デロイトトーマツ合同会社					
グループ内 ビジネス 区分	監査・保証業務 Audit & Assurance	リスク アドバイザリー Risk Advisory	コンサル ティング Consulting	ファイナンシャル アドバイザリー Financial Advisory	税務・法務 Tax & Legal	コーポレート Corporate
グループ内 法人	有限責任監査法人トーマツ		デロイト トーマツ コンサル ティング 合同会社	デロイト トーマツ ファイナン シャル アドバイザ リー 合同会社	デロイト トーマツ 税理士法人	デロイト トーマツ コーポレート ソリューション 合同会社
					DT弁護士法人	
	デロイトトーマツ リスクサービス株式会社			デロイト トーマツ PRS 株式会社	デロイト トーマツ 行政書士法人	デロイト トーマツ サービシーズ 株式会社
	デロイトトーマツ サステナビリティ株式会社					
	デロイトトーマツ ベンチャーサポート株式会社			デロイト トーマツ アンカー マネジメント 株式会社		
	トーマツ　イノベーション 株式会社					
	トーマツ　チャレンジド 株式会社					

　合同会社は、士業法人やコンサルティングファーム等で形成されるグループを統括するためのヴィークルとしての利用も考えられるとの指摘もなされており[33]、今後、かかる目的による合同会社の活用が進んでいくのではないかと考えられる。

3　第一次産業

　農業従事者の高齢化や後継者不足といった問題を抱える農業においては、農業経営の法人化が重要な対策の1つとされている。農林水産省は、農業経営の法人化のメリットとして、構成員や従業員から有効な後継者を確保できることや幅広い人材（従業員）の確保による経営の多角化等の経営上のメリット、農業法人に就農することにより、初期負担なく経営能力や農業技術

---

(33)　江頭編著・モデル定款223頁。

を習得できるという地域農業としてのメリット、役員報酬を給与所得とすることによる節税（役員報酬は法人税において損金算入が可能。また、所得税において役員が受け取った報酬は給与所得控除の対象となる）や欠損金の9年間繰越控除（平成20年4月1日前に終了した事業年度分については7年間）等の制度上のメリットを挙げている[34]。

　農業生産法人としての法人形態は、農業組合法人または会社法上の会社によることとなる。農業組合法人は法人税法上の協同組合等に該当するため、本則25.5％の基本税率が19％に軽減されているが（これとは別に、いずれの場合も年800万円までの部分に対しては15％。法人税法66条、同法別表第三、租税特別措置法42条の3の2）、農業組合法人は、農業の経営、農業に係る共同利用施設の設置等およびこれらに附帯する事業以外の事業を行えない、さらに、設立時に3人以上の農民が必要である等の制約がある。これに対し、会社法上の会社についてはこのような制限がない（もっとも、農業生産法人である以上、主たる事業は農業でなければならない）。会社法上の会社の中で、農業生産法人として合同会社を選択する理由としては、株式会社と比較した場合は、出資比率にかかわらず社員間の合意で意思決定が可能になるなど機関設計が自由であること、設立手続が簡便で費用が抑えられることが挙げられ、他の持分会社と比較した場合には、有限責任制を採っていることなどが挙げられる[35]。

　そのほか、漁業権制度を中心とした参入規制が存在する沿岸漁業において、漁師と企業が共同事業を営む形態として合同会社の活用が考えられるべきであるとする意見もある[36]。漁師にとっては、設立時に資金ないし設備等の物的資本の拠出を得られること、運営時に長期継続的な水産物の購入者を得られること、企業が持つ貯蔵・流通のインフラや物流マネジメントを導

---

(34) 農林水産省ホームページ（http://www.maff.go.jp/j/kobetu_ninaite/n_seido/houjin_merit.html）参照。
(35) 太田・活用事例231頁～232頁。
(36) 森信茂樹編著・合同会社（LLC）とパススルー税制（金融財政事情研究会、2013）165頁以下。

入ないし応用することにより、共同事業の効率化を図ることなどがメリットとして挙げられ、他方、企業にとっては、従来参入不能だった沿岸漁業に参入できること、漁師の持つ漁法等のノウハウを学習できること、海産物の安定的な供給源を確保できること、最終消費者に届けるまでの、加工・パッケージング等の過程を従来よりも効率的に行うことが可能になること、産地直送ないし被災地復興援助等のポジティブな印象を消費者に与えることができ、マーケティングに寄与する可能性があることなどがメリットとして挙げられている。既述した桃浦かき生産者合同会社は、「桃浦地区」が水産業復興特区に指定され、企業にも漁業権が開放されたために設立することが可能となった、漁業を主たる事業目的とする合同会社の一例である。

第4節　定款記載例

専門家集団の事業としての合同会社の定款記載例

第1章　総則

第1条（商号）
　当会社は、○○合同会社と称する。

第2条（目的）
　当会社は、次の事業を営むことを目的とする。
　一　不動産鑑定業
　二　不動産に関するコンサルティング業
　三　その他前各号に附帯関連する一切の事業

第3条（本店の所在地）
　当会社は、本店を大阪市に置く。

第4条（公告方法）
　当会社の公告は、官報に掲載する方法により行う。

第5条（定款の備置き・閲覧等）

当会社は、定款を本店に備え置き、社員は、営業時間内は、いつでも、定款の閲覧又は謄写を請求することができる。

第2章　社員及び出資

第6条（社員の資格）
　当会社の社員となることができるものは、次の各号の要件をすべて満たすものに限る。
　一　不動産鑑定業及び不動産に関するコンサルティング業に関する知識を有し、当該事業を的確、公正かつ効率的に遂行することができるもの
　二　社会的な信用を有するもの
　三　不動産鑑定士の登録がされていること[37]
　四　会社法第331条第1項第3号に規定する罪を犯し、刑に処せられたことがないこと（執行猶予を受けた場合を含む。）
　五　会社法第331条第1項第4号に規定する罪を犯し、刑に処せられたことがないこと（執行猶予を受けた場合を含む。）

第7条（社員及び出資）
1　社員の氏名及び住所並びに出資の目的及びその価額は次のとおりとする。
　一　（氏名）○○○○
　　　（住所）大阪市北区○○
　　　（出資の目的及び価額）金銭　金○円
　　　　但し、資本金として金○円、資本剰余金として金○円を計上する。
　（略）
2　当会社への社員の出資は金銭とし、金○円を最低単位とする。

第8条（社員の責任）
　社員は、すべて有限責任社員とする。

第9条（持分の譲渡等）
1　社員は、その持分の全部又は一部を他の社員に譲渡又は質入れしようとするときは、当会社所定の様式による承認の請求を行い、社員総会の決議によ

---

[37]　本定款例では、不動産鑑定士の登録を社員の資格要件としているが、不動産に関するコンサルティング業を事業目的に含める場合、不動産鑑定士以外の者が社員になることも望ましいと考えられるため、その場合は本号を削除し、資格取消を第29条1項6号の法定退社事由からも除外することとなる。

る承認を得るものとする。
2　社員は、その持分の全部又は一部を社員以外の者に譲渡又は質入れしようとするときは、当会社所定の様式による承諾の請求を行い、他の社員全員の書面による承諾を得るものとする。
3　前2項により承認又は承諾を得た持分の譲渡に係る定款の変更は、代表社員が行う。
4　第1項又は第2項に基づき設定された質権の実行（任意処分を含む。）によって、その持分が他の社員に帰属する場合には、これによる持分の移転については社員全員ないし社員総会の決議による承諾は不要とする。これに伴う定款の変更は、代表社員が行う。
5　第1項又は第2項に基づき設定された質権の実行（任意処分を含む。）によって、その持分が社員以外の者に帰属する場合には、当該社員以外の者が当会社所定の様式による承諾の請求を行い、他の社員全員の書面による承諾を得るものとする。承諾を得た持分の譲渡に係る定款の変更は、代表社員が行う。

第3章　業務執行権及び代表権

第10条（業務の執行等）
1　社員は、全員が業務を執行する。
2　当会社の業務は、社員総会の決議により決定する。
3　当会社の常務は、前項の定めにかかわらず、各社員が単独で行うことができる。

第11条（代表社員）
1　当会社には、会社を代表する社員（以下「代表社員」という。）1名を置く。
2　代表社員は、社員総会の決議により選定する。
3　代表社員は、社員総会の決議により解職することができる。
4　代表社員は、いつでも辞任することができる。ただし、当会社に不利な時期に辞任したときは、やむを得ない事由がある場合を除き、当会社に生じた損害を賠償しなければならない。

第12条（社員の報告義務）
1　社員は、当会社又は他の社員の請求があるときは、いつでもその職務の執行の状況を報告し、その職務が終了した後は、遅滞なくその経過及び結果を報告しなければならない。
2　前項の規定にかかわらず、社員は、3月に1回以上、自己の職務の執行状

況を他の社員に報告しなければならない。

第13条（社員の報酬等）
　各社員の報酬、賞与その他の職務執行の対価として当会社が各社員に支給する財産上の利益は、社員総会の決議により決定する。

第14条（競業の制限）
　社員は、社員総会の決議による承認を受けなければ、次に掲げる行為をしてはならない。
　一　自己又は第三者のために当会社の事業の部類に属する取引をすること。
　二　当会社の事業と同種の事業を目的とする他の会社の取締役（非業務執行取締役は除く。）、執行役又は他の法人の業務を執行する社員若しくは理事となること。
　三　当会社の事業と同種の事業を目的とする他の会社、法人又は事業者の使用人となること。

第15条（利益相反取引）
　社員及びその職務執行社員は、次に掲げる行為をする場合には、社員総会の決議による承認を受けなければならない。
　一　自己又は第三者のために当会社と取引をしようとするとき。
　二　当会社が社員又は職務執行社員の債務を保証することその他社員でない者との間において、当会社と当該社員又は職務執行社員との利益が相反する取引をしようとするとき。

第16条（損害賠償責任）
　社員の任務懈怠による会社に対する損害賠償責任は、悪意又は重過失による場合を除き、これを免除するものとする。

第4章　社員総会

第17条（社員総会の設置と権限）
１　当会社は、社員全員で組織する社員総会を置く。
２　社員総会は、定款に定める事項について決議する。社員総会は、このほか、業務執行社員が必要と認める事項について決議することができる。

第18条（招集）
１　社員総会は、定期株主総会及び臨時社員総会とし、定期社員総会は毎事業

年度終了後3ヶ月以内にこれを招集し、臨時社員総会は必要があるときに随時これを招集する。
2　社員総会を招集するには、会日の1週間前までに、社員総会の日時・場所及び社員総会の目的事項を定めて、社員に対してその通知を発しなければならない。但し、社員全員の同意があるときは、招集手続を経ることなく開催することができる。

第19条（招集権者及び議長）
1　社員総会は、代表社員がこれを招集し、議長となる。
2　代表社員が、社員の請求があったにもかかわらず、遅滞なく社員総会を招集しないとき、又は、代表社員に事故若しくは支障があるときには、他の社員がこれを招集し、社員総会において議長を選任する。

第20条（議決権）
　社員は、社員総会において、第7条第2項に定める出資金額金○円を1口とし、1口につき1個の議決権を有する。

第21条（決議方法）
1　社員総会の決議は、議決に加わることができる社員の過半数であって、議決に加わることができる社員の議決権数の4分の3以上に当たる多数をもって行う。
2　社員総会の決議事項について特別の利害関係を有する社員は、議決に加わることができない。

第22条（議決権の代理行使）
1　社員は、議決権を有する他の社員1名を代理人として、その議決権を行使することができる。
2　社員又は代理人は、社員総会毎に代理権を証する書面を当会社に提出しなければならない。

第23条（書面による議決権の行使）
1　社員総会に出席しない社員は、議決権行使書面によって議決権を行使することができる。
2　前項に基づき書面による議決権の行使を行う場合、社員は、招集通知とともに交付された議決権行使書面に必要な事項を記載し、社員総会の日の直前の営業時間の終了時までに、当該記載をした議決権行使書面を当会社に提出しなければならない。

第24条（社員総会議事録）
1　社員総会の議事については、次に掲げる事項を記載した社員総会議事録を作成し、出席社員が記名押印又は電子署名する。
　一　開催された日時、場所
　二　出席した社員の氏名
　三　議長の氏名
　四　議事の経過の要領及びその結果
2　前項の議事録は、決議の日から10年間、当会社の本店に備え置くものとする。
3　社員は、当会社の営業時間内であればいつでも第1項の議事録の閲覧又は謄写を請求することができる。

第25条（社員総会の決議の省略）
1　社員が社員総会の目的である事項について書面により提案した場合において、当該提案につき社員全員が書面により同意の意思表示をしたときには、当該提案を可決する旨の社員総会の決議があったものとみなす。
2　前項の提案書及び同意書は、決議があったものとみなされた日から10年間、これを本店に備え置くものとする。
3　社員は、当会社の営業時間内であればいつでも第1項の提案書及び同意書の閲覧又は謄写を請求することができる。

第5章　定款変更並びに入社及び退社

第26条（定款の変更）
　定款の変更は、定款に別段の定めがある場合を除き、社員総会の決議をもって行う。

第27条（入社）
　新たに社員を加入させる場合には、総社員の書面による同意を得た上で、定款の変更をしなければならない。

第28条（任意退社）
1　社員は、事業年度の終了の時に退社をすることができる。この場合においては、当該社員は、3ヶ月前までに、当会社に書面で退社の予告をしなければならない。
2　前項の定めにかかわらず、社員は、次に掲げるやむを得ない事由があるときは、いつでも退社することができる。

一　心身の故障
　　二　経済的困窮
　　三　親族の療養・介護
　　四　経営方針の不一致
　　五　その他社員を継続しがたい重大な事由がある場合

第29条（法定退社）
1　社員は、会社法第609条第1項が定める社員の持分を差し押さえた債権者による当該社員の退社請求がある場合のほか、次に掲げる事由によって退社する。
　　一　総社員の書面による同意
　　二　死亡
　　三　破産手続開始の決定
　　四　後見開始、保佐開始、補助開始又は任意後見契約にかかる任意後見監督人選任の審判を受けたこと
　　五　会社法第859条の規定に基づく除名
　　六　第6条第3号乃至第5号の定める資格要件を欠くに至ったこと
2　社員は、前項に定める事由によるほか、会社法第642条第2項（合同会社の解散後の継続に同意しなかった社員の退社）及び同法第845条（合同会社の設立無効又は取消判決確定後に合同会社を継続する場合のその原因ある社員の退社）の規定に従い退社する。

第30条（退社に伴う持分の払戻し）
1　退社した社員は、その持分の払戻しを金銭で受けるものとする。
2　退社した社員と当会社との間の計算は、退社の時における当会社の財産の状況に従って行うものとする。
3　退社の時にまだ完了していない事項については、その完了後に計算をすることとする。

第6章　計算

第31条（事業年度）
　当会社の事業年度は、毎年4月1日から翌年3月31日までとする。

第32条（計算書類の承認）
1　代表社員は、毎事業年度終了後2ヶ月以内に当該事業年度にかかる貸借対照表、損益計算書、社員資本等変動計算書及び個別注記表（以下「計算書

類」という。）を作成し、定時社員総会に提出して、当該社員総会の決議による承認を受けなければならない。
2 　計算書類は作成した時から10年間、当会社の本店に備え置かなければならない。
3 　社員は、当会社の営業時間内であれば、いつでも計算書類の閲覧又は謄写を請求することができる。
4 　債権者は、当会社の営業時間内であれば、いつでも、作成した日から5年以内の計算書類の閲覧又は謄写を請求することができる。

第33条（損益分配の割合）
　各事業年度の利益又は損失は、当該事業年度の末日における各社員の出資の価額に応じて分配する。

第34条（利益配当）
1 　会社は、利益の配当をしようとするときには、その都度、社員総会の決議によって、次に掲げる事項を定めなければならない。
　　一　配当財産の種類及び帳簿価額の総額
　　二　社員に対する配当財産の割当てに関する事項
　　三　当該利益の配当が効力を生ずる日
2 　前項第2号に掲げる事項についての定めは、第1号に掲げる額から第2号及び第3号に掲げる額の合計額を減じて得た額に応じて配当財産を割り当てることを内容とするものでなければならない。
　　一　当該社員に対して既に分配された利益の額（会社計算規則第32条第1項第3号に定める額がある場合にあっては当該額を含む。）
　　二　当該社員に対して既に分配された損失の額（会社計算規則第32条第2項第4号に定める額がある場合にあっては当該額を含む。）
　　三　当該社員に対して既に利益の配当により交付された金銭等の帳簿価額
3 　社員は、第1項に定める場合を除き、当会社に対し、利益の配当を請求することができない。

第7章　解散及び清算

第35条（解散事由）
　当会社は、次の事由によって解散する。
　　一　総社員の書面による同意
　　二　社員が欠けたこと
　　三　合併（当会社が消滅する場合に限る）

四　破産手続開始の決定
　五　会社法第824条１項（会社の解散命令）又は同法第833条２項（会社の解散の訴え）の規定による解散を命ずる裁判

第36条（残余財産の分配）
　当会社が解散した場合の残余財産は、各社員に対し、第１号及び第２号に掲げる額の合計額から第３号及び第４号に掲げる額の合計額を減じて得た額の割合で分配する。
　一　当該社員の出資の価額
　二　当該社員に対して既に分配された利益の額（会社計算規則第32条１項３号に定める額がある場合にあっては当該額を含む。）
　三　当該社員に対して既に分配された損失の額（会社計算規則第32条２項４号に定める額がある場合にあっては当該額を含む。）
　四　当該社員に対して既に利益の配当により交付された金銭等の帳簿価額

第８章　附則

第37条（最初の事業年度）
　当会社の最初の事業年度は、設立の日から西暦〇年３月31日までとする。

第38条（最初の代表社員）
　当会社の最初の代表社員は、〇〇〇〇とする。

第39条（設立時の資本金の額）
　当会社の設立に際して出資される金銭の金額を資本金に計上し、資本金の額は〇円とする。

第40条（準拠法）
　この定款に記載のない事項は、会社法その他の法令の定めるところによるものとする。

（山越勇輝）

第2章 同族会社と合同会社

第1節 序

1 同族会社の定義

　同族会社という言葉は、日常的に使用されているが、会社法や商法にその定義はない。同族会社を定義する法律としては、法人税法があり、そこでは、同族会社とは、会社（投資法人を含む）の株主等（株主または合名会社、合資会社もしくは合同会社の社員その他法人の出資者）の3人以下ならびにこれらの者と特殊の関係のある個人[1]および法人[2]が、その会社の発行済株式の総数または出資の総額の100分の50を超える株式数または出資の金額を有する場合のその会社をいうと定義している（法人税法2条10号）。

2 同族会社の数・規模

　国税庁の調査[3]によれば、2017年7月時点において、連結法人を除く法人税の確定申告をしている法人（267万2033社）のうち、同族会社は96.3％、特定同族会社[4]は0.2％、非同族会社は3.5％であり、法人の圧倒的

---

(1) ①株主等の親族、②株主等と事実上婚姻関係と同様の事情にある者、③個人である株主等の使用人、④個人である株主等から受ける金銭その他の資産によって生計を維持している者、⑤②～④に掲げる者と生計を一にするこれらの者の親族（法人税法施行令4条1項）。
(2) 株主等に直接または間接に発行済株式総数または出資総額の100分の50を超える株式数または出資金額を保有されている法人（法人税法施行令4条2項・3項）。
(3) 国税庁公表「平成28年度分会社標本調査——調査結果報告——税務統計から見た法人企業の実態」（2018）
(4) 同族会社のうち法人税法67条1項の要件に該当する会社をいう。

多数を同族会社が占めている。

　同族会社の中には大規模なものも存在し、中小企業の中にも非同族会社が存在することから、同族会社イコール中小企業であるというわけではない。しかし、前記の国税庁の調査によれば、同時期において、資本金 1000 万円以下の法人は全体の 85.9％、1000 万円超 1 億円以下の法人は全体の 13.3％、1 億円超 10 億円以下の法人は全体の 0.6％、10 億円超の法人は全体の 0.2％であるから、日本国内の会社のほとんどは中小規模の同族会社であるといえる。

3　同族会社の特徴と合同会社との適合性

　同族会社の特徴としては、所有と経営が一致していることを挙げることができる。すなわち、会社の所有者というべき出資者がその会社の経営者となって経営を行うということである。

　会社の形態として最も多い株式会社においては、株主総会および取締役を必要的機関として設置するものとされ（326 条 1 項）、取締役は株主でなくてもよいとされていることから（331 条 2 項本文）、制度上は会社の所有と経営が分離されている。しかし、非公開会社（全株式譲渡制限会社）においては、定款で、取締役は株主でなければならない旨を定めることができる（331 条 2 項ただし書）。実務上、このような定款規定の有無にかかわらず、多くの同族会社においては、経営者一族が出資持分の全部または大半を有し、かつこれらの者が役員となって会社の業務を執行することから、実態は所有と経営が分離されていない。このため、長年にわたって株主総会が開催されていない、定期的に役員の改選が行われていない、決算公告が行われていない等、会社法の規定に沿った運営を行っていない同族会社が散見される。

　このような同族会社については、法令遵守の問題を指摘することができる一方で、会社の実態が所有と経営の分離を前提とする株式会社形態に適合していないことも指摘することができる。

　ところで、合同会社の設立は、本書第 1 編第 1 章において、詳論されているように、株式会社と比べ、定款の公証人による認証、出資金の銀行振込、

現物出資に対する検査役の調査がいずれも不要であるほか、設立登記の登録免許税も低額であり、設立コストが安価である。また、合同会社においては、業務執行社員制度が設けられ、業務執行社員は登記事項であるが、その任期の定めはなく、定期的な業務執行社員変更登記は必要ではなく、決算公告も不要である等、設立後の維持コストもかからない。加えて、合同会社は、株主総会、取締役、監査役等の機関設置は不要であり、株式会社よりも定款自治が広範に認められ、社員関係や会社の意思決定の枠組みを定款で自由に規律することにより、その会社の実情に応じた迅速な意思決定が可能となり、機動的で自由度の高い経営を行うことができる。

　このような合同会社の特性に鑑みれば、個人事業主が法人成りする場合、友人・知人と一緒に起業する場合、家族・親族で会社を経営する場合、資産を保有する目的のために法人格を必要とする場合、許認可等を取得するために法人格を必要とする場合（例えば、建設業や介護事業等が考えられる）等では、とくに株式会社を選択する必要はなく、設立・運営コストが低く、かつ運営面で柔軟な設計が可能な、合同会社を選択するほうが適しているとも考えられる。

　もっとも、新規に設立されるものを含めて、同族会社において合同会社の形態が採られることは、株式会社と比べてなお少ないものと思われる。その背景としては、本国でパス・スルー課税が適用される外資系会社を別として、既に株式会社や有限会社として存在している会社が敢えて合同会社に組織変更する利点を見出し難いこともあるが、世間一般において、株式会社に比べると合同会社は知名度・理解度が低いことがあるように思われる。また、定款自治が広く認められていることの裏返しとして、知識を有しない者にとっては、定款作成の自由度をどのように利用すべきかについて戸惑いがあり、それを適切にアドバイスすることができる専門家（弁護士や司法書士）も充実していないため、数多くの定型的なひな型が確立している株式会社のほうがむしろ利用しやすいと感じさせてしまうことが考えられる。

　もっとも、徐々に合同会社の認知度は高まっており、合同会社の定款作成をアドバイスする専門家も増えており、今後ますます、合同会社の利用が増

えることも想定される[5]。

第2節　同族会社の合同会社における定款の定め方

1　序

　同族会社といっても、その規模や経営者の構成はさまざまであるが、ここでは、家族経営的な同族会社を取り上げることとする。家族経営的な同族会社の形態の例としては、①1人の自然人が唯一の社員となって会社の業務を執行する形態（一人社員型）、②家族または親しい友人といった複数の密接な関係にある自然人が社員となって会社の業務を執行する形態（全員業務執行型）、③そのような複数の密接な関係にある自然人の一部は社員であっても会社の業務執行権限を持たず、他の社員に業務執行を委ねる形態（業務執行社員選任型）が挙げられる[6]。

　これらの形態の同族会社は、会社法制定前においては、合名会社および合資会社を除くと、株式会社および有限会社のうち、最低資本金の低い有限会社を選択することが多かった。現在では、有限会社を新たに設立することはできなくなったが、新たに合同会社制度が設けられ、株式会社における最低資本金も撤廃され、非公開会社（全株譲渡制限会社）においては、有限会社に倣い、機関構成が柔軟化され、定款自治の範囲も拡大された。このため、同族会社としては、これから設立しようとする会社の運営方針等に照らして、株式会社（非公開会社）または合同会社のいずれが適合するかを検討することとなる。

　同族会社が合同会社の形態を選択する場合の最も大きな特色は、出資者で

---

(5)　合同会社の利用は着実に増えており、平成28年度末現在の合同会社は約12万8千社（この1年で約2万1千社増）ということである（松井信憲「商業・法人登記制度をめぐる最近の動向」商事2155号（2018）43頁。また、株式会社東京商工リサーチが2018年8月20日に公開したデータによると、2017年の新設法人は約13万2千社であり、このうち合同会社が約2万7千社、構成比で20％を超えたということである（同社ホームページ・2018年8月20日付「データを読む」）。
(6)　各類型は、江頭編著・モデル定款12頁以下の整理に倣っている。

ある社員が会社の業務を執行するということで、制度上、所有と経営が一致することにあろう。このため、株主総会に相当する社員総会を設置する必要はなく、一定期間で改選となる役員の任期も気にする必要はない。同族会社の合同会社における定款の内容は、簡素なもので足りる。

「一人社員型」の場合は、当該社員が業務を執行し、会社を代表することとなり、当該社員が事業を行わなくなる場合には会社を解散し、清算することが想定される。したがって、定款による規律は一人社員との関係について定めればよく、その内容は極めて単純なもので足りる。

「全員業務執行型」の場合は、社員の全員が業務を執行する点では「一人社員型」と変わらないが、業務執行の決定方法や各業務執行社員の報酬の定め方等、業務の効率性や報酬等の公正性に配慮した定款の規定を設けることを検討する必要がある。

「業務執行社員選任型」の場合は、社員の中でも業務執行社員と非業務執行社員とに分かれることから、損益分配や利益配当の取扱いにおいて非業務執行社員に配慮した定款の規定を設けることを検討する必要がある。

以下では、江頭編著・モデル定款をベースに、第1編における検討結果を参照しつつ、同族会社が合同会社という形態を選択する場合の定款の定めについて、「社員および出資」、「管理運営」、「損益分配・利益配当」、「社員の変動（入社・持分の譲渡）」の観点から、上記3つの類型ごとに、具体的な定款例を参考に検討する。なお、同族会社においては、相続を契機とした経営権をめぐる紛争も問題となり得るから、社員が死亡した場合の取扱いについても検討することとする。

2　社員および出資

(1)　「一人社員型」

合同会社は、社員が1人の場合でも、社員の氏名と住所を、定款の絶対的な記載事項として定める必要がある（576条1項4号）。

出資の目的およびその価額または評価の標準についても、定款の絶対的記載事項である（576条1項6号）。出資は、金銭等に限定されており（576条1

項6号)、信用や労務の出資は認められていない。ここでいう金銭等とは金銭その他の財産を意味し（151条）、個人事業主が法人成りする場合等、それまで個人事業で使用していた什器備品や在庫等を現物出資することが可能である。かかる現物出資に際しては、株式会社と異なり、検査役の調査等は要しない（33条・46条・52条との対比）。簡便に現物出資を行うことが可能である点は、合同会社を選択するメリットの一つと捉えることができる。なお、株式会社においても、500万円以下の什器備品や在庫等を現物出資する場合には、検査役の調査は不要となる（32条10項1号）。

定款記載例

```
第○条（社員及び出資）
  社員の氏名及び住所並びに出資の目的及びその価額は、次の通りである。
  （氏名）○○　○○
  （住所）東京都○区○町○番○号
  （出資の目的及び価額）金銭　金○円
```

(2) 「全員業務執行型」

定款の絶対的記載事項として、各社員の氏名および住所ならびに出資の目的およびその価額を定める。

定款記載例

```
第○条（社員及び出資）
  社員の氏名及び住所並びに出資の目的及びその価額は、次の通りである。
  （氏名）○○　○○
  （住所）東京都○区○町○番○号
  （出資の目的及び価額）　金銭　金○万円

  （氏名）○○　○○
  （住所）東京都○区○町○番○号
  （出資の目的及び価額）
          自動車　金○万円
          登録番号　○○
          自動車の種別　○○
```

```
            用途　○○
            車名　○○
            型式　○○
            車体番号　○○
            原動機の形式　○○
        パーソナルコンピューター　金○円
            型式　○○
            製造者名　○○
            製造番号　○○
        デスク　金○円
            製造者名　○○
            製造番号　○○
            サイズ
                幅　○センチメートル
                奥行　○センチメートル
                高さ　○センチメートル
            材質　○
            色　○
```

(3) 「業務執行社員選任型」

　「全員業務執行型」と同様に、定款の絶対的記載事項として、各社員の氏名および住所ならびに出資の目的およびその価額を定める。

3　管理運営

(1) 「一人社員型」

　(i)　業務の執行

　合同会社の社員は、定款に別段の定めがある場合を除き、会社の業務を執行し、会社を代表する（590条1項・599条1項）。

　「一人社員型」においては、一人社員が業務を執行し、会社を代表するから、会社法の原則に従えば足り、その旨を定款に記載する必要はない。もっとも、明確化のために定款に記載する場合には、以下の記載例とすることが考えられる。

定款記載例

> 第○条（業務の執行及び代表社員）
> 　社員は、当会社の業務を執行し、当会社を代表する。

(ⅱ)　社員の報酬等

業務執行社員は、特約がない限り無報酬となるが（593条4項、民法648条1項）、報酬等について定款で定めることが可能である。

「一人社員型」においては、社員が1人であるから、特約で報酬等を定めれば足りるが、明確化のために定款に記載する場合には、以下の記載例とすることが考えられる。

定款記載例

> 第○条（社員の報酬等）
> 　社員の報酬、賞与その他の職務執行の対価として当会社が社員に支給する財産上の利益は、社員が決定し、当該決定にかかる書面を作成するものとする。

(ⅲ)　競業・利益相反取引

業務執行社員は、定款に別段の定めがない限り、当該社員以外の社員の全員の承認を受けなければ、競業取引等を行うことができず（594条1項）、当該社員以外の社員の過半数の承認を受けなければ、当該会社と当該社員との利益が相反する取引を行うことができない（595条1項）。

「一人社員型」においては、このような場合の承認を考える必要はないと思われる。しかし、競業取引等について定款に定める必要は特にないが、会社と一人社員との間での不動産売買に係る不動産登記を申請するに際して、一人社員であることや利益相反取引制限が排除されていることを立証するために、その旨の定めがある定款を添付すべきとする見解がある[7]。そこで、

---

(7)　江頭編著・モデル定款108頁、東京法務局民事行政部不動産登記部門監修「相談事例　合同会社の利益相反行為について」登記インターネット88号（2007）85頁［渡邉典子］。

かかる見解を踏まえて、確認的に定款の定めを設けておくことが考えられる。また、このような定めを設ける場合には、競業取引等についても同様に確認的な定めを設けることも考えられる。

定款記載例

> 第○条（競業禁止・利益相反取引制限規定の適用除外）
> 　社員は、他の社員がいない場合には、会社法第594条第1項各号に定める行為及び同法595条第1項に定める取引について、他の社員の承認を受けたものとみなす。

(2) 「全員業務執行型」

(i) 業務の執行

「全員業務執行型」においても、各社員が業務を執行することから、会社法の原則に従えば足り、その旨を定款に記載する必要はない。もっとも、業務執行権を有する社員が一部に限定されていないことを明確化するために、以下の記載例のような定めを確認的に規定することも考えられる。

定款記載例

> 第○条（業務の執行）
> 　社員は、当会社の業務を執行する。

(ii) 業務執行の決定

社員が複数いる合同会社の業務執行は、定款に別段の定めがある場合を除き、常務以外の業務は、社員の過半数をもって決定する（590条2項・3項）。合同会社の常務は、その完了前に他の社員が異議を述べない限りは、各社員が単独で行うことができる（同条3項ただし書）。

「全員業務執行型」においては、各社員が密接な関係をもち、所有と経営も一致していることから、株主総会に対応する社員総会を設置するまでの必要はない。それよりは、業務の効率性を重視し、常務についても担当社員の決定に委ねることが適当とも思われる。以下の定款の記載例は、特定の範囲の常務について権限を分掌し、その範囲の常務については特定の社員に委ね

ることとしたものである。

定款記載例

> 第○条（業務執行の決定）
> 1　当会社の業務は、常務を除き、社員の過半数をもって決定する。
> 2　会社法第590条第3項ただし書の規定にかかわらず、当会社の常務は、別に定める業務分担規程に基づき、当該規程が定める社員が決定する。

　(iii)　代表社員

　業務執行社員は、原則として、代表権を有する（599条1項本文）。例外として、代表社員を定款で定めた場合または定款もしくは定款の定めに基づく社員の互選によって定めた場合には、当該社員が会社を代表する（同条1項ただし書・3項）。

　「全員業務執行型」においては、設立当初から代表社員となるべき者が決まっており、基本的に交替することは想定されていないことが通常であろう。また、合同会社の代表社員について任期の定めを置く必要もないことから、「全員業務執行型」においては、代表社員の任期の定めを置かないことが通常であろう。

　ところで、「全員業務執行型」においても、1名の社員を代表社員とすることが多いと思われるところ、当該社員が事故や病気によって業務執行を行うことができなくなる場合が考えられる。この場合には、総社員の同意を得て定款の代表社員の定めを変更することとなるが、当該社員の同意が得られないため、代表社員を変更することもできないという不都合が生じうる。このため、定款においては、このような事態も想定した規定を設けることが有用である。

定款記載例

> 第○条（代表社員）
> 1　当会社を代表する社員（以下「代表社員」という。）は、社員○○○○とする。
> 2　代表社員に事故あるときは、他の社員の過半数をもって、代表社員を

第2編　合同会社の実務

　　　選定することができる。

　(iv)　社員の報告義務

　業務執行社員は、合同会社または他の社員の請求があるときは、いつでもその職務の執行の状況を報告し、その職務が終了した後は、遅滞なくその経過および結果を報告しなければならないが（593条3項）、定款で別段の定めを設けることも可能である（同条5項）。ここでは、法規定通りの定款規定を設けることとしている。

定款記載例

　　第○条（社員の報告義務）
　　　社員は、当会社又は他の社員の請求があるときは、いつでもその職務の執行の状況を報告し、その職務が終了した後は、遅滞なくその経過及び結果を報告しなければならない。

　(v)　社員の報酬等

　前記のとおり、業務執行社員は、特約がない限り無報酬となるが（593条4項、民法648条1項）、報酬について定款で定めることが可能である。なお、定款における報酬の定め方として、報酬の決定方法について定める場合と具体的報酬額を定めることが考えられる。また、報酬の決定方法について定めがない場合、各業務執行社員が会社との間で報酬に関する特約を締結することは利益相反取引に該当するため、これを行うときには、対象業務執行社員以外の社員の過半数の承認が必要になると解されている（595条1項1号）[8]。

　社員間が密接な関係を有する「全員業務執行型」といえども、対象業務執行社員以外の社員の過半数の承認をもって各社員の報酬を決定するとした場合、多数派の社員にとって過度に有利な、少数派の社員にとって過度に不利な取扱いが生じる可能性がある。他方で、各社員の報酬額を定款で定めるとした場合、報酬額に係る定款規定の変更として総社員の同意が必要となり、

---

(8)　江頭編著・モデル定款43頁。

308

少数派の社員の保護には資するものの、経営の状況に応じて柔軟に報酬額を変更することができなくなる。

報酬等の決定方法に関しては、上記の問題に配慮した定款の定めを設けることが有用であり、記載例第2項および第4項においては、各社員が受ける報酬の上限と下限を定めることを提案している。

定款記載例

> 第○条（社員の報酬等）
> 1　各社員の報酬、賞与その他の職務執行の対価として当会社が各社員に支給する財産上の利益（以下「報酬等」という。）は、当該社員以外の社員の過半数をもって決定する。
> 2　各社員の報酬等は、当会社の業績、当該社員の職務内容の変更、職務執行状況等を勘案し、毎事業年度において見直すものとする。
> 3　各社員の報酬等の総額は、年額○円を超えることができない。
> 4　各社員の報酬等は、年額○円未満であってはならない。

(ⅵ)　競業、利益相反取引

業務執行社員は、定款に別段の定めがない限り、当該社員以外の社員の全員の承認を受けなければ、①自己または第三者のために合同会社の事業の部類に属する取引をすること、②合同会社の事業と同種の事業を目的とする会社の取締役、執行役または事業を執行する社員になることができない（594条1項）。

「全員業務執行型」においては、各社員に当該会社の業務に専念させるために、当該会社の事業と同種であるかどうかにかかわらず、広く、当該会社以外で個人的に事業を行うことや、他の会社等の役員または使用人となることを禁止することも考えられる。

また、業務執行社員は、定款に別段の定めがない限り、当該社員以外の社員の過半数の承認を受けなければ、当該会社と当該社員との利益が相反する取引を行うことができないものとされている（595条1項）。

第2編　合同会社の実務

定款記載例

> 第○条（競業等の禁止）
>   社員は、当該社員以外の社員の全員の承認を受けなければ、次に掲げる行為をしてはならない。
>   一　自己又は第三者のために当会社の事業の部類に属する取引をすること。
>   二　当会社の事業以外の事業を自ら行うこと。
>   三　他の会社の取締役、執行役又は業務を執行する社員となること。
>   四　他の会社又は商人の使用人となること。
>
> 第○条（利益相反取引）
>   社員は、次に掲げる場合には、当該社員以外の社員の過半数の承認を受けなければならない。
>   一　社員が自己又は第三者のために当会社と取引をしようとするとき。
>   二　当会社が社員の債務を保証することその他社員でない者との間において当会社と当該社員との利益が相反する取引をしようとするとき。

(3)　「業務執行社員選任型」

（ⅰ）　業務の執行

「業務執行社員選任型」においては、一部の社員にのみ業務執行権を付与することから、定款に別段の定めを置いて、業務執行社員を特定する必要がある（590条1項）。

定款記載例

> 第○条（業務の執行）
>   当会社の業務は、業務を執行する社員（以下「業務執行社員」という。）が執行する。
>
> 第○条（業務執行社員）
>   業務執行社員は、社員○○○○、社員○○○○及び社員○○○○とする。

（ⅱ）　業務執行の決定

「業務執行社員選任型」においては、所有と経営が完全に一致しないまでも、密接な関係を有する社員で構成されていることから、株主総会に対応する社員総会を設置するよりは、「全員業務執行型」と同様に、業務の効率性

を重視し、常務についても担当業務執行社員の決定に委ねることが要請されると思われる。以下の定款の記載例は、特定の範囲の常務について権限を分掌し、その範囲の常務については特定の業務執行社員に委ねることとしたものである。

定款記載例

> 第○条（業務執行の決定）
> 1　当会社の業務は、業務執行社員が2人以上ある場合には、常務を除き、業務執行社員の過半数をもって決定する。
> 2　会社法第590条3項ただし書の規定にかかわらず、当会社の常務は、別に定める業務分担規程に基づき、当該規程が定める業務執行社員が決定する。

(ⅲ)　業務執行社員の辞任・解任

業務執行社員を定款で定めた場合、その業務執行社員は、正当な事由がなければ、辞任することができない（591条4項）。

「業務執行社員選任型」においては、一部の社員にのみ業務執行権を付与することから、かかる規定を定款で明示することに合理性がある。なお、「正当な事由」を定款に例示列挙して、辞任可能な場合を明確にする方法も考えられる[9]。

また、業務執行社員を定款で定めた場合、正当な事由がある場合に限り、他の社員の一致によってその業務執行社員を解任することができる（591条5項）。ここでの「正当な事由」についても、定款に例示列挙して、解任可能な場合を明確にする方法が考えられる[10]。

---

(9)　江頭編著・モデル定款78頁。例として、本人の疾病罹患、家族の要介護等で業務に従事できない時間が著しく増加する場合が挙げられる。
(10)　江頭編著・モデル定款79頁。例として、業務執行権消滅の訴え（860条）に掲げられる事由、すなわち、出資義務の不履行、競業避止義務違反、不正行為、重要な義務を尽くさないこと、および著しい不適任のほか、心身の故障、業務執行上のその他の法令・定款違反が挙げられる。

第2編　合同会社の実務

定款記載例

> 第○条（業務執行社員の辞任）
>   業務執行社員は、正当な事由がなければ辞任することができない。
>
> 第○条（業務執行社員の解任）
>   業務執行社員は、正当な事由がある場合に限り、他の社員の全員の一致によって解任することができる。

(ⅳ)　代表社員

「業務執行社員選任型」においても、1名の社員を代表社員とすることが多いと思われるところ、当該社員が事故や病気によって業務執行を行うことができなくなることが考えられる。この場合には、総社員の同意を得て定款の代表社員の定めを変更することとなるが、当該社員の同意が得られないため、総社員の同意を得て定款を変更することにより代表社員を変更することもできないという不都合が生じうる。このため、定款においては、このような事態も想定した規定を設けることが有用である。

定款記載例

> 第○条（代表社員）
>   1　当会社を代表する社員（以下「代表社員」という。）は、社員○○○○とする。
>   2　代表社員に事故あるときは、他の社員の過半数をもって、他の業務執行社員の中から代表社員を選定することができる。

(ⅴ)　社員の業務および財産状況の調査権

業務執行社員を定款で定めた場合、各社員は、合同会社の業務を執行する権利を有しないときであっても、その業務および財産の状況を調査することができる（592条1項）。この調査権については、定款で別段の定めを設けることが可能であるが、社員が事業年度の終了時または重要な事由があるときに同項の規定による調査をすることを制限する旨を定めることはできない（同条2項）。

以下の定款の記載例は、最小限度の調査権を付与することとしている。な

お、業務・財産状況の調査ではないが、合同会社の社員については、株式会社の株主による定款の閲覧謄写権（31条2項）が法定されていないことから、非業務執行社員の保護を図る観点より、合同会社の社員による定款の閲覧謄写権を定款で定めることも考えられる（第4節定款記載例（業務執行社員選任型）第20条第2項および第3項参照）。

定款記載例

> 第○条（社員の業務及び財産状況の調査権）
> 　業務執行社員でない社員は、事業年度の終了時又は重要な事由があるときに限り、当会社の業務及び財産の状況を調査することができる。

(vi)　報告義務

業務執行社員は、合同会社または他の社員の請求があるときは、いつでもその職務の執行の状況を報告し、その職務が終了した後は、遅滞なくその経過および結果を報告しなければならない（593条3項）。この報告義務については、定款で別段の定めを設けることも可能である（同条5項）。

「業務執行社員選任型」においては、非業務執行社員が業務執行社員による業務執行の状況を把握するために一定期間ごとにその業務執行の状況を報告させる等、業務執行社員の報告義務を加重することも考えられる。

定款記載例

> 第○条（社員の報告義務）
> 1　社員は、当会社又は他の社員の請求があるときは、いつでもその職務の執行の状況を報告し、その職務が終了した後は、遅滞なくその経過及び結果を報告しなければならない。
> 2　前項の規定にかかわらず、業務執行社員は、少なくとも○か月に1回、自己の職務の執行の状況を当会社及び他の社員に報告しなければならない。

(vii)　社員の報酬等

「業務執行社員選任型」においても、「全員業務執行型」と同様のことが当てはまり、少数派の業務執行社員の保護と、経営の状況に応じた柔軟な報酬

等の設定の要請に配慮した定款の定めを設けることが有用である。

　また、「業務執行社員選任型」においては、業務執行権をもたず、報酬等を受けない非業務執行社員が存在するところ、多額の報酬等が業務執行社員に支給されることとなれば、非業務執行社員の利益分配が減ることから、利益配当に関する定款規定と合わせて（後記4(3)参照）、非業務執行社員の保護にも配慮することが望まれる。

　以下の定款の記載例は、業務執行社員に支給する報酬等の総額の上限を設定し、これを超える上限を設定するためには定款変更により総社員の同意を要することにより、非業務執行社員の保護を図っている（記載例第1項第2括弧書参照）。

定款記載例

>第○条（業務執行社員の報酬等）
>　1　業務執行社員の報酬、賞与その他の職務執行の対価として当会社が業務執行社員に支給する財産上の利益（以下「報酬等」という。）の総額の上限（当該上限は、年額○円を超えないものとする。）は、社員の過半数をもって決定する。
>　2　各業務執行社員の報酬等は、当該社員を除く社員の過半数をもって決定する。
>　3　各業務執行社員の報酬等は、当会社の業績、当該社員の職務内容の変更、職務執行状況等を勘案し、毎事業年度において見直すものとする。
>　4　各業務執行社員の報酬等は、年額○円を超えることができない。
>　5　各業務執行社員の報酬等は、年額○円未満であってはならない。

(ⅷ)　競業、利益相反取引

　「業務執行社員選任型」においては、社員のうち一部の社員が業務執行を行うことから、各業務執行社員に当該会社の業務に専念させるために、当該会社の事業と同種であるかどうかにかかわらず、広く、業務執行社員が当該会社以外で個人的に事業を行うことや、他の会社等の役員または使用人となることを禁止することがより求められると考えられる。

　また、前記のとおり、業務執行社員は、定款に別段の定めがない限り、当該社員以外の社員の過半数の承認を受けなければ、当該会社と当該社員との

利益が相反する取引を行うことができない（595条1項）。

定款記載例

> 第○条（競業等の禁止）
> 　業務執行社員は、当該社員以外の社員の全員の承認を受けなければ、次に掲げる行為をしてはならない。
> 　一　自己又は第三者のために当会社の事業の部類に属する取引をすること。
> 　二　当会社の事業以外の事業を自ら行うこと。
> 　三　他の会社の取締役、執行役又は業務を執行する社員となること。
> 　四　他の会社又は商人の使用人となること。
>
> 第○条（利益相反取引）
> 　業務執行社員は、次に掲げる場合には、当該社員以外の社員の過半数の承認を受けなければならない。
> 　一　業務執行社員が自己又は第三者のために当会社と取引をしようとするとき。
> 　二　当会社が業務執行社員の債務を保証することその他社員でない者との間において当会社と当該業務執行社員との利益が相反する取引をしようとするとき。

4　損益分配・利益配当

(1)　「一人社員型」

(i)　損益分配

　合同会社の損益の各社員に対する分配の割合は、定款に定めることができ、定款に定めがないときは、その割合は、各社員の出資の価額の割合に応じて定めるものとされている（622条1項）。

　もっとも、「一人社員型」においては、他に社員がいないことから、このような損益分配に関する定款の定めをおく必要はないであろう。

(ii)　利益配当

　合同会社の社員は、会社に対して利益の配当を請求することができ、利益の配当を請求する方法その他の利益の配当に関する事項を定款で定めることができる（621条1項・2項）。もっとも、利益配当の額には、株式会社と同

様に(461条)、制限がある(628条)。

「一人社員型」においては、他に社員がいないことから、利益配当に関して定款の定めを設ける必要はないが、確認的に当該定めを置くことは有用と考えられる。なお、税務上の疑義等のトラブルを回避するために、利益の配当の決定について書面化するという定めを置くことも一案である[11]。

定款記載例

> 第〇条(利益配当)
> 　当会社が利益の配当をしようとするときは、その都度、社員が次に掲げる事項を定め、当該決定にかかる書面を作成するものとする。
> 　一　配当財産の種類及び帳簿価額の総額
> 　二　社員に対する配当財産の割当てに関する事項
> 　三　当該利益の配当が効力を生ずる日

(2)　「全員業務執行型」

　(i)　損益分配

損益分配の割合について、622条1項に従い、各社員の出資の価額の割合に応じるとするならば、これに関する定款の定めを設ける必要はないが、明確化のために、定款の定めをおくことは有用である。なお、出資の価額に応じない損益分配の割合を定めた場合、それが「合理性のない社員間の経済的利益の移転」であると認定されると、贈与税の対象となる可能性があることに留意が必要である[12]。

定款記載例

> 第〇条(損益分配)
> 　各事業年度の利益又は損失は、当該事業年度の末日における各社員の出資の価額に応じて分配する。

---

(11)　江頭編著・モデル定款115頁。
(12)　葭田編著・法制度と税制138頁。

(ii) 利益配当

　前記のとおり、合同会社の社員は、会社に対して利益の配当を請求することができるが、利益の配当を請求する方法その他の利益の配当に関する事項を定款で定めることができる（621条1項・2項）。合同会社の実務においては、株式会社における剰余金の配当とパラレルな規定を定款上も設ける例が多いといわれる[13]。

　以下の定款の記載例は、そのような実務を1項および3項において踏襲し、かつ多数決により恣意的な割当てが決定されることを防止するため2項の規定を設けたものである。

定款記載例

> 第○条（利益配当）
> 1　当会社が利益の配当をしようとするときには、その都度、社員の過半数によって、次に掲げる事項を定めるものとする。
> 　一　配当財産の種類及び帳簿価額の総額
> 　二　社員に対する配当財産の割当てに関する事項
> 　三　当該利益の配当が効力を生ずる日
> 2　前項第2号に掲げる事項についての定めは、第1号に掲げる額から第2号及び第3号に掲げる額の合計額を減じて得た額に応じて配当財産を割り当てることを内容とするものとする。
> 　一　当該社員に対して既に分配された利益の額（会社計算規則第32条第1項第3号に定める額がある場合にあっては当該額を含む。）
> 　二　当該社員に対して既に分配された損失の額（会社計算規則第32条第2項第4号に定める額がある場合にあっては当該額を含む。）
> 　三　当該社員に対して既に利益の配当により交付された金銭等の帳簿価額
> 3　社員は、第1項に定める場合を除き、当会社に対し、利益の配当を請求することができない。

(3) 「業務執行社員選任型」

(i) 損益分配

　「業務執行社員選任型」においては、非業務執行社員が存在することに鑑

---

[13]　江頭編著・モデル定款67頁、江頭ほか・座談会（下）34頁。

みて、非業務執行社員を優遇した利益分配の割合を定めることも考えられる。すなわち、業務執行社員は、会社の業績の良し悪しにかかわらず、業務執行の対価としての報酬等を会社から得ることが可能であるが、非業務執行社員はそれがないことから、衡平の見地より、利益の分配については一定額まで利益を優先分配する旨の定款の定めを設けることが考えられる[14]。他方、損失の分配については、法規定通りとすることでよかろう。

定款記載例

> 第○条（損益分配）
> 1 各事業年度の損失は、当該事業年度の末日における各社員の出資の価額に応じて分配する。
> 2 各事業年度の利益は、業務執行社員以外の社員に対し、各社員の当該事業年度の末日における出資の価額に○パーセントを乗じた額まで分配し、残額があれば、業務執行社員に対し、各社員の当該事業年度の末日における出資の価額に○パーセントを乗じた額までを分配し、なお残額があれば、各社員の当該事業年度の末日における出資の価額に応じて分配する。

(ⅱ) 利益配当

「業務執行社員選任型」においても、「全員業務執行型」と同様に、株式会社における剰余金の配当とパラレルな規定を定款で定めることが考えられる。

なお、別案として、多数決による利益配当の決定システムによったのでは収入を保障されない非業務執行社員の利益を保護するため、621条1項の原則に従いつつ、会社のキャッシュフロー額を基礎に社員が請求することのできる利益配当額を定める利益配当の考え方があり、ここではそのような定款の記載例[15]を紹介する。

定款記載例

> 第○条（利益配当）
> 1 社員は、当会社に対し、利益の配当として、次に掲げる額のうちいず

---

(14) 江頭編著・モデル定款95頁参照。
(15) 江頭編著・モデル定款97頁、98頁。

> れか少ない額を請求することができる。
>   一　会社法第628条に定める、当該利益の配当をする日における利益額
>   二　当該利益の配当をする日におけるイに掲げる額からロからニまでに掲げる額の合計額を減じて得た額
>   イ　当会社が受け取ったすべての現金
>   ロ　当会社の債務についてのすべての元利払い金
>   ハ　当会社の通常の業務によって生じたすべての現金支出
>   ニ　法令又は定款の定めにより会社が留保した積立金
> 2　当会社は、総社員に対し第1項の定めに従い利益の配当を行うと、会社法第631条に定める欠損額が生ずると見込まれる場合には、欠損額を生じさせない範囲まで当該社員の請求を制限することができる。

5　社員の変動（入社・持分の譲渡・退社）

(1)　「一人社員型」

(i)　入社

　社員の氏名および住所と社員の出資の目的およびその価額または評価の標準は定款の絶対的記載事項であるから（576条1項4号・6号）、新たに社員が加入するためには、定款変更を行う必要がある。そして、当該定款変更をしたときに（当該定款変更時に、出資の未履行があるときは、出資の履行完了時に）、その効力を生ずる（604条2項・3項）。当該定款変更は、定款に別段の定めがない限り、総社員の同意を要する（637条・604条2項）。

　「一人社員型」においては、新たな社員の入社は予定されておらず、仮に当該入社が行われる場合にはその際に定款変更を行えば足りることから、社員の入社に関する定款の定めをおく必要はない。もっとも、確認的に当該定款の定めを置くことも有用である。

定款記載例

> 第○条（入社）
> 　新たに社員を加入させる場合は、社員の決定によって定款を変更しなければならない。

(ⅱ) 持分の譲渡

社員からその持分の譲渡を受けて当該会社の社員となることも可能であるが、当該持分の譲渡を行うには、定款に別段の定めがない限り、他の社員の全員の同意を得なければならない（585条1項）。なお、明文の規定はないものの、持分の質入も可能であるとされる[16]。

「一人社員型」においては、そもそも社員は一人であり、持分譲渡の定めを設ける必要はないとも思われるが、持分譲渡により新たに社員が加入することや、資金調達等のために持分を質入することもあり得ることから、確認的に置いておくことも有用と考えられる。

定款記載例

> 第○条（持分の譲渡等）
> 　社員は、持分の全部又は一部を譲渡又は質入れすることができる。

(ⅲ) 退社

社員の法定退社事由は、606条、609条1項、642条2項および845条の場合のほか、①定款で定めた事由の発生、②総社員の同意、③死亡、④合併（合併により法人である社員が消滅する場合に限る。）、⑤破産手続開始の決定、⑥解散、⑦後見開始の審判を受けたこと、⑧除名である（607条1項各号）。このうち、⑤から⑦については定款の定めにより除外することができる（同条2項）。

「一人社員（自然人）型」は、社員が一人であることから、これらの法定退社事由に該当すると、社員不在により即解散となる（641条4号）。しかし、「後見開始の審判を受けたこと」（607条1項7号）の事由については、これに該当する事由が生じた場合であっても即退社、解散させず、事業の承継や会社の継続を検討させるための時間的猶予をもたせるために、定款から当該事由を除外することも考えられる[17]。なお、当該記載例では、「一人社員型」

---

(16) 論点体系(4)388頁［井上健一］、新基本法コンメ(3)15頁［今泉邦子］。
(17) 江頭編著・モデル定款110頁。

に関係しない法定退社事由は記載していない。

定款記載例

> 第○条（退社）
>   1　社員は、次に掲げる事由によって退社する。
>   一　死亡
>   二　破産手続開始の決定
>   三　会社法第609条1項に規定する持分の差押権者による請求
>   2　社員は、後見開始の審判を受けたことによっては退社しない。

(ⅳ)　相続の場合の特則

社員の死亡は、法定退社事由であるが（607条1項3号）、その相続人が当該社員の持分を承継し、社員となることを定款で定めることができる（608条1項）。なお、法定相続人が複数存在する場合において、特定の相続人が持分を承継すると定めることも可能であると解されている[18]。

社員の死亡時に相続人に持分を承継する旨の定款の定めがある場合、相続人は当該持分を承継した時に社員となり、当該相続人に係る定款の変更をしたものとみなされる（608条2項・3項）。当該持分を承継した相続人が2人以上ある場合には、各相続人は、会社が同意しない限り、承継した持分についての権利を行使する者1人を定めなければ、当該持分についての権利を行使することができない（同条5項）。

以下の定款の記載例は、死亡した相続人が当然に持分を承継するのでなく、当該相続人に加入の意思があって、はじめて社員になることができるものとしている。「一人社員型」において、死亡した社員の相続人が持分の承継を望まなかった場合、社員が不在となるから、会社は解散となる（641条4号）。

定款記載例

> 第○条（相続の場合の特則）

---

(18)　会社法コンメ（14）239頁［小出篤］。

> 社員が死亡した場合には、第○条第○項第○号の定めにかかわらず、当該社員の相続人は、その持分を承継して、当会社の社員となることができる。

(2) 「全員業務執行型」
(ⅰ) 入社

前記のとおり、新たに社員を加入させるには定款変更を行う必要があり、定款に別段の定めがない限り、総社員の同意を要する（637条・604条2項）。

新たな社員の入社に関する定めは定款の絶対的記載事項ではないが、任意的に定めを置くような場合、「全員業務執行型」においては、新たに加入する社員も業務執行権限を有することになるから、総社員の同意を要することが通常であろう。

定款記載例

> 第○条（入社）
> 新たに社員を加入させる場合は、総社員の同意によって定款を変更しなければならない。

(ⅱ) 持分の譲渡

業務執行社員からその持分の譲渡を受けて当該会社の社員となるには、持分譲渡について他の社員の全員の承諾を得なければならないが、定款で別段の定めをすることもできる（585条1項・4項）。

以下の定款の記載例は、この別段の定めとして、株式会社における株式譲渡承認の実務に倣い、持分譲渡の承諾請求に書面を要求することとしている。

定款記載例

> 第○条（持分の譲渡等）
> 社員が持分の全部又は一部を譲渡又は質入れしようとするときは、他の社員に対して書面により承諾の請求を行い、他の社員全員の書面による承諾を得なければならない。

(iii) 退社

　合同会社の存続期間を定款で定めなかった場合またはある社員の終身の間合同会社が存続することを定款で定めた場合には、各社員は6か月前までに退社の予告することにより、事業年度の終了時において任意に退社することができる（606条1項——任意退社）。また、各社員は、やむを得ない事由があるときは、いつでも退社することができる（同条3項）。このほか、総社員の同意や社員の死亡等の一定の事由が発生した場合、当該社員は退社することとなる（607条1項各号——法定退社）。

　「全員業務執行型」においては、業務執行社員が比較的少人数であると思われ、総社員の同意なしに退社すると会社の業務遂行に支障を来たす可能性があることから、やむを得ない事由があるときを除いて、任意退社を認めないとする定款の定めを置くことが考えられる。また、「全員業務執行型」においては、複数の社員が存在することを前提とし、一人の社員が退社しても直ちに会社は解散とならないことから、法定退社事由に関して、「後見開始の審判を受けたこと」（同項7号）を除外する必要はなく、それよりも、業務の適格性に鑑みて、「後見開始、保佐開始、補助開始、任意後見契約にかかる任意後見監督人選任の審判があったこと」またはそれらの「申立があったこと」を退社事由に加えることが考えられる。

定款記載例

> 第○条（任意退社）
> 　各社員は、当会社が存続する間は、退社をすることができない。ただし、やむを得ない事由[19]があるときは、各社員は、いつでも退社することができる。
>
> 第○条（法定退社）
> 　社員は、第○条（任意退社）、会社法第609条第1項、同法第642条第2項、

---

(19)　「やむを得ない事由」の例示的に列挙することも考えられ、例えば、①心身の故障、②経済的困窮、③親族の療養・介護、④経営方針の不一致、⑤その他社員を継続しがたい重大な事由がある場合が挙げられる。

第2編　合同会社の実務

> 同法第845条の場合のほか、次に掲げる事由によって退社する。
> 　一　総社員の書面による同意
> 　二　死亡
> 　三　破産手続開始の決定
> 　四　後見開始、保佐開始、補助開始の審判を受けたこと
> 　五　除名

　(iv)　相続の場合の特則

　前記のとおり、社員の死亡は、法定退社事由であるが（607条1項3号）、その相続人が当該社員の持分を承継し、社員となることを定款で定めることができる（608条1項）。当該定款の定めがある場合、相続人は当該持分を承継した時に社員となり、当該相続人に係る定款の変更をしたものとみなされる（同条2項・3項）。

　「全員業務執行型」においては、死亡した社員の相続人が当然にその持分を承継するとすることは、当該相続人が当然に業務執行権限を承継することを認めることになるから、そのような定款の定めを設けることは現実的ではないであろう。以下の定款の記載例は、死亡した社員の相続人が当然に持分を承継するのでなく、当該相続人が当該持分を承継することを他の社員が同意した場合に承継することとしている。

定款記載例

> 第○条（相続の場合の特則）
> 　社員が死亡した場合には、第○条第○項第○号（法定退社）の定めにかかわらず、他の社員全員の同意がある場合に限り、当該社員の相続人は、その持分を承継して、当会社の社員となることができる。

(3)　「業務執行社員選任型」

　(i)　入社

　前記のとおり、新たに社員を加入させるには定款変更を行う必要があり、定款に別段の定めがない限り、総社員の同意を要する（637条・604条2項）。「業務執行社員選任型」においても、新たに加入する社員が業務執行社員

であろうと非業務執行社員であろうと、家族・親族等の密接な関係にある者で構成されている会社であることに鑑みれば、総社員の同意を要することが通常であろう。

定款記載例

> 第○条（入社）
> 　新たに社員を加入させる場合は、総社員の同意によって定款を変更しなければならない。

(ⅱ)　持分の譲渡

業務執行社員からその持分の譲渡を受けて当該会社の社員となるには、持分譲渡について他の社員の全員の承諾を得なければならないが、定款で別段の定めをすることもできる（585条1項・4項）。

以下の定款の記載例は、この別段の定めとして、株式会社における株式譲渡承認の実務に倣い、持分譲渡の承諾請求に書面を要求することとしている。

定款記載例

> 第○条（持分の譲渡等）
> 　社員が持分の全部又は一部を譲渡又は質入れしようとするときは、他の社員に対して書面により承諾の請求を行い、他の社員全員の書面による承諾を得なければならない。

(ⅲ)　退社

前記のとおり、合同会社の存続期間を定款で定めなかった場合またはある社員の終身の間合同会社が存続することを定款で定めた場合には、各社員は6か月前までに退社の予告することにより、事業年度の終了時において任意に退社することができる（606条1項──任意退社）。また、各社員は、やむを得ない事由があるときは、いつでも退社することができる（同条3項）。このほか、総社員の同意や社員の死亡等の一定の事由が発生した場合、当該社員は退社することとなる（607条1項各号──法定退社）。

もっとも、「業務執行社員選任型」においては、業務の執行に関与しない

非業務執行社員が存在し、退社しても会社の業務執行に支障を生じさせる懸念がないことから、任意退社を広く可能とし、投下資本の回収を広く認めることが考えられる。

なお、以下の定款の記載例では、「全員業務執行型」と異なり、「後見開始、保佐開始、補助開始の審判を受けたこと」を退社事由としていない。非業務執行社員については当該事由を退社事由とする必要性が乏しく、また、業務執行社員について当該事由が認められる場合には他の社員の一致によって業務執行社員の解任（591条5項）を行い、非業務執行社員とすればよいからである。

定款記載例

> 第〇条（任意退社）
>   1　社員は、事業年度の終了の時において退社することができる。この場合においては、各社員は〇箇月前までに当会社に退社の予告をしなければならない。
>   2　前項の規定にかかわらず、業務執行社員は、当会社が存続する間は、退社をすることができない。
>   3　前二項の規定にかかわらず、各社員は、やむを得ない事由[20]があるときは、いつでも退社することができる。
>
> 第〇条（法定退社）
>   社員は、第〇条（任意退社）、会社法第609条第1項、同法第642条第2項、同法第845条の場合のほか、次に掲げる事由によって退社する。
>   一　総社員の書面による同意
>   二　死亡
>   三　破産手続開始の決定
>   四　除名

(iv)　相続の場合の特則

前記のとおり、社員の死亡は、法定退社事由であるが（607条1項3号）、

---

[20]　前記のように、「やむを得ない事由」の例として、①心身の故障、②経済的困窮、③親族の療養・介護、④経営方針の不一致、⑤その他社員を継続しがたい重大な事由がある場合が挙げられ、これらの事由を例示列挙することも考えられる。

その相続人が当該社員の持分を承継し、社員となることを定款で定めることができる（608条1項）。

「業務執行社員選任型」においては、死亡した業務執行社員の相続人がその持分を承継することを定款で定めたとしても、当該相続人が業務執行社員として定款に掲記されない限りは非業務執行社員にとどまるとされることから[21]、会社の業務執行に支障は生じないと考えられる。なお、相続人が2人以上ある場合には、各相続人は、承継した持分についての権利を行使する者1人を定めなければ、当該持分についての権利を行使することができない（同条2項）。

定款記載例

> 第○条（相続の場合の特則）
> 1 社員が死亡した場合には、第○条第○項第○号（法定退社）の定めにかかわらず、当該社員の相続人が当該社員の持分を相続する。
> 2 前項に規定する場合で、相続人が2人以上ある場合には、各相続人は、承継した持分についての権利を行使する者1人を定めなければ、当該持分についての権利を行使することができない。

第3節　まとめ

実態として所有と経営が一致する同族会社において、合同会社の設立・維持コストが比較的低いことに加えて、業務執行の範囲、損益分配・利益配当、社員の変動等を経営の実態に合わせて柔軟に設計することができる点で、合同会社の形態を採ることは有用である。

冒頭で述べたように、合同会社を選択することにおいて課題があるとすれば、株式会社と比べた場合の世間一般の知名度・理解度の低さと、定款自治の範囲が広いことによる定款設計の難しさを挙げることができる。もっとも、前者と後者は関係しており、会社の規模や構成員の関係を踏まえたいく

---

[21] 江頭編著・モデル定款92頁。

つかの類型の定款例が普及すれば、世間一般の知名度・理解度は向上し、同族会社においても合同会社を選択するケースが増えるものと思われる。

第4節　定款記載例

　　　　　　　同族会社である合同会社の定款記載例
　　　　　　　　　　　（一人社員型）

　　　　　　　　　第1章　総則

第1条（商号）
　当会社は、○○合同会社と称する。

第2条（目的）
　当会社は、次の事業を営むことを目的とする。
　一　○○業
　二　○○業
　三　前各号に付帯関連する一切の事業

第3条（本店の所在地）
　当会社は、本店を○○に置く。

第4条（公告方法）
　当会社の公告は、官報に掲載する方法により行う。

　　　　　　　　　第2章　社員及び出資

第5条（社員及び出資）
　社員の名称及び住所並びに出資の目的及びその価額は、次の通りである。
　（氏名）○○　○○
　（住所）東京都○区○町○番○号
　（出資の目的及び価額）金銭　金○円

第6条（社員の責任）
　社員は、すべて有限責任社員とする。

第7条（持分の譲渡等）

社員は、持分の全部又は一部を譲渡又は質入れすることができる。

第3章　業務執行及び代表

第8条（業務の執行及び代表社員）
　社員は、当会社の業務を執行し、当会社を代表する。

第9条（社員の報酬等）
　社員の報酬、賞与その他の職務執行の対価として当会社が社員に支給する財産上の利益は、社員が決定し、当該決定に係る書面を作成するものとする。

第10条（競業禁止・利益相反取引制限規定の適用除外）
　社員は、他の社員がいない場合には、会社法第594条第1項各号に定める行為及び同法第595条第1項に定める取引について、他の社員の承認を受けたものとみなす。

第11条（損害賠償責任）
　社員の任務懈怠による会社に対する損害賠償責任は、悪意又は重過失による場合を除き、これを免除するものとする。

第4章　定款変更並びに社員の加入及び退社

第12条（定款の変更）
　定款の変更は、総社員の同意をもって行う。

第13条（入社）
　新たに社員を加入させる場合は、総社員の同意によって定款を変更しなければならない。

第14条（退社）
1　社員は、次に掲げる事由によって退社する。
　一　死亡
　二　破産手続開始の決定
　三　会社法第609条1項に規定する持分の差押権者による請求
2　社員は、後見開始の審判を受けたことによっては退社しない。

第15条（相続の場合の特則）
　社員が死亡した場合には、前条第1項第1号の定めにかかわらず、当該社員

の相続人は、その持分を承継して、当会社の社員となることができる。

第5章　計算

第16条（事業年度）

　当会社の事業年度は、毎年〇月1日から翌年〇月31日までとする。

第17条（計算書類）
1　社員は、各事業年度の末日の翌日から起算して〇ヶ月以内に、当該事業年度に係る計算書類を作成しなければならない。
2　計算書類は作成した時から10年間、当会社の本店に保存しなければならない。

第18条（利益配当）
　当会社が利益の配当をしようとするときは、その都度、社員が、次に掲げる事項を定め、当該決定にかかる書面を作成するものとする。
　一　配当財産の種類及び帳簿価額の総額
　二　社員に対する配当財産の割当てに関する事項
　三　当該利益の配当が効力を生ずる日

第6章　解散

第19条（解散事由）
　当会社は、次の事由によって解散する。
　一　総社員の同意
　二　社員が欠けたこと
　三　合併（当会社が消滅する場合に限る。）
　四　破産手続開始の決定
　五　会社法第824条第1項又は同法第833条2項の規定による解散を命ずる裁判

第7章　附則

第20条（最初の事業年度）
　当会社の最初の事業年度は、設立の日から〇年〇月31日までとする。

第21条（設立時の資本金の額）

当会社の設立に際して出資される財産の全額を資本金とし、その額は金○円とする。

第22条（準拠法）
　この定款に記載のない事項は、会社法その他の法令の定めるところによるものとする。

同族会社である合同会社の定款記載例
（全員業務執行型）

第1章　総則

第1条（商号）
　当会社は、〇〇合同会社と称する。

第2条（目的）
　当会社は、次の事業を営むことを目的とする。
　一　〇〇業
　二　〇〇業
　三　前各号に付帯関連する一切の事業

第3条（本店の所在地）
　当会社は、本店を〇〇に置く。

第4条（公告方法）
　当会社の公告は、官報に掲載する方法により行う。

第2章　社員及び出資

第5条（社員及び出資）
　社員の名称及び住所並びに出資の目的及びその価額は、次の通りである。

　（氏名）〇〇　〇〇
　（住所）東京都〇区〇町〇番〇号
　（出資の目的及び価額）金銭　金〇円

　（氏名）〇〇　〇〇
　（住所）東京都〇区〇町〇番〇号
　（出資の目的及び価額）
　　　　自動車　金〇万円
　　　　　登録番号　〇〇
　　　　　自動車の種別　〇〇
　　　　　用途　〇〇
　　　　　車名　〇〇

```
            型式    ○○
            車体番号  ○○
            原動機の形式 ○○
          パーソナルコンピューター　金○円
            型式    ○○
            製造者名  ○○
            製造番号  ○○
         デスク　金○円
            製造者名  ○○
            製造番号  ○○
          サイズ
             幅  ○センチメートル
             奥行 ○センチメートル
             高さ ○センチメートル
          材質  ○
          色   ○
```

第６条（社員の責任）
　社員は、すべて有限責任社員とする。

第７条（持分の譲渡等）
　社員が持分の全部又は一部を譲渡又は質入れしようとするときは、他の社員に対して書面により承諾の請求を行い、他の社員全員の書面による承諾を得なければならない。

第３章　業務執行及び代表

第８条（業務の執行）
　当会社の社員は、当会社の業務を執行する。

第９条（業務執行の決定）
１　当会社の業務は、常務を除いて、社員の過半数をもって決定する。
２　会社法第590条第３項ただし書の規定にかかわらず、当会社の常務は、別に定める業務分担規程に基づき、当該規程が定める社員が決定する。

第10条（代表社員）
１　当会社を代表する社員（以下「代表社員」という。）は、社員○○○○と

する。
2　代表社員に事故あるときは、他の社員の過半数をもって、代表社員を選定することができる。

第11条（社員の報告義務）
　社員は、当会社又は他の社員の請求があるときは、いつでもその職務の執行の状況を報告し、その職務が終了した後は、遅滞なくその経過及び結果を報告しなければならない。

第12条（社員の報酬等）
1　各社員の報酬、賞与その他の職務執行の対価として当会社が各社員に支給する財産上の利益（以下「報酬等」という。）は、当該社員以外の社員の過半数をもって決定する。
2　各社員の報酬等は、当会社の業績、当該社員の職務内容の変更、職務執行状況等を勘案し、毎事業年度において見直すものとする。
3　各社員の報酬等は、年額○円を超えることができない。
4　各社員の報酬等は、年額○円未満であってはならない。

第13条（競業等の禁止）
　社員は、当該社員以外の社員の全員の承認を受けなければ、次に掲げる行為をしてはならない。
　一　自己又は第三者のために当会社の事業の部類に属する取引をすること。
　二　当会社の事業以外の事業を自ら行うこと。
　三　他の会社の取締役、執行役又は業務を執行する社員となること。
　四　他の会社又は商人の使用人となること。

第14条（利益相反取引の制限）
　社員は、次に掲げる場合には、当該社員以外の社員の過半数の承認を受けなければならない。
　一　社員が自己又は第三者のために当会社と取引をしようとするとき。
　二　当会社が社員の債務を保証することその他社員でない者との間において当会社と当該社員との利益が相反する取引をしようとするとき。

第15条（損害賠償責任）
　社員の任務懈怠による会社に対する損害賠償責任は、悪意又は重過失による場合を除き、これを免除するものとする。

第4章　定款変更並びに社員の加入及び退社

第16条（定款の変更）
　定款の変更は、総社員の同意をもって行う。

第17条（入社）
　新たに社員を加入させる場合は、総社員の同意によって定款を変更しなければならない。

第18条（任意退社）
　各社員は、当会社が存続する間は、退社をすることができない。ただし、やむを得ない事由があるときは、各社員は、いつでも退社することができる。

第19条（法定退社）
　社員は、前条、会社法第609条第1項、同法第642条第2項、同法第845条の場合のほか、次に掲げる事由によって退社する。
　一　総社員の書面による同意
　二　死亡
　三　破産手続開始の決定
　四　後見開始、保佐開始、補助開始の審判を受けたこと
　五　除名

第20条（相続の場合の特則）
　社員が死亡した場合には、前条第2号の定めにかかわらず、他の社員全員の同意がある場合に限り、当該社員の相続人は、その持分を承継して、当会社の社員となることができる。

第5章　計算

第21条（事業年度）
　当会社の事業年度は、毎年〇月1日から翌年〇月31日までとする。

第22条（計算書類）
1　代表社員は、各事業年度の末日の翌日から起算して〇ヶ月以内に、当該事業年度に係る計算書類を作成し、各社員に提出して、社員の過半数による承認を受けなければならない。
2　計算書類は作成した時から10年間、当会社の本店に保存しなければなら

ない。
3　社員は、当会社の営業時間内は、いつでも計算書類の閲覧又は謄写を請求することができる。
4　債権者は、当会社の営業時間内は、いつでも作成した日から5年以内の計算書類の閲覧又は謄写を請求することができる。

第23条（損益分配）
　各事業年度の利益又は損失は、当該事業年度の末日における各社員の出資の価額に応じて分配する。

第24条（利益配当）
1　当会社が利益の配当をしようとするときには、その都度、社員の過半数によって、次に掲げる事項を定めるものとする。
　一　配当財産の種類及び帳簿価額の総額
　二　社員に対する配当財産の割当てに関する事項
　三　当該利益の配当が効力を生ずる日
2　前項第2号に掲げる事項についての定めは、第1号に掲げる額から第2号及び第3号に掲げる額の合計額を減じて得た額に応じて配当財産を割り当てることを内容とするものとする。
　一　当該社員に対して既に分配された利益の額（会社計算規則第32条第1項第3号に定める額がある場合にあっては当該額を含む。）
　二　当該社員に対して既に分配された損失の額（会社計算規則第32条第2項第4号に定める額がある場合にあっては当該額を含む。）
　三　当該社員に対して既に利益の配当により交付された金銭等の帳簿価額
3　社員は、第1項に定める場合を除き、当会社に対し、利益の配当を請求することができない。

第6章　解散

第25条（解散事由）
　当会社は、次の事由によって解散する。
　一　総社員の同意
　二　社員が欠けたこと
　三　合併（当会社が消滅する場合に限る。）
　四　破産手続開始の決定
　五　会社法第824条第1項又は同法第833条2項の規定による解散を命ずる裁判

第 7 章　附則

第26条（最初の事業年度）
　当会社の最初の事業年度は、設立の日から〇年〇月 31 日までとする。

第27条（設立時の資本金の額）
　当会社の設立に際して出資される財産の全額を資本金とし、その額は金〇円とする。

第28条（準拠法）
　この定款に記載のない事項は、会社法その他の法令の定めるところによるものとする。

同族会社である合同会社の定款記載例
（業務執行社員選任型）

第1章　総則

第1条（商号）
　当会社は、○○合同会社と称する。

第2条（目的）
　当会社は、次の事業を営むことを目的とする。
　一　○○業
　二　○○業
　三　前各号に付帯関連する一切の事業

第3条（本店の所在地）
　当会社は、本店を○○に置く。

第4条（公告方法）
　当会社の公告は、官報に掲載する方法により行う。

第2章　社員及び出資

第5条（社員及び出資）
　社員の名称及び住所並びに出資の目的及びその価額は、次の通りである。

　（氏名）○○　○○
　（住所）東京都○区○町○番○号
　（出資の目的及び価額）金銭　金○円

　（氏名）○○　○○
　（住所）東京都○区○町○番○号
　（出資の目的及び価額）
　　　　　自動車　金○万円
　　　　　　登録番号　○○
　　　　　　自動車の種別　○○
　　　　　　用途　○○
　　　　　　車名　○○

　　　　　　　型式　〇〇
　　　　　　　車体番号　〇〇
　　　　　　　原動機の形式　〇〇

（氏名）〇〇　〇〇
（住所）東京都〇区〇町〇番〇号
（出資の目的及び価額）
　　　　　　パーソナルコンピューター　金〇円
　　　　　　　型式　〇〇
　　　　　　　製造者名　〇〇
　　　　　　　製造番号　〇〇
　　　　　　デスク　金〇円
　　　　　　　製造者名　〇〇
　　　　　　　製造番号　〇〇
　　　　　　　サイズ
　　　　　　　　幅　〇センチメートル
　　　　　　　　奥行　〇センチメートル
　　　　　　　　高さ　〇センチメートル
　　　　　　　材質　〇
　　　　　　　色　〇

第6条（社員の責任）
　社員は、すべて有限責任社員とする。

第7条（持分の譲渡等）
　社員が持分の全部又は一部を譲渡又は質入れしようとするときは、他の社員に対して書面により承諾の請求を行い、他の社員全員の書面による承諾を得なければならない。

　　　　　　　第3章　業務執行及び代表

第8条（業務の執行）
　当会社の業務は、業務を執行する社員（以下「業務執行社員」という。）が執行する。

第9条（業務執行社員）
　業務執行社員は、社員〇〇〇〇、社員〇〇〇〇及び社員〇〇〇〇とする。

第10条（業務執行の決定）
1　当会社の業務は、業務執行社員が2人以上ある場合には、常務を除き、業務執行社員の過半数をもって決定する。
2　会社法第590条第3項ただし書の規定にかかわらず、当会社の常務は、別に定める業務分担規程に基づき、当該規程が定める業務執行社員が決定する。

第11条（業務執行社員の辞任）
　業務執行社員は、正当な事由がなければ辞任することができない。

第12条（業務執行社員の解任）
　業務執行社員は、正当な事由がある場合に限り、他の社員の一致によって解任することができる。

第13条（代表社員）
1　当会社を代表する社員（以下「代表社員」という。）は、社員○○○○とする。
2　代表社員に事故あるときは、他の社員の過半数をもって、他の業務執行社員の中から代表社員を選定することができる。

第14条（社員の業務及び財産状況の調査権）
　業務執行社員でない社員は、事業年度の終了時又は重要な事由があるときに限り、当会社の業務及び財産の状況を調査することができる。

第15条（社員の報告義務）
1　社員は、当会社又は他の社員の請求があるときは、いつでもその職務の執行の状況を報告し、その職務が終了した後は、遅滞なくその経過及び結果を報告しなければならない。
2　前項の規定にかかわらず、業務執行社員は、少なくとも○か月に1回、自己の職務の執行の状況を当会社及び他の社員に報告しなければならない。

第16条（業務執行社員の報酬等）
1　業務執行社員の報酬、賞与その他の職務執行の対価として当会社が業務執行社員に支給する財産上の利益（以下「報酬等」という。）の総額の上限（当該上限は、年額○円を超えないものとする。）は、社員の過半数をもって決定する。
2　各業務執行社員の報酬等は、当該社員を除く社員の過半数をもって決定する。

3　各業務執行社員の報酬等は、当会社の業績、当該社員の職務内容の変更、職務執行状況等を勘案し、毎事業年度において見直すものとする。
4　各業務執行社員の報酬等は、年額〇円を超えることができない。
5　各業務執行社員の報酬等は、年額〇円未満であってはならない。

第17条（競業等の禁止）
　業務執行社員は、当該社員以外の社員の全員の承認を受けなければ、次に掲げる行為をしてはならない。
　一　自己又は第三者のために当会社の事業の部類に属する取引をすること。
　二　当会社の事業以外の事業を自ら行うこと。
　三　他の会社の取締役、執行役又は業務を執行する社員となること。
　四　他の会社又は商人の使用人となること。

第18条（利益相反取引の制限）
　業務執行社員は、次に掲げる場合には、当該社員以外の社員の過半数の承認を受けなければならない。
　一　業務執行社員が自己又は第三者のために当会社と取引をしようとするとき。
　二　当会社が業務執行社員の債務を保証することその他社員でない者との間において当会社と当該業務執行社員との利益が相反する取引をしようとするとき。

第19条（損害賠償責任）
　社員の任務懈怠による会社に対する損害賠償責任は、悪意又は重過失による場合を除き、これを免除するものとする。

第4章　定款変更並びに社員の加入及び退社

第20条（定款の変更等）
1　定款の変更は、総社員の同意をもって行う。
2　当会社の定款は、本店に備え置く。
3　社員は、当会社の営業時間内は、いつでも、定款の閲覧又は謄写を請求することができる。

第21条（入社）
　新たに社員を加入させる場合は、総社員の同意によって定款を変更しなければならない。

第22条（任意退社）
1　社員は、事業年度の終了の時において退社することができる。この場合においては、各社員は〇箇月前までに当会社に退社の予告をしなければならない。
2　前項の規定にかかわらず、業務執行社員は、当会社が存続する間は、退社をすることができない。
3　前二項の規定にかかわらず、各社員は、やむを得ない事由があるときは、いつでも退社することができる。

第23条（法定退社）
　社員は、前条、会社法第609条第1項、同法第642条第2項、同法第845条の場合のほか、次に掲げる事由によって退社する。
一　総社員の書面による同意
二　死亡
三　破産手続開始の決定
四　除名

第24条（相続の場合の特則）
1　社員が死亡した場合には、前条第2号の定めにかかわらず、当該社員の相続人が当該社員の持分を相続する。
2　前項に規定する場合で、相続人が2人以上ある場合には、各相続人は、承継した持分についての権利を行使する者1人を定めなければ、当該持分についての権利を行使することができない。

第5章　計算

第25条（事業年度）
　当会社の事業年度は、毎年〇月1日から翌年〇月31日までとする。

第26条（計算書類）
1　代表社員は、各事業年度の末日の翌日から起算して〇ヶ月以内に、当該事業年度に係る計算書類を作成し、各社員に提出して、社員の過半数による承認を受けなければならない。
2　計算書類は作成した時から10年間、当会社の本店に保存しなければならない。
3　社員は、当会社の営業時間内は、いつでも計算書類の閲覧又は謄写を請求することができる。

4　債権者は、当会社の営業時間内は、いつでも、作成した日から５年以内の計算書類の閲覧又は謄写を請求することができる。

第27条（損益分配）
1　各事業年度の損失は、当該事業年度の末日における各社員の出資の価額に応じて分配する。
2　各事業年度の利益は、業務執行社員以外の社員に対し、各社員の当該事業年度の末日における出資の価額に〇パーセントを乗じた額までの分配し、残額があれば、業務執行社員に対し、各社員の当該事業年度の末日における出資の価額に〇パーセントを乗じた額までを分配し、なお残額があれば、各社員の当該事業年度の末日における出資の価額に応じて分配する。

第28条（利益配当）
1　当会社が利益の配当をしようとするときには、その都度、社員の過半数によって、次に掲げる事項を定めるものとする。
　一　配当財産の種類及び帳簿価額の総額
　二　社員に対する配当財産の割当てに関する事項
　三　当該利益の配当が効力を生ずる日
2　前項第２号に掲げる事項についての定めは、第１号に掲げる額から第２号及び第３号に掲げる額の合計額を減じて得た額に応じて配当財産を割り当てることを内容とするものとする。
　一　当該社員に対して既に分配された利益の額（会社計算規則第32条第１項第３号に定める額がある場合にあっては当該額を含む。）
　二　当該社員に対して既に分配された損失の額（会社計算規則第32条第２項第４号に定める額がある場合にあっては当該額を含む。）
　三　当該社員に対して既に利益の配当により交付された金銭等の帳簿価額
3　社員は、第１項に定める場合を除き、当会社に対し、利益の配当を請求することができない。

【参考例：会社のキャッシュフロー額にも着目した利益配当の規定】
1　社員は、当会社に対し、利益の配当として、次に掲げる額のうちいずれか少ない額を請求することができる。
　一　会社法第628条に定める、当該利益の配当をする日における利益額
　二　当該利益の配当をする日におけるイに掲げる額からロからニまでに掲げる額の合計額を減じて得た額
　　イ　当会社が受け取ったすべての現金
　　ロ　当会社の債務についてのすべての元利払い金

ハ　当会社の通常の業務によって生じたすべての現金支出
　　ニ　法令又は定款の定めにより会社が留保した積立金
２　当会社は、総社員に対し第１項の定めに従い利益の配当を行うと、会社法第631条に定める欠損額が生ずると見込まれる場合には、欠損額を生じさせない範囲まで当該社員の請求を制限することができる。

第６章　解散

第29条（解散事由）
　当会社は、次の事由によって解散する。
　一　総社員の同意
　二　社員が欠けたこと
　三　合併（当会社が消滅する場合に限る。）
　四　破産手続開始の決定
　五　会社法第824条第１項又は同法第833条２項の規定による解散を命ずる裁判

第７章　附則

第30条（最初の事業年度）
　当会社の最初の事業年度は、設立の日から〇年〇月31日までとする。

第31条（設立時の資本金の額）
　当会社の設立に際して出資される財産の全額を資本金とし、その額は金〇円とする。

第32条（準拠法）
　この定款に記載のない事項は、会社法その他の法令の定めるところによるものとする。

（山田晃久）

第3章 合弁事業と合同会社

第1節 序 説

1 合弁事業と合弁会社

　新たな事業の立ち上げに際しては、当該事業を遂行するためのビジネスプランの存在を前提に、これを実行するための資金や適切な人員、工場等の設備といった有形的な資産に加えて、さまざまな情報や販路、人的ネットワーク等の無形の資産を確保することが必要となることが通常である。自らこれらを調達することができる場合は別論として、単独でこれらを準備することが難しい場合もあり、そのような場合には、複数の当事者が、各自が保有するリソースを持ち寄って共同して事業を営むことが選択肢となる。とりわけ、外国において新規に事業展開を行おうとする者が、現地の事業者と共同して事業を実施する形を採ることによって、当該事業者が現地で既に有するブランドや販路等を活用し、新規事業のスピーディーな立ち上げを行うことがある。

　また、非常に大きなプロジェクトであるために、単独で実行するにはリスクが高いという場合に、競合事業者との共同事業という形を採ることで、リスク分担を図ることもある。大規模な建設工事等の実施に際しては、こうしたリスク分担の観点から、共同企業体が設立されることが多いようである。

　このような共同事業の遂行のためには、さまざまな手法があり、共同事業を営もうとする当事者の間で業務提携契約を締結し、それぞれの当事者が当該契約の規定に従って共同事業における役割を分担することや、それぞれの当事者が資金等を出資し、一定の事業体を組成して事業を遂行することが考えられる（以下本稿では、このような形態で遂行される共同事業を「合弁事業」

という)。かかる合弁事業に当たっては、組合が組成される場合もあれば、法人格を有する合弁会社が設立される場合もある。

このうち、法人格を有する合弁会社を組成することのメリットとして、合弁事業を営もうとする各当事者と別途独立した権利義務主体として対外的に行動できる点や、別法人とすることで有限責任性を享受でき、合弁事業から生じるリスクを一定範囲に抑えることができるといった点が挙げられる[1]。

2　合弁会社の立上げ時における検討事項

合弁会社は、各合弁当事者がそれぞれの利益に資するよう、共同で合弁事業を営むことを目的としている。このような合弁会社の性質上、その立ち上げに当たっては、当該合弁会社をどのように経営・運営していくかについて、主に次のような事項に関して、各当事者の利害を踏まえて調整して、合弁契約において決定していくことが必要となる。

(1)　出資割合の決定

合弁会社として合弁事業を実施するに際しては、各当事者がそれぞれ有する有形無形の資産を持ち寄ることが想定されるため、金銭のみならずさまざまな資産の拠出が認められることが望ましい。特に、派遣・出向等による合弁会社への人員の拠出や、情報や販路、ノウハウといった無形的な価値を有する資産の拠出は、合弁事業の遂行においては重要な要素となる。しかし、それらは客観的に金銭評価することが難しいという特徴を有する。合弁会社においては、出資割合をどのように定めるのかについて検討するに当たり、上記のような無形的な価値を有する資産をどのように評価するのかが決定的

---

[1]　有限責任事業組合契約に関する法律に基づく有限責任事業組合の組合員は、有限責任性を享受し(LLP法15条)、さらに、パススルー課税の利益を享受することができる。しかしながら、組合は法人格がなく当事者間の契約関係に過ぎないことから、事業上の権利義務関係が不安定なものとなるおそれがある。これについては、有限責任事業組合契約に関する法律等において一定の配慮がされているが(本書6頁〜8頁参照)、組合員が1人になる場合には当該組合の解散事由となり(LLP法37条2号)、合弁当事者が1人となる場合には事業継続のための措置が別途必要となる。

に重要となる。

　また、金銭出資において、各合弁当事者が対等額を出資することが想定されているのであれば特に問題は生じないが、出資額に差があるような場合には、少数派の利益をどのように確保するかも重要な検討事項となる。合弁会社は、複数の当事者が共同で事業を営むことを目的とするものであるから、株式会社におけるような資本多数決原則に従って合弁会社の経営・運営を決することができるとすると、共同で事業を営むという合弁会社の目的が損なわれるおそれがあり、こうした問題を調整するメカニズムの導入を検討することが必要となる。つまり、出資割合と議決権、損失分配、利益配当の割合等の関係をどのように規律するのか等について、合弁会社が遂行する合弁事業の目的に配慮しつつ、各合弁当事者からのバリエーションに富む出資内容を適切に反映し、各合弁当事者の利害を妥当に調整することが求められるのである。

(2)　機関設計

　合弁会社にどのような機関を設置し、合弁会社をどのように運営していくかは、その立上げ時に決定すべき基本的事項である。合弁会社の法形態によって設置が必要となる機関が異なるが、主として、出資主体である合弁当事者の意思を合弁会社の運営に反映するための機関、合弁会社の業務を執行する機関、業務執行機関が適切かつ有効な業務運営を行なっているかを監査する機関等が考えられる。こうした複数の機関を設置し、これらが適切に機能する場合には、各機関間の牽制が有効に働き、健全かつ迅速な事業運営が可能となると考えられ、債権者その他のステークホルダーに対する信頼性も向上することが期待される。

　一方で、小規模な合弁事業を営もうとする場合においては、複雑な機関設計など必要なく、各合弁当事者が直接関与できる仕組みがあれば十分事足りるという場合も多い。むしろ、合弁会社内部にさまざまな機関が存する場合には、ガバナンス形態が複雑となり、人員の配置や会議の運営等においてコスト増となる場合もあり、こうした観点から簡素な機関設計とするニーズも

あると思われる。

いずれにしても、合弁会社の目的や合弁当事者の意図に即した柔軟な機関設計が可能であることが望ましいといえる。

(3) 業務執行者の選定

合弁会社における業務執行者をどのように選定するかは、各合弁当事者の大きな関心事である。特に、合弁会社について所有と経営の分離を原則とするような法形態を採用する場合には、日々の業務執行を担う者をいずれの合弁当事者サイドからどのように派遣するかは、各合弁当事者が合弁事業の経営・運営にどの程度の影響力を行使できるかに関わる、重要なポイントとなる。

そのため、合弁会社の立ち上げに当たっては、各合弁当事者からこうした業務執行者を何名派遣するか、代表者をいずれの当事者が選任するか等について、交渉が行われ、合弁契約において約定されることが必要となる。

(4) 利益配当

合弁事業の運営から生じる果実をどのように分配するかは合弁当事者の利益に直結するものであり、合弁会社立上げ当初において十分に検討しておくべき事項である。

利益配当に関する事項は、合弁事業の経営方針に関する合弁当事者間の合意を前提として、それぞれ合弁当事者の貢献の程度等を踏まえ、柔軟に設定される必要がある。とりわけ、合弁事業においては、必ずしも出資割合に従わない形で利益配当を行うニーズもある。

また、継続的に合弁事業を拡大していくことが企図されるときには、事業から生じる利潤を各合弁当事者に配当してしまうことなく、設備投資等に振り向ける方針を採るべき場合もあると考えられるが、合弁当事者間では配当政策に関して見解が相違することも想定される。合弁事業立ち上げ当初は、各合弁当事者間で経営方針等について見解が一致していたにも関わらず、経済環境の変化や合弁当事者の経営主体の変更等により、方向性についてズレ

が生じる場合のあることは経験が教えるところであり、どのような配当政策を採用するかについても、合弁事業立上げ当初において検討しておくべき事項といえる。

(5) 持分の譲渡、払戻し

　合弁会社を通じた事業が成功するか否かを確実に見通すことは難しい上、各合弁当事者を取り巻く経済状況もどのように推移するかは不明確である。各合弁当事者としても、いつ合弁会社の経営・運営から撤退する必要が生じるかはわからないことからすれば、合弁会社の立上げの段階から、各合弁当事者が退出する場合の方法や条件等について明確にしておくことが肝要である。

　各合弁当事者が退出する方法としては、退社して合弁会社から持分の払戻しを受ける方法と持分を全部譲渡する方法とが考えられる。この点、合弁会社においては、各合弁当事者が有形無形の資産をそれぞれ持ち寄ることが基本となるところ、退出に当たり当初に拠出した資産等を取り戻すことができるような仕組みが確保されていれば、合弁事業を開始するに当たって必要な資産等を拠出しやすくなるといえるだろう[2]。他方、拠出された資産が合弁当事者の退出に伴って流出し、合弁会社による合弁事業の継続が困難となる事態を避けるため、可能な限り他の合弁当事者の退出を抑制したいという上記とは矛盾した意向も働く。こうした意向を適切に反映した仕組みが採られる必要がある。

　さらに、合弁会社の経営・運営においては、各合弁当事者間の意見が相違し合意に達することができない状態（いわゆるデッドロック）に陥る場合もあり、こうした事態に至った場合において合弁会社の経営から退出することを可能とする手段を確保しておくことも重要である。

　ある合弁当事者が合弁会社の経営から退出しようとする場合に、他の第三者がこれに代わって経営に参画するということは通常想定されていない。少

---

[2] 宍戸・合弁合同会社223頁～224頁。

なくとも、合弁会社における各合弁当事者の人的密接性を重視して、各合弁当事者が保有する持分については、第三者への譲渡が制限されるのが通常である。合弁契約においては、ある合弁当事者が出資持分を第三者に譲渡しようとする場合に、他の合弁当事者に当該第三者に対するものと同一またはそれよりも有利な条件で優先的に買い取る権利を付与する先買権（first refusal rights）に関する条項や、他の合弁当事者に対して自己の保有する持分を一定の条件で買い取ることを求めるプットオプション条項、これと反対に、一定の条件で他の合弁当事者からその保有する持分を譲渡するよう求めることができるコールオプション条項といった規定が盛り込まれることが多い。

また、合弁当事者が第三者に持分を譲渡しようとする場合に、他の合弁当事者の保有する持分も譲渡するよう求めることができるドラッグアロング条項や、ある合弁当事者が第三者に出資持分を譲渡しようとする場合に、自らの持分も当該第三者に対して売却するよう求めることができるタグアロング条項といった、出資持分の譲渡の際に効力を発揮する条項が約定されることもある。

3 株式会社（非公開会社）形態と合同会社形態

以下では、株式会社形態の合弁会社の立上げ時における検討課題について整理した後、それを参考に、株式会社の代わりに合同会社を用いる場合の利点について検討し、それを実現するための定款の記載例について検討する。

なお、実務上、合弁会社の定款自体は比較的シンプルなものとしつつ、出資当事者間で合弁契約書（Joint Venture Agreement）を締結するのが通常であり、このことはいずれの法形態を採用する場合でも基本的に異ならないと思われるが、本稿ではかかる合弁契約書の条項についての検討は必要な範囲に留めることとする。

第2節　株式会社形態の合弁会社の立上げ時における検討課題

1　序

　会社法は、株式会社について定款自治を拡大したが、なお、株主平等原則が採用され、種類株式制度についても会社法108条1項所定の9種類のものしか認められていない。非公開会社においては、剰余金の配当を受ける権利、残余財産の分配を受ける権利および株主総会における議決権について、定款において、いわゆる属人的定めを設けることができるが（109条2項）、その限界については必ずしも明確でなく[3]、株式会社形態の合弁会社においては、合弁契約の内容をどの程度定款記載事項とすることができるのか、定款の記載事項とすることができない合弁契約の内容がどのように合弁当事者を拘束するのかが、検討課題となる。

　以下においては、合弁事業の立上げ時における検討事項の各項目に関して、株式会社形態の合弁会社を立ち上げる場合にどのように対処することが考えられるかについて検討する。

2　出資割合の決定

　各合弁当事者が合弁会社に対して有する出資割合については、金銭のみならず、設備や知的財産権等のバリエーションに富んだ各当事者からの出資内容を反映した内容とすることが求められる。この点、株式会社においては、金銭以外の財産を出資すること（現物出資）も可能ではあるが、定款に記載・記録し（28条1号）、定款に記載・記録された価額の総額が500万円を超えない場合等の一定の場合を除き、裁判所が選任する検査役の調査が必要となる（33条）。そのため、実務的には、会社成立後において、対象財産を合弁企業に賃貸する等の方法が採られる場合が多いが、そうした方策が採ら

---

[3]　江頭135頁注10では「属人的定めが、具体的な強行法規もしくは株式会社の本質に反し、または公序に反するものであってはならず、かつ、株主の基本的な権利を奪うものであってはならない」とする。

れる場合には、各当事者の出資割合には反映できないということになる[4]。

また、株主平等原則（109条1項）の下、一株一議決権の原則（308条1項）に従うと、過半数の出資割合を有する合弁当事者が合弁企業の経営・運営について大半のことを決することができることとなってしまい、少数の出資割合しか保有しない合弁当事者にとってはきわめて不都合な事態となる。そのため、株式会社を合弁企業体として用いる場合には、これを調整するメカニズムを導入することが必須となる。具体的には、合弁当事者間で締結される合弁契約において合弁企業の経営・運営に関する重要事項について少数派の同意を要する旨規定する方法のほか、定款の定めにより、株主総会や取締役会の決議要件を加重する方法、種類株式制度と単元株制度を併用する方法などが考えられるが、とりわけ、非公開会社においては、拒否権付種類株式制度だけでなく、役員選任権付種類株式制度を利用することができ（108条1項8号・9号）、さらに、株主の権利に関する事項について、定款で属人的定めを置く方法（109条2項）などが考えられる[5]。

3　機関設計

株式会社における機関設計は、平成17年会社法により大幅に柔軟化されたものの、所有と経営の分離を原則とすることから、非公開会社であっても、株主総会に加えて取締役が最低限必要とされる（326条1項）。

基本的に合弁企業においては、合弁当事者間の密接な結び付きが重視されることから、株式の譲渡制限が付されるのが通常であるため、最も簡素な機

---

(4)　なお、株式会社が、その成立後2年以内におけるその成立前から存在する財産であって、その事業のために継続して使用するものを取得する契約を締結しようとするときは、その財産の対価として当該会社が交付する財産の帳簿価額の合計額が、純資産額の20％を超える場合には、株主総会の特別決議が必要となる（事後設立。467条1項5号・309条2項11号）。事後設立による場合にも、それを各当事者の出資割合に反映できない。

(5)　金丸和弘＝棚橋元＝奈良輝久＝清水建成＝日下部真治・ジョイント・ベンチャー契約の実務と理論〔新訂版〕（金融財政事情研究会、2017）82頁～100頁参照〔堀天子・大原慶子・清水建成〕。

関設計は株主総会と取締役ということになるが、非公開会社であっても、大会社に該当する場合には、計算書類の適正を確保するために会計監査人の設置が必要となり（328条2項）、指名委員会等設置会社・監査等委員会設置会社以外の会計監査人設置会社においては、監査役を設置しなければならない（327条3項）[6]。このように、合弁会社において規模の大きい事業を営むことを想定する場合には会計監査人や監査役を設置するコストを負担することが必要となる。

なお、上記の法定の機関ではなくても、例えば執行役員や経営会議といった役職・機関を設置することも可能である。

4　業務執行者の選定

株式会社においては、所有と経営の分離により、株主総会を通じて選任される取締役が業務執行を担うこととなる。株主総会においては、資本多数決の原則が採用されているため、過半数の出資割合を有する当事者が業務執行者の選定を決する権利を有し、合弁事業の経営・運営について支配的な地位を持つこととなる。これは少数出資割合しか有しない合弁当事者にとっては不利であり、合弁事業の組成そのものに対するインセンティブを損なうおそれもある。このため、議決権種類株式と単元株制度の併用や拒否権付種類株式を利用するほか、非公開会社においては、役員選任権付種類株式や属人的定め等を利用して、合弁当事者の利害を妥当に調整することが必要となる。

5　利益配当

利益配当に関して、株式会社においては、株主平等原則により、一株当たりの配当割合は同一であるのが原則的形態であるが、剰余金配当に関する種類株式を発行したり、非公開会社の場合には定款で株主ごとの属人的定めを

---

[6] 指名委員会等設置会社や監査等委員会設置会社においては、取締役会と委員会のほか（2条11号の2・12号・327条1項3号・4号）、会計監査人の設置が義務づけられる（327条5項）。

置くことで、株式の保有割合と異なる利益配当の実施が可能となる。

　なお、具体的な剰余金配当については、株主総会の決議を要するのが原則であるが、監査等委員以外の委員である取締役の任期が1年以内である監査等委員会設置会社と指名委員会等設置会社のほか、取締役の任期が1年以内の会計監査人設置会社で、かつ、監査役・監査役会設置会社においては、定款の定めにより、取締役会決議で配当決議をすることができるものとされている（459条──剰余金の配当等の決定機関の特則）。合弁会社においては、この特則を積極的に利用することはないように思われるが、いずれにしても、株主総会または取締役会における配当決議がなければ、剰余金配当はされないため、配当決議が確実に行われるための手当てについても検討する必要があろう。

6　持分の譲渡、払戻し

　株式会社においては、退社制度は認められておらず[7]、株主に対する投下資本回収の方途として株式譲渡の自由原則が採用されているが（127条）、発行する全株式について、譲渡制限を付することが可能である（107条1項1号──非公開会社）。

　この場合、譲渡承認手続が定められており（136条以下）、譲渡の承認をしない場合には、会社または指定買取人による対象株式の買取りが求められ、会社または譲渡等承認請求者は裁判所に対して売買価格の決定の申立てをすることができる（140条・144条2項）。裁判所は、譲渡等承認請求時における会社の資産状態その他一切の事情を考慮して売買価格を決定しなければならないものとされている（144条3項）。つまり、株式会社においては、譲渡の絶対的禁止は認められておらず、株主に適正な価格での退社の機会が確保されているのである。

　合弁当事者が合弁会社の経営から退出する場合に、合弁当事者以外の第三

---

[7]　反対株主の株式買取請求権制度や会社による自己株式の有償取得は、会社財産による株式の買取りであるが、株主側からの任意の退社制度ではない。

者が当該合弁当事者の持分を譲り受けて、これに代わって経営に参画することが想定されていないことは前述のとおりである。したがって、この譲渡承認制度は合弁会社において適切でない場合が少なくなく、合弁当事者間の合弁契約により先買権条項を設ける等により、株式の譲渡を契約上制約するといった方法が採られている。

第3節　合同会社形態の合弁会社の定款例

1　序

　合弁会社の法形態としては、依然として株式会社が選択されることが多いと思われるが、昨今ではスタートアップ企業を中心に合同会社の活用が広がってきており[8]、合同会社に対する認知度も高まる中で、その利用のメリットが明らかとなれば、今後は合弁会社に合同会社を用いる事例が増加していくことも期待されるところである。

　そこで以下では、第1編の法的検討結果を踏まえ、また江頭編著・モデル定款の定款例に依拠しつつ、合同会社形態の合弁会社の定款例を検討することを通して、上記にみてきたような合弁会社の立上げに当たって検討が必要な事項に関して、株式会社ではなく、合同会社を活用することでどのような利点があるかについて検討する。

(1)　各合弁当事者の出資割合の決定

　各合弁当事者が合弁会社に対して、知的財産権等の金銭以外の資産を出資する場合、合同会社では、株式会社におけるような現物出資に係る検査役の調査制度は定められておらず、財産引受け等の変態設立制度も設けられてい

---

[8]　2018年7月1日付・日本経済新聞朝刊「「合同会社」起業しやすく　新設企業の4社に1社　設立手続き簡易　意思決定を速く」。なお、東京商工リサーチが2018年5月23日に公表したデータによると、2017年の新設法人は約13万2千社であり、株式会社が約9万2千社、合同会社が約2万7千社ということである。http://www.tsr-net.co.jp/news/analysis/20180523_02.html

ない。

　合同会社のほうが、公証人による定款の認証等が義務づけられていないため、株式会社を利用する場合に比して、設立に要する費用や時間を節約することができるが、とりわけ、合弁当事者からさまざまな形態での出資が想定される場合には、現物出資規制がないことにより、いよいよ設立に要する費用や時間の点でメリットが認められることとなる。

　もっとも、この場合でも、合弁当事者間において現物出資の目的の価額について合意することが必要であることから（576条1項6号――定款の絶対的記載事項）、他の合弁当事者が金銭以外の資産を出資しようとする場合には、出資対象財産の価額についてデューディリジェンスを行ったり、専門家による評価を求めたりすることが必要となる場合も多いことに留意しなければならない。

一部の合弁当事者が金銭以外の財産を出資の目的とする場合の例

```
第○条（社員及び出資）
　社員の名称及び住所、並びに社員によって出資された目的物及びその価額
は、次のとおりとする。
　　1　（名称）　A株式会社
　　　　（住所）　B県C市D町1丁目2番
　　　　（出資の目的物）　金銭
　　　　（出資の目的物の価額）　金○○円
　　2　（名称）　E株式会社
　　　　（住所）　F県G市H町1丁目2番
　　　　（出資の目的物）　別紙記載の土地及び建物
　　　　（出資の目的物の価額）　金○○円
```

(2)　業務執行の決定

　業務執行の決定について、合同会社では一社員一議決権がデフォルトルールとなっているため（590条2項）、合弁当事者が2社である場合を前提とすれば、かかるデフォルトルールに従うことで、少数の出資割合しか保有しない合弁当事者の利益を確保することが可能となる。

　しかしながら、これに単純に従うと、両当事者の方向性が一致しない場合

には常にデッドロックに陥ることとなり、合弁会社の運営上問題が生じやすい。そのため、デッドロックが生じた場合に第三者に持分を譲渡することを可能とする等により、合弁会社の経営から退出する途を確保しておくことも考えられるが、適切な持分譲受人を見いだすことは容易ではなく、また、合弁会社の経営に残る合弁当事者としては、持分が第三者に譲渡された後の合弁会社を円滑に運営することができるかどうかも、大きな問題となる。このため、実務的には、職務執行者会議等の合弁当事者の利害調整の機関を置く、あるいは一社員一議決権の範囲を一定事項に制限するといった、できる限りデッドロックに陥らない方策を採用することが合理的となろう[9]。なお、合同会社においても、資本多数決のように出資割合に応じた形で合弁企業の経営・運営への決定権を付与することも可能である。

一社員一議決権の範囲を一定事項に制限する場合の例

> 第○条（業務執行の決定）
> 　当会社の業務は、社員Ａ株式会社が決定する。但し、次に掲げる業務については、社員の過半数をもって決定するものとする。
> 　1　○○○
> 　2　○○○

一方、3社以上の合弁当事者がいる場合、一社員一議決権というデフォルトルールを採ったとしても、多数派の合弁当事者が協働することによって少数派の意向に沿わない合弁会社の運営がなされるおそれがある。そこで少数派の当事者としては、特に重要な事項の決定については全員一致を必要とするといった定款規定の導入を主張していくことが必要となろう。

一社員一議決権を原則としつつ、一定事項について全員一致を必要とする場合の例

> 第○条（業務執行の決定）
> 　当会社の業務は、常務を除いて、社員の過半数をもって決定する。但し、次に掲げる業務の決定については、社員の全員一致によるものとする。
> 　1　○○○

---

[9]　江頭編著・モデル定款163頁以下。

第2編　合同会社の実務

> 2　○○○

(3)　機関設計

　所有と経営の分離が原則とされている株式会社と異なり、合同会社では、社員自らが合同会社の業務を執行するのが原則的な形態であり、法定の機関は特に定められていない。そのため、平成17年会社法によりバリエーションに富む機関設計が可能となった非公開会社と比較しても、さらに柔軟な設計を施すことができ、多様な合弁企業の運営形態に対応することが可能といえる。

　例えば、複数の合弁当事者が存する合弁会社においては、社員の意思決定の手続と意思決定の内容を明確化するために、合弁会社の経営の重要な事項について決議する社員総会を設置することが考えられる[10]。もっとも、社員総会に欠席せざるを得ない社員の利益保護のため、議決権の代理行使制度や書面投票制度を整備するほか、決議事項に応じてきめ細かな定足数要件や議決要件を定めることが必要となり、社員総会制度にどのようなメリットがあるか、なお検討を要するように思われる。

　大会社に相当する規模の合弁会社においては、その財務諸表の対外的信用の確保の観点等から、会計監査人を任意に設置することも選択肢となろう。任意に設置された会計監査人に対して、株式会社の会計監査人に関する規定は適用されないため、会計監査人の権限ないし職責について、規定を設けることが必要となる。

会計監査人を設置する場合の例

> 第○条（会計監査人）
> 　1　当会社は、独立の公認会計士又は監査法人を、会計監査人として置く。
> 　2　会計監査人は、当会社の財務諸表を毎事業年度監査するものとし、当会社の各事業年度終了日から○日以内に、その結果を社員に報告するものとする。当該監査は、日本において一般に公正妥当と認められる監査

---

(10)　本書142頁以下参照。

> 基準に従って行われるものとする。
> 3 会計監査人に関する事項は、別途定める。

(4) 業務執行者の選定等
　(i) 業務執行社員

　合同会社においては、出資割合に関わらず、各社員が合同会社の業務執行を担うのが原則的な形態であり（590条1項）、業務を執行する社員は、原則として各自合同会社を代表するものとされている（599条1項本文・2項）。このデフォルトルールは、合弁会社における少数出資者の保護という観点において優れているといえる[11]。

　なお、定款の定めまたは定款の定めに基づく社員の互選によって業務執行社員の中から代表社員を定めることもできる（599条3項）。さらに、社員の間に非業務執行社員と業務執行社員の区別を認めて、一部の社員に業務執行を任せることもできる（591条1項）。

　各合弁当事者が合弁会社の経営・運営に積極的に関与することが想定されている場合には、このような区別は必要でない場合も多いと思われる。一方で、多数の合弁当事者が関与し、その一部の当事者が中心となって合弁会社を経営・運営していく場合には、こうした規定を置くことが合理的であるといえる。ただ、そのような場合には、非業務執行社員による業務のモニタリングを可能とするために、業務および財産状況調査権を広範に認めることが適当であろう。

業務執行社員に関する規定の例

> 第○条（業務執行社員）
> 　業務執行社員は、A株式会社及びB株式会社とする。

---

[11] 宍戸・合弁合同会社228頁。もっとも、社員が複数ある場合には、定款に別段の定めがある場合を除き、社員の過半数をもって業務執行の決定が行なわれることとなるため（590条2項）、3社以上の合弁当事者が存する合弁会社においては、多数派を占める合弁当事者の意向に沿って業務執行が行われてしまう可能性もあることは前述のとおりである。

第○条(業務執行社員の辞任)
　1　業務執行社員は、正当な事由がなければ辞任することができない。
　2　前項の正当な事由とは、次に掲げる事由により業務執行社員としての任務を遂行することができなくなることをいう。
　(1)　経営方針の不一致
　(2)　破産手続開始、民事再生手続開始または会社更生手続開始の決定を受けた場合
　(3)　その他、業務執行社員を継続し難い重大な事由がある場合

第○条(業務執行社員の解任)
　1　業務執行社員は、正当な事由がある場合に限り、他の社員の一致によって解任することができる。
　2　前項の正当な事由とは、次に掲げる事由をいう。
　(1)　出資の義務を履行しないこと
　(2)　業務を執行するにあたって不正行為があったこと
　(3)　重要な義務を尽くさないこと
　(4)　著しい不適任
　(5)　破産手続開始、民事再生手続開始または会社更生手続開始の決定を受けた場合

第○条(業務及び財産状況に関する調査)
　社員は、いつでも当会社の業務及び財産の状況を調査することができる。

(ii)　法人の業務執行社員の職務執行者

　合弁事業における合同会社の社員は法人であることが基本となるところ、法人も業務執行社員となることができ(598条1項)、代表社員となることもできる(599条1項)。法人が業務執行社員(代表社員)となる場合には職務執行者を選任する必要があり、これを選任した場合にはその者の氏名および住所を他の社員に通知することとされている(598条1項)。また、代表社員が法人である場合の職務執行者の氏名と住所は登記事項である(914条8号)。
　職務執行者の選任については、業務執行社員(代表社員)である法人における業務執行決定機関が権限を有するということになっている(取締役会設置会社であれば取締役会決議、取締役会非設置会社であれば取締役の過半数の決定による)。法人社員の職務執行者が合弁会社の具体的な業務を執り行って

いくこととなるため、その人選は他の合弁当事者にとっても重大な関心事であり、場合によっては職務執行者の選任に当たっては他の合弁当事者の一定の関与を認める仕組みを合弁当事者間で合意しておくことが適切な場合もありえると思われる。定款例では、職務執行者の候補者の属性を、事前に他の社員に提示し、意見を聴取するという手続を履践させることとしている。

職務執行者に関する規定の例

> 第○条（職務執行者の選任）
> 1　法人である業務執行社員は、その職務を行うべき者（以下「職務執行者」という。）を各1名選任するものとする。
> 2　職務執行者を選任しようとする業務執行社員は、候補者の氏名及び住所、経歴を事前に他の社員に提示し、その意見を聴取しなければならない。
> 3　法人である業務執行社員は、職務執行者を選任した場合には、その旨を他の社員に通知する。
> 4　前2項の規定は、職務執行者を変更する場合に準用する。

なお、合弁会社が合同会社形態の場合に、法人業務執行社員の職務執行者は、合弁会社のために善管注意義務を尽くして忠実にその職務を遂行しなければならないが（598条2項・593条1項・2項）、職務執行者は法人業務執行社員の受任者であり、法人業務執行社員（の代表取締役）の指図に従う義務がある（受任者の指図遵守義務）。このことは、株式会社における取締役が、特定の合弁当事者から派遣された者であっても、合弁会社のために善管忠実義務を尽くして忠実にその職務を遂行しなければならず（330条、民法644条、会社法355条）、当該合弁当事者の指図に従う義務はないことと対照的である。

これは、主として理論的問題に過ぎないように思われるが、法人取締役制度が認められていない株式会社よりも、合同会社のほうが派遣する業務執行者を確実にコントロールすることが可能になるということができよう。他方、法人業務執行社員は、その職務執行者の任務懈怠が認められる場合に、その職務執行者とともに対会社責任と対第三者責任を負うこととなる（596条・597条・598条2項）。

(iii) 競業禁止・利益相反取引の制限

業務執行社員は、定款に別段の定めがある場合を除き、当該社員以外の社員全員の承認を受けなければ、①自己または第三者のために合同会社の事業の部類に属する取引をすること、②合同会社の事業と同種の事業を目的とする会社の取締役、執行役または業務を執行する社員となることが禁止されており（594条1項）、法人である業務執行社員の職務執行者も同様である（598条2項）。

この点、合弁会社は、合弁当事者が既に有するリソース等を用いて合弁事業を営もうとするものであるから、合弁事業が、業務執行社員が従来より営んでいる事業と同種のものとなる可能性は否定できない。したがって、下記の定款例のように合弁当事者の取締役等に就任することは除くなど、一定の例外規定を設けておくことが妥当である場合が多いであろう。

競業禁止に関する規定の例

> 第○条（競業の禁止）
> 　業務執行社員及びその職務執行者は、他の業務執行社員全員の承認を受けなければ、次に掲げる行為をしてはならない。
> 　1　自己又は第三者のために当会社の事業の部類に属する取引をすること。但し、当会社の社員である会社のためにする場合を除く
> 　2　当会社の事業と同種の事業を目的とする会社（但し、当会社の社員である会社を除く。）の取締役、執行役又は業務を執行する社員となること

また、業務執行社員は、定款に別段の定めがある場合を除き、①業務執行社員が自己または第三者のために合同会社と取引をするとき、②合同会社が業務執行社員の債務を保証するときその他社員でない者との間において合同会社と当該社員との利益が相反する取引をするときは、当該社員以外の社員の過半数の承認を得る必要がある（595条1項）。

合弁当事者においては、合弁会社を通じた販路拡大等を企図する場合等、合弁会社と間で一定の取引を実施していくことが多いと考えられ、そのような場合にも都度上記の手続に則る必要があるとすることは煩瑣であるといえ、競業禁止の場合と同様に、合弁当事者との間の一定額以下の取引につい

ては除くといった取扱いを定めておくのが適当であろう。

利益相反取引の制限に関する規定の例

> 第○条（利益相反取引の制限）
>   業務執行社員及びその職務執行者は、次に掲げる場合には、他の業務執行社員の過半数の承認を受けなければならない。但し、当会社の社員との間で年間○○円を超えない取引を行う場合はこの限りではない。
>   1　自己又は第三者のために当会社と取引をしようとするとき
>   2　当会社が業務執行社員又は職務執行者の債務を保証することその他社員でない者との間において当会社と当該社員又は職務執行者との利益が相反する取引をしようとするとき

(iv)　業務執行社員等の報酬

　業務執行社員、業務執行社員が法人の場合には、業務執行社員およびその職務執行者については、特約がある場合に限り、合同会社に対して報酬を請求することができる（593条4項・598条2項、民法648条）。

　この点、合弁会社における業務執行社員は法人であることが通常であるところ、持分保有割合によっては、法人税法上の受取配当等益金不参入制度（同法23条1項）の適用もあり[12]、利益配当として受領するほうが税務上のメリットがある場合が多いと考えられる。そこで、定款例としては、業務執行社員に対する報酬の規定は置かず、職務執行者について業務執行社員の一致により定めることで報酬を支給することができる形としている。

職務執行者の報酬に関する規定の例

> 第○条（職務執行者の報酬）
>   職務執行者に対する報酬、賞与その他の職務執行の対価として当会社が各職務執行者に支給する財産上の利益の額及びその支払方法の決定は、業務執行社員の全員一致によるものとする。

---

[12]　江頭編著・モデル定款169頁。

(5) 定款の変更、社員の新規加入

　合同会社における定款の変更は、総社員の同意によって行うことが原則とされており（637条）、合弁会社においても基本的には合弁当事者全員の同意を必要とすることが適当と考えられる。ただし、多数の合弁当事者が関与し、その一部の当事者を中心として合弁会社を経営・運営していくために業務執行社員と非業務執行社員の区別を設ける場合には、非業務執行社員による不同意によって定款変更が妨げられることを防ぐ目的で、「業務執行社員全員の同意による」とすべきとの見解もある[13]。

　また、合同会社の社員の加入については、当該加入に係る定款変更をすることが必要である（604条2項）。この点についても、合弁会社においては基本的には合弁当事者全員の同意を必要とすることが通常であると考えられる。

定款の変更等に関する規定の例

> 第○条（定款の変更）
> 　当会社の定款の変更は、総社員の同意をもって行う。
>
> 第○条（入社）
> 　当会社に新たに社員を加入させる場合には、総社員の書面による同意を得た上で、定款の変更をしなければならない。

(6) 利益配当

　株式会社においては、株主平等原則に基づき、一株当たりの配当割合は同一であることを原則とする。合同会社では、損益分配の割合は、原則として各社員の出資の価額の割合に応じて定められる（622条1項）。一方で、非公開会社である株式会社においては、定款における属人的な定めにより、また合同会社においては定款で別段の定めをすることにより、いずれも出資割合と異なる配当メカニズムを採用することが可能となっており、この点でいずれの法形態を採用するかについて大きな違いはないといえる。

　合同会社においては、社員が合同会社に対して一定の額の配当を請求すれ

---

[13] 江頭編著・モデル定款170頁。

ば、当該社員に配当を受ける具体的権利が発生し、会社には配当を行う義務が生じることが原則であるが（621条1項）、定款で利益の配当を請求する方法その他の利益の配当に関する事項を定めることができる（同条2項）。株式会社では株主総会決議がなければ具体的な利益配当請求権が生じない一方、合同会社ではこうした決議を経ることなく各社員に配当請求が存するのが原則となっており、少なくとも合弁会社に余剰資金を残しておく必要性が低い場合には、全配当を原則とする合同会社のほうがより適合的であろうとする見解もある[14]。

もっとも、実務上は、定款で、基本的に株式会社の場合に準じて（社員総会の決議または社員の過半数の決定）、利益の配当を請求する方法その他の利益の配当に関する事項が定められることとなるのが通常と思われる（621条2項）。その場合は、各社員は自己の持分に分配された当期純利益額の集積額を当然に請求できるわけではなく、配当請求権の存否という点でも株式会社と大差は無いということになる。

利益配当に関する規定の例

第○条（利益配当）
1　当会社は、利益の配当をしようとするときには、その都度、社員の過半数によって、次に掲げる事項を定めなければならない。
　(1)　配当財産の種類及び帳簿価額の総額
　(2)　社員に対する配当財産の割当てに関する事項
　(3)　当該利益の配当が効力を生ずる日
2　社員は、前項に定める場合を除き、当会社に対し、利益の配当を請求することができない。

---

(7)　持分の譲渡、退社による持分の払戻し

　(ⅰ)　持分の譲渡

合弁事業の安定的な運営のためには、継続的に合弁当事者が合弁企業の経営に関与し続けることが重要であるため、合弁当事者が退出・交替すること

---

[14]　宍戸・合弁合同会社231頁。

は合弁事業の継続性そのものに影響することとなる。一方で、合弁当事者の投下資本の回収の期待についても一定の範囲で保護することが必要である。合弁当事者による持分の譲渡や退社による持分の払戻しの取扱いに関しては、これらの相互に矛盾した要請をどのように調整するかを検討しなければならない。

合同会社の社員については、合同会社の「人的会社性」を踏まえて、他の社員全員の承諾がなければ、その持分の全部または一部を他人に譲渡することができないのが原則である（585条1項）。譲渡の承認をしない場合においても、株式会社におけるような会社または指定買取人による買取制度は採用されていない。さらに、定款において、譲渡の絶対的禁止を定めることも認められている。

持分譲渡に関する規定の例

> 第○条（持分の譲渡等）
> 　当会社の社員が持分の全部又は一部を譲渡又は質入れしようとするときは、他の社員に対して書面により承諾の請求を行い、他の社員全員の書面による承諾を得なければならない。

なお、実務的には、合弁当事者が持分を譲渡しようとする場合における他の合弁当事者の先買権の規定を設け、上記の各利益の調整を図ることとなるものと考えられる。

先買権に関する規定の例

> 第○条（先買権）
> 　当会社の社員（以下「譲渡社員」という。）は、持分の全部又は一部を当会社の社員以外の第三者（以下「譲渡予定先」という。）に対して譲渡しようとするときは、他の社員に対して、譲渡予定先に対して譲渡を希望する旨、対象持分割合、譲渡価額その他の条件（以下「譲渡条件」という。）を書面により通知するものとし、当該書面を受領した社員は、その受領後○日以内に譲渡社員に対して書面で通知することにより、譲渡条件と同一又はより有利な条件により譲渡社員の有する持分を買い取る権利を有するものとする。

(ⅱ) 任意退社

　合同会社における合弁当事者の投下資本の回収のために、任意退社制度の活用が考えられる。合同会社の存続期間を定款で定めていなかった場合またはある社員の終身の間合同会社が存続することを定款で定めた場合には、各社員は、事業年度の終了のときにおいて退社することができるとされている（606条1項）。かかる任意退社については、定款で別段の定めをすることも妨げないとされているが（同条2項）、各社員は「やむを得ない事由」があるときはいつでも退社することができる（同条3項）。

　合弁会社の継続性と合弁当事者の投下資本回収への期待との調整を考えるに当たっては、この「やむを得ない事由」とはどのようなものかが決定的に重要となる。「やむを得ない事由」について、一般的には、「社員が単に当初の意思を変更したというだけでは足りず、定款規定を定めた時や入社・設立時に前提としていた状況等が著しく変更され、もはや当初の合意どおりに社員を続けることができなくなった場合等」をいうものと解されているが[15]、その解釈に関して見解が確立されている状況にない。そのため、どのような場合に退社が可能となるかについて明確にするためにも、当該合弁会社において想定される「やむを得ない事由」を定款に定めておくことも合理的であろう。その場合、法定の「やむを得ない事由」に該当しないとしても、定款で定めた退社事由として認められることとなる（607条1項1号）。

　合同会社を合弁事業のために用いる場合には、「やむを得ない事由」について、可能な限り制限的に捉えられるべきであろう。「やむを得ない事由」による任意退社を限定するための方策として、定款に一定の条項を規定することを検討すべきとする見解もある[16]。具体的には、一定期間任意退社を制限する等、社員の退社を制限する規定を定款に盛り込むことで、「やむを得ない事由」が制限的に解釈される可能性があると説く[17]。また、606条3項の趣旨が投下資本の回収の途を出資者に確保するという点にあることから

---

(15) 立案担当者162頁。
(16) 金丸ほか・前掲注(5)26頁［清水・近藤］。

すれば、定款に、先買権条項等を規定し、社員が投下資本を回収する機会を担保することで、「やむを得ない事由」を限定的に解釈する方向に導くことが可能とする[18]。

以下の定款例では、「やむを得ない事由」について列挙して定めることとしているが、いずれにしても、合弁当事者間に「やむを得ない事由」の解釈を巡る紛争が生じる可能性があることについては、合弁会社として合同会社を利用する場合に十分留意しておく必要があるといえよう。

任意退社に関する規定の例

> 第○条（任意退社）
> 　当会社の社員は、他の社員全員の承諾を得た場合に限り、退社することができる。ただし、当会社の社員は、次に掲げる事由その他のやむを得ない事由があるときは、いつでも退社することができる（以下本条において、退社しようとする社員を「退社社員」という。）。
> (1) 他の社員の支配関係が変動し、当会社の目的を達成することが著しく困難となったとき
> (2) 当会社の運営に関して、決議の要件を充足できない等により、当会社の業務執行の決定を行うことができない事態（以下、本条において「デッドロック」という。）に至った場合において、業務執行社員がデッドロックの宣言をした日から30日間を経過しても、なおデッドロックが解消されない場合
> (3) 他の社員が、本定款又は○年○月○日付社員間契約に定める当会社の継続に重大な影響のある義務規定に違反し（以下本条において、当該社員を「違反社員」という。）、退社社員からの是正を求める書面による通知後○日以内に、当該違反社員により当該違反が是正されないとき
> (4) 他の社員が支払不能の状態にあるとき、または破産手続、民事再生手続、会社更生手続その他の倒産手続開始の決定を受けたとき

　(iii) 退社に伴う持分の払戻し額の決定
　　ⅰ．合同会社においては、退社した社員は、その出資の種類を問わず、その持分の払い戻しを受けることができ（611条1項）、合弁会社は任意退

---

(17) 江頭・モデル定款176頁は、退社を抑制する観点から、一定期間内の退社については、持分の払戻を受ける権利を否定する条項を定めることを提案している。
(18) 大杉謙一「LLC制度の導入」企業会計56巻2号（2004）65頁。

社する合弁当事者に対して払い戻しをしなければならない。このように、一部の合弁当事者が合弁会社の経営から退出する場合の持分の払戻価額については、評価方法いかんによっては高額なものとなることも想定され、以後の合弁企業の運営に支障を来すおそれも考えられることから、例えば、「払戻取価額については出資額と同額とする」といったように、事前に合弁契約等で具体的な払戻価額を定めておくニーズが存するところである。

　この点、株式会社の場合、株主からの譲渡承認請求に対して、会社が買い取りをする際の具体的な買取価額については、会社と譲渡承認を求める者との間での協議によるが（144条1項）、裁判所に対する売買価格決定の申立てがあるときは（同条2項）、裁判所が定めた額が売買価格となる（同条4項）。この点裁判所は、譲渡等承認請求の時における株式会社の資産状態その他一切の事情を考慮しなければならないとされており（同条3項）、例えば、合弁契約において合弁当事者間で買取価格をあらかじめ規定していたとしても、必ずしもこれに拘束されないと考えられている[19]。このため、合弁契約において、株式の先買権条項を定め、買取り時の売買価格について合意しておくといった手当てが必要となる。

　一方、合同会社においては、社員が退社する場合には持分の払戻しを実施することとなるが、持分の払戻額について会社法上規定はなく、定款の定めがない場合には、出資の価額に応じ、定款の定めがある場合にはこれに従うことになる[20]。そのため、合弁契約上の定めを基礎に、あらかじめ定款における手当てをしておくことで、合弁当事者の一部の離脱に際して、当事者の予測可能な形で持分の払戻しを行うことができ、合弁会社の安定的な運営に資するといえる。なお、かかる退社に伴う持分の払戻しについては、会社財産の減少により損なわれる会社債権

---

[19] 金丸ほか・前掲注(5) 120頁［髙橋利昌］。
[20] 論点解説590頁。

者の利益と退社する社員の払戻しを受ける利益への配慮を踏まえて、会社法上、一定の債権者保護手続が求められる場合があることには留意が必要である（本書208頁〜210頁参照）。

ⅱ．合弁事業に対しては、金銭による出資のみならず、工場設備や不動産、特許権等の知的財産権といった金銭以外の資産による現物出資が行われる場合も多いことは既に述べたとおりである。こうした現物出資を行った合弁当事者としては、合弁会社からの退出に当たって、拠出した現物資産そのものの返還を望む場合も多いと考えられる。

　この点、株式会社形態を採る場合には、会社解散に際して、残余財産の分配に係る種類株式制度を採用するか、非公開会社における残余財産の分配に係る属人的定めを設けることにより、拠出した現物資産そのものの返還を求める可能性が認められる（504条2項・109条2項）。しかし、退社制度が認められていないため、継続中の合弁会社からこうした現物出資の対象財産を取り戻すことは困難とされている。

　一方で、合同会社においては、あらかじめ定款等で合意することにより、退社に際して、こうした現物出資の対象財産を取り戻すことも認められると考えられている[21]。この点においても、合弁会社に合同会社形態を採用することのメリットを見出すことができよう。

退社に伴う持分の払戻しに関する規定の例

第○条（退社に伴う持分の払戻し）
1　退社した社員は、その出資の種類を問わず、その持分の払戻しを受けることができる。
2　退社した社員と当会社との計算は、当該社員の出資の価額の限度で、退社のときにおける当会社の財産の状況に従って行われるものとする。
3　退社した社員の持分は、当該社員による出資財産の種類が金銭以外である場合には、出資財産の返還又は同一種類の財産の交付によって払い

---

(21) 会社法コンメ（14）265頁〜266頁［松元暢子］、郡谷大輔＝細川充「持分会社の計算（下）」商事1772号（2006）25頁、26頁。

> 戻すものとする。
> 4　退社の時にまだ完了していない事項については、その完了後に計算をすることができる。

第4節　結語──合同会社形態の合弁会社活用のメリット

　そもそも合同会社は、出資者間に人的繋がりがある場合を念頭に置いた制度である関係上、一般的には、一定の関係性のある当事者間で設立されることとなる合弁会社に用いるのに適していると考えることができる。

　しかしながら、特に、非公開会社である株式会社においては、定款に株主ごとの属人的定めを設けることができることから、合弁会社に関して合同会社形態を採用することの明らかな利点は、社員の持分譲渡を絶対的に制限できること等に限られるようにも思われる[22]。また、簡易かつ低廉に設立することができる点に合同会社のメリットがあると説かれる場合も多いが、合弁会社の設立のような企業間の取引においては、株式会社の設立コストとの間に有意な差はないものといわざるを得ない。

　もっとも、株式会社は、合同会社に比して、株主平等原則を含む会社法上の強行規定の適用される場面が多く、当事者間の意思による合弁契約での修正が制限される可能性もあり、その点で合同会社の活用に一定のメリットがあるとする見解もある[23]。こうした点含め、今後、合同会社の活用事例が広がりをみせることが期待される中で、合同会社が合弁会社として用いられるケースも多くなってくれば、裁判例の集積とそれに伴う法的安定性が増すことによって、株式会社と比べた場合の合同会社のメリットがより一層明確に意識されることとなるように思われる。

---

(22)　もっとも、実務的には、合弁会社の事例においても、持分譲渡を絶対的に制限するというニーズはそれほど高くないものと推測される。
(23)　江頭・モデル定款154頁。

第5節　定款記載例

合弁会社である合同会社の定款記載例
（対等当事者型）

第1章　総則

第1条（商号）
　当会社は、○○合同会社と称する。

第2条（目的）
　当会社は、次の事業を営むことを目的とする。
　一　○○業
　二　○○業
　三　前各号に付帯関連する一切の事業

第3条（本店の所在地）
　当会社は、本店を東京都千代田区に置く。

第4条（公告方法）
　当会社の公告は、官報に掲載する方法により行う。

第2章　社員及び出資

第5条（社員及び出資）
　社員の名称及び住所並びに出資の目的及びその価額は、次の通りである。

　（氏名）○○株式会社
　（住所）東京都○区○町○番○号
　（出資の目的物）金銭
　（出資の目的物の価額）金○円

　（氏名）○○株式会社
　（住所）東京都○区○町○番○号
　（出資の目的物）別紙記載の土地及び建物
　（出資の目的物の金額）金○円

第6条（社員の責任）
　社員は、すべて有限責任社員とする。

第7条（持分の譲渡等）
　社員が持分の全部又は一部を譲渡又は質入れしようとするときは、他の社員に対して書面により承諾の請求を行い、他の社員全員の書面による承諾を得なければならない。

第8条（先買権）
　社員（以下「譲渡社員」という。）は、持分の全部又は一部を当会社の社員以外の第三者（以下「譲渡予定先」という。）に対して譲渡しようとするときは、他の社員に対して、譲渡予定先に対して譲渡を希望する旨、対象持分割合、譲渡価額その他の条件（以下「譲渡条件」という。）を書面により通知するものとし、当該書面を受領した社員は、その受領後○日以内に譲渡社員に対して書面で通知することにより、譲渡条件と同一又はより有利な条件により譲渡社員の有する持分を買い取る権利を有するものとする。

第3章　業務執行及び代表権

第9条（業務の執行及び代表社員）
　当会社の社員は、当会社の業務を執行し、当会社を代表する。

第10条（業務執行の決定）
1　当会社の業務は、常務を除いて、当会社の社員の過半数をもって決定する。但し、次に掲げる業務の決定については、当会社の社員の全員一致によるものとする。
　一　○○○
　二　○○○
2　当会社の常務は、別に定める業務分担規程に基づき、当該規程が定める業務執行社員が決定する。

第11条（社員の報告義務）
1　社員は、当会社又は他の社員の請求があるときは、いつでもその職務の執行の状況を報告し、その職務が終了した後は、遅滞なくその経過及び結果を報告しなければならない。
2　前項の規定にかかわらず、社員は、3ヶ月に1回以上、自己の職務の執行状況を他の社員に報告しなければならない。

第12条（職務執行者の選任）
1　法人である社員は、その職務を行うべき者（以下「職務執行者」という。）を各1名選任するものとする。
2　職務執行者を選任しようとする社員は、候補者の氏名及び住所、経歴を事前に他の社員に提示し、その意見を聴取しなければならない。
3　法人である社員は、職務執行者を選任した場合には、その旨を他の社員に通知する。
4　前2項の規定は、職務執行者を変更する場合に準用する。

第13条（職務執行者の報酬等）
　職務執行者に対する報酬、賞与その他の職務執行の対価として当会社が各職務執行者に支給する財産上の利益の額及びその支払方法の決定は、社員の全員一致によるものとする。

第14条（競業の禁止）
　社員及びその職務執行者は、他の社員全員の承認を受けなければ、次に掲げる行為をしてはならない。
　一　自己又は第三者のために当会社の事業の部類に属する取引をすること。但し、当会社の社員である会社のためにする場合を除く
　二　当会社の事業と同種の事業を目的とする会社（但し、当会社の社員である会社を除く。）の取締役、執行役又は業務を執行する社員となること

第15条（利益相反取引の制限）
　社員及びその職務執行者は、次に掲げる場合には、社員の過半数の承認を受けなければならない。但し、社員との間で年間〇〇円を超えない取引を行う場合はこの限りではない。
　一　自己又は第三者のために当会社と取引をしようとするとき
　二　当会社が社員又は職務執行者の債務を保証することその他社員でない者との間において当会社と当該社員又は職務執行者との利益が相反する取引をしようとするとき

第16条（損害賠償責任）
　社員及びその職務執行者の任務懈怠による会社に対する損害賠償責任は、悪意又は重過失による場合を除き、これを免除するものとする。

第4章　定款変更並びに社員の加入及び退社

第17条（定款の変更）
　当会社の定款の変更は、総社員の同意をもって行う。

第18条（入社）
　当会社に新たに社員を加入させる場合は、総社員の書面による同意を得た上で、定款の変更をしなければならない。

第19条（任意退社）
　社員は、他の社員全員の承諾を得た場合に限り、退社することができる。ただし、社員は、次に掲げる事由その他のやむを得ない事由があるときは、いつでも退社することができる（以下本条において、退社しようとする社員を「退社社員」という。）。
　一　他の社員の支配関係が変動し、当会社の目的を達成することが著しく困難となったとき
　二　当会社の運営に関して、決議の要件を充足できない等により、当会社の業務執行の決定を行うことができない事態（以下本条において「デッドロック」という。）に至った場合において、業務執行社員がデッドロックの宣言をした日から30日間を経過しても、なおデッドロックが解消されない場合
　三　他の社員が、本定款又は〇年〇月〇日付社員間契約に定める当会社の継続に重大な影響のある義務規定に違反し（以下本条において、当該社員を「違反社員」という。）、退社社員からの是正を求める書面による通知後〇日以内に、当該違反社員により当該違反が是正されないとき
　四　他の社員が支払不能の状態にあるとき、または破産手続、民事再生手続、会社更生手続その他の倒産手続開始の決定を受けたとき

第20条（法定退社）
　社員は、前条、会社法第609条第1項、同法第642条第2項、同法第845条の場合のほか、次に掲げる事由によって退社する。
　一　総社員の書面による同意
　二　合併（合併により当該社員が消滅する場合に限る。）
　三　破産手続開始の決定
　四　解散（前2号に掲げる事由によるものを除く。）
　五　除名

第21条（合併による持分の承継）
　社員が合併により消滅した場合には、当該社員の吸収合併存続会社又は新設

合併設立会社は、持分を承継して社員となることができる。この場合において、会社法第608条第2項及び第3項を適用する。

第22条（退社に伴う持分の払戻し）
1　退社した社員は、その出資の種類を問わず、その持分の払戻しを受けることができる。
2　退社した社員と当会社との計算は、当該社員の出資の価額の限度で、退社のときにおける当会社の財産の状況に従って行われるものとする。
3　退社した社員の持分は、当該社員による出資財産の種類が金銭以外である場合には、出資財産の返還又は同一種類の財産の交付によって払い戻すものとする。
4　退社の時にまだ完了していない事項については、その完了後に計算をすることができる。

第5章　計算

第23条（事業年度）
　当会社の事業年度は、毎年〇月1日から翌年〇月31日までとする。

第24条（計算書類）
1　社員〇〇株式会社は、各事業年度の末日の翌日から起算して〇ヶ月以内に、当該事業年度に係る計算書類を作成し、各社員に提出して、社員の過半数による承認を受けなければならない。
2　計算書類は作成した時から10年間、当会社の本店に保存しなければならない。
3　社員は、当会社の営業時間内は、いつでも計算書類の閲覧又は謄写を請求することができる。
4　債権者は、当会社の営業時間内は、いつでも、作成した日から5年以内の計算書類の閲覧又は謄写を請求することができる。

第25条（損益分配）
　各事業年度の利益又は損失は、当該事業年度の末日における各社員の出資の価額に応じて分配する。

第26条（利益配当）
1　当会社が利益の配当をしようとするときには、その都度、社員の過半数によって、次に掲げる事項を定めるものとする。

一　配当財産の種類及び帳簿価額の総額
　　二　社員に対する配当財産の割当てに関する事項
　　三　当該利益の配当が効力を生ずる日
2　社員は、前項に定める場合を除き、当会社に対し、利益の配当を請求することができない。

第 6 章　解散

第27条（解散事由）
　当会社は、次の事由によって解散する。
　一　○と○との間の○年○月○日付合併契約が終了したこと
　二　総社員の同意
　三　社員が欠けたこと
　四　合併（当会社が消滅する場合に限る。）
　五　破産手続開始の決定
　六　会社法第824条第1項又は同法第833条2項の規定による解散を命ずる裁判

第 7 章　附則

第28条（最初の事業年度）
　当会社の最初の事業年度は、設立の日から○年○月31日までとする。

第29条（設立時の資本金の額）
　当会社の設立に際して出資される財産の全額を資本金とし、その額は金○円とする。

第30条（準拠法）
　この定款に記載のない事項は、会社法その他の法令の定めるところによるものとする。

（金澤浩志）

第4章 大会社の完全子会社としての合同会社

第1節 序　説

　合同会社の典型的な利用形態の1つとして、子会社としての利用事例が知られている。

　株式会社を子会社とする場合、それが完全子会社（全株譲渡制限会社――非公開会社）であり、かつ、取締役会非設置会社であっても、会社設立に際して、公証人による定款の認証が必要となり（30条）、出資払込金額の半分以上の資本組入れが強制され（445条2項）、現物出資について、検査役調査が強制される場合がある（33条）。会社成立後においても、定時株主総会の開催・議事録の作成・備置、株主・債権者による閲覧等（296条1項・318条。なお、決議・報告の省略について319条・320条）、さらに、計算書類の公告（440条1項）が義務づけられる。また、取締役の改選や代表取締役の変更に伴う登記（911条3項13号・14号。監査役について17号ロ）が必要となる。非公開会社においては、取締役・監査役の任期を10年に伸長することができるが（取締役について332条2項。監査役について336条2項）、大会社の子会社においては、2年任期とされることが一般的と思われる。さらに、株式会社については、大会社規制として、会計監査人・監査役の設置が強制され（328条2項・327条3項）、内部統制システムの整備が義務づけられることとなる（348条3項4号・4項）。非公開会社である取締役会非設置の完全子会社であっても、これらの義務を履行するため、事務手続が煩雑となるだけでなく、無視できない費用負担を余儀なくされる[1]。

---

(1) 主たる費用は、次の通りである。収入印紙代：4万円（電子定款の場合不要）、定款認証手数料：5万円、登録免許税：15万円（最低額）。

これに対して、合同会社においては、設立に際して、公証人による定款の認証は不要である。定款の備置・閲覧制度も設けられていない。登録免許税は軽減されている（最低額は6万円。登録免許税法別表一24号(1)ハ）。現物出資の検査役調査制度もない。社員・債権者による計算書類の閲覧制度は設けられているが（618条・625条）、計算書類の公告は義務づけられていない。合同会社においては、社員総会制度や取締役制度はなく、社員が業務執行を担当する。完全親会社が業務執行社員・代表社員となることができ、業務執行社員・代表社員について会社法上の任期の定めはなく、再任・改選は原則として問題とならない。これは、業務執行社員・代表社員の変更登記が原則として不要であることを意味する（914条6号・7号）。代表社員の職務執行者については登記が求められているが（914条8号）、会社法上の任期の定めはなく、職務執行者の追加・変更がなければ変更登記は不要である。大会社規制はなく、会計監査人設置義務や内部統制システム整備義務がない。このように会社法は、合同会社の設立・運営に際して、費用負担ができる限り少なくなるよう配慮している。合同会社においては、株式会社と比較して広い定款自治が認められており、社員の意思決定や業務執行などに関する定款の規定をシンプルなものとすることにより、さらに手続面での制約や負担を軽減することができる。

　このような観点を踏まえ、「子会社は、親会社のネームバリューでビジネス展開するので、会社の種類もあまり問題にならない。加えて、合同会社には、株主総会もなく、取締役・取締役会もなく、監査役・会計監査人も不要であり、簡易・迅速な意思決定と機動的な経営ができ、維持費用も安く、理想の子会社といえる」[2] と説明され、「株主総会や取締役などといった設置を強制される機関がないため、大会社の100％子会社で自ら意思決定を行う必要がない場合など、合同会社が適している」[3] といった評価も存するところである。

---

(2)　神崎・設立・運営のすべて14頁。
(3)　太田・活用事例169頁。

株式会社の取締役は、親会社から派遣された完全子会社の取締役であっても、自らの責任で当該子会社のために善管注意義務を尽くし忠実に職務を執行しなければならない（自己執行義務）。完全親会社といえども、子会社の取締役に対する指図権は法的に認められていないのであり、子会社の取締役が完全親会社に従わないといった「子会社取締役の反乱」も危惧される。これに対して、子会社が合同会社であれば、業務執行社員である完全親会社と、その職務執行者との間には委任関係が認められ、委任者である完全親会社は、受任者である当該職務執行者に一定の事項について指図することができ、職務執行者は当該事項について指図遵守義務を負うこととなる。職務執行者は、合同会社に対して善管注意義務・忠実義務を負っているため（593条1項・2項）、これらの義務との関係で職務執行者の上記指図遵守義務には一定の制約が存するものと思われるが、完全親会社が職務執行者に対して指図権を有することは、合同会社形態を利用した完全子会社のメリットの1つということができよう。

　他方、合同会社の親会社は、その職務執行者に悪意重過失による任務懈怠が認められるときは、合同会社の業務執行社員として、会社債権者に生じた損害の賠償責任を負わなければならないこととなる。これに対して、株式会社である子会社に関しては、その取締役に悪意重過失による任務懈怠が認められるとしても、そのことにより当然には親会社の第三者に対する責任は生じない。これが合同会社のデメリットとされることもあるが、子会社の取締役に、軽過失でなく、悪意重過失による任務懈怠が認められる場合には、近時の親会社の子会社管理に係る責任の厳格化傾向に配慮するとき、親会社について子会社管理上の責任が問題となり、それが第三者に対する責任を基礎づける可能性もあるように思われる。ともかく、職務執行者に適切な指図を行うことにより子会社を直接管理できることが合同会社の実務的なメリットとなり、適切な指図によって職務執行者による任務懈怠の未然防止を図ることが可能となる。

　大会社の完全子会社としての合同会社の具体的利用事例としては、Apple Japan合同会社、アマゾン・ジャパン合同会社、エクソンモービル・ジャパ

ン合同会社、グーグル合同会社、シスコシステムズ合同会社、合同会社西友、日本アムウェイ合同会社、日本ケロッグ合同会社、P&Gプレステージ合同会社、ユニバーサルミュージック合同会社など外資系企業の子会社が著名である。

これらの合同会社の登記事項のうち、資本金の額・社員等の概要は、図表1のとおりである。

〔図表1〕著名な合同会社の資本金・社員等の概要

商号	設立	資本金	代表社員	代表社員の職務執行者として登記された者の人数
Apple Japan合同会社	平成23年10月30日組織変更し、設立	金1億2800万円	アップルサウスアジアピーティーイーリミテッド（米国）	2名 （1名は国内在住、1名は海外在住）
アマゾン・ジャパン合同会社	平成28年5月1日、組織変更し、設立	金1000万円	アマゾン・オーバーシー・ホールディングス・インク（米国）	2名 （2名とも国内在住）
エクソンモービル・ジャパン合同会社	平成24年2月15日、組織変更し、設立	金3億円	エクソンモービル・デラウェア・ホールディングス・インク（米国）	6名 （3名は国内在住、3名は海外在住）
グーグル合同会社	平成28年11月30日、組織変更し、設立	金1000万円	グーグル・インターナショナル・エル・エル・シー（米国）	1名 （国内在住）
シスコシステムズ合同会社	平成19年8月1日組織変更し、設立	金4億5000万円	シスコ・システムズ・ネザーランド・ホールディングス・ビーヴィー（オランダ）	2名 （2名とも国内在住）
合同会社西友	平成21年9月1日、組織変更し、設立	金1億円	ウォルマート・ジャパン・ホールディングス株式会社（日本）[4]	1名 （国内在住）

---

(4) 米ウォルマートの完全子会社とされている。

第2編　合同会社の実務

商号	設立	資本金	代表社員	代表社員の職務執行者として登記された者の人数
日本アムウェイ合同会社	平成20年9月1日、組織変更し、設立	金50億円	アルティコア・ディストリビューション・エル・エル・シー（米国）	1名（国内在住）
日本ケロッグ合同会社	平成23年3月15日、組織変更し、設立	金10億円	プリングルズジャパン合同会社（日本）(5)	1名（国内在住）
P&Gプレステージ合同会社	平成19年2月1日、組織変更し、設立	金1億円	プロクター・アンド・ギャンブル・ジャパン株式会社（日本）(6)	1名（国内在住）
ユニバーサルミュージック合同会社	平成20年10月7日、設立	金295億200万円	シーエムエイティエル・ビーヴィー（オランダ）	1名（国内在住）

（注）平成30年7月30日時点（ユニバーサル合同会社は平成30年8月20日時点）

　以上のような著名な外資系企業の子会社の利用事例に比して、日系企業による利用事例はあまり知られていないようである。この点に関し、親会社の所在国において税制上のメリットを享受できるものと推測される外資系企業とは異なり(7)、日系企業については、子会社を合同会社としてもパススルー課税をわが国で受けられないため、それほど利用が促進されていないとも考えられる。もっとも、子会社を合同会社とするメリットは、上述のように、税制上のメリットに限られるものではなく、負担軽減等によって、経営のス

---

(5) 代表社員は、ケロッグ・ネザーランド・ホールディング・ピー・ヴィー（オランダ）。代表社員の職務執行者は1名（国内在住）であり、日本ケロッグ合同会社の代表社員の職務執行者と同一人物である。
(6) 米プロアクター・アンド・ギャンブルの完全子会社とされている。
(7) 太田・活用事例170頁参照。仲谷＝田中・定款28頁は、外資系子会社として合同会社を利用する理由として、「株主たる親会社が日本子会社の経営に積極的に関与し、柔軟・迅速な意思決定が可能であること」、「大会社規制が存在しないこと」、「設立・維持コストが安価であること」、「米国法人の子会社である場合、チェック・ザ・ボックス規則による税制上のメリット（米国においてパススルー課税の適用が受けられる）があること」を挙げている。

ピード化や迅速な意思決定を実現できるという点も挙げられ[8]、日系企業においても今後積極的に利用されることも考えられる。

本章においては、大会社の完全子会社としての、大規模な一人合同会社について検討する。

大規模な一人合同会社を、一人の職務執行者の能力のみで運営することは困難であり、会社法の枠にとらわれないガバナンスや内部統制のシステムを構築することが必要と考えられる。また、任意の会計監査人制度を採用することも考慮に値する。かかるシステムを構築せず、職務執行者の悪意重過失による任務懈怠により会社に損害が発生した場合、当該職務執行者だけでなく業務執行社員の第三者に対する責任が問題となることにも留意すべきである（597条・598条2項）。

詳細は不明であるが、ユニバーサルミュージック合同会社では、職務執行者（兼社長兼経営責任者）1名のほか、副社長兼執行役員COO1名、執行役員CFO1名、執行役員5名の合計8名の役員が、約550名の従業員を使用して事業遂行している模様であり、同規模の上場会社と比較して遜色のない業務管理態勢を構築しているものと推察される。

合同会社では、多種多様な合同会社の存在に配慮して経営管理機構がシンプルなものとされているが、個々の合同会社において、その会社の特性や実態に即した適切なガバナンスや内部統制のシステムを構築する責任を負うことを十分に理解すべきである。

第2節　定款例の検討

1　序

複数の社員が存在する合同会社では、社員間の利害を調整することを念頭に置いた複雑・精緻な定款条項を設ける必要がある。これに対して、一人合同会社においては、会社成立後に新たな社員が加入した場合を想定した規定

---

(8)　江頭ほか・座談会（上）9頁、（下）37頁［伊藤剛］参照。

を置くかどうかを検討する必要はあるものの、一人合同会社を維持し続けることを前提とする限り、複雑・精緻な規定を設けることは必要不可欠でない[9]。

本章では大会社の完全子会社である合同会社を想定していることから、社員が自然人である場合のように、社員の死亡や後見開始の審判といった事態への対処を考える必要はない[10]。さらに、資金調達等は、完全親会社により行われることが一般的であり、設立後に新たな社員の加入を求めることや持分の譲渡が行われることは原則としてなく、社員の加入・退社に係る規定を設ける必要はない。出資の払戻し等に係る規定を置くことも原則として必要ない。事後に社員の加入・持分の譲渡等が問題となる場合には、その時点において、完全親会社である一人社員が定款変更すればよく、そのほうが当該状況に配慮した適切な定款規定を検討することが可能となろう。

以下、ここで、第1編の法的検討結果を踏まえ、また江頭編著・モデル定款の定款例に依拠しつつ、大会社の完全子会社としての合同会社の定款記載例のうちの主要項目を検討する。なお、定款の変更、損益分配、利益配当に係る規定等のように会社法の規定に従う場合においても、明確性の観点から、法規定と同様の定款規定を設けることとしている。

COLUMN 株式会社の定款例との比較

取締役会非設置会社である株式会社のシンプルな定款例でも、目的・商号・本店所在地・設立に際して出資される財産の価額またはその最低額のほか、株券の不発行、株式に関する規定（発行可能株式総数、株式の譲渡制限、株主名簿記載事項の記載等の請求、基準日等）、株主総会に関する規定、取締役の員数・選解任・任期・報酬等に関する規定等を置く必要がある。

これに対し、合同会社においては、目的・商号・本店所在地・社員の出資の目的およびその価額または評価の標準のほか、社員の名称および住所が定款の絶対的記載事項となっているが（576条1項）、業務執行社員に任期の定めは

---

(9) 江頭編著・モデル定款3頁、19頁。
(10) 江頭編著・モデル定款121頁。

ないこと、持分の譲渡は原則として制限されていること（585条1項）、取締役のほか、株主総会に相当する機関を置く必要はないことなどから、株式会社にみられる上記のような規定を合同会社の定款に置く必要はなく、取締役会非設置会社である株式会社と比較しても、合同会社の定款としてシンプルな内容を規定することが可能となっている。

2　業務執行・代表社員

(1)　序

合同会社において、社員は合同会社の業務を執行する（590条1項）。社員が2名以上の場合、合同会社の業務は社員の過半数をもって決定することとされている（同条2項）。一人会社では、必然的に、唯一の社員が、業務執行社員として、業務を執行し、合同会社を代表することとなり（599条3項）、一人社員が、業務執行社員・代表社員として登記されることとなる（914条6号・7号）。

業務執行の決定、執行について利害関係人の了知しない者が業務執行権限を行使することを防止するため、業務執行の決定、執行権限や代表権を明確化することが望ましいとされるが[11]、会社債権者に対する定款の閲覧請求権等の定めは設けられていない。会社債権者は登記を確認するほかないこととなろう。したがって、取引先の信頼を確保するために、定款に、業務執行の決定、執行権限、代表権について明文規定を置く必要は特にないということもできるが、明確性の観点から、会社の管理運営に関する基本的事項について定款に規定を設けることとした。

定款記載例

> 第○条（業務の執行）
> 　当会社の業務は、社員が決定し、当社の業務を執行する。
> 第○条（代表社員）
> 　社員は、当会社を代表する（以下「代表社員」という。）。

---

(11)　江頭編著・モデル定款125頁〜126頁。

(2) 競業の禁止

業務執行社員は、当該社員以外の社員の全員の承認を受けなければ、自己または第三者のために合同会社の事業の部類に属する取引をすること、合同会社の事業と同種の事業を目的とする会社の取締役、執行役または業務を執行する業務執行社員となることをしてはならないが、定款に別段の定めがある場合には、この限りではないとされている（594条1項）。

一人社員が業務執行社員となる場合には、合同会社と業務執行社員の間に利害対立関係はなく、競業規制が問題となる場面はないということができる。一人合同会社においては、そもそも承認を受けるべき「他の社員」はいない。このため、594条1項の適用の余地はないということができるが、その旨を明確にし、594条2項の適用もないことを確認するため、定款の別段の定めとして競業禁止規定の適用を排除する規定を置くこととした。

定款記載例

> 第〇条（競業禁止規定の適用除外）
>   社員は、会社法第594条第1項各号に定める行為について、他の社員の承認を受けたものとみなす。

(3) 利益相反取引の制限

業務を執行する社員が自己または第三者のために合同会社と取引をしようとするとき、合同会社が業務を執行する社員の債務を保証することその他社員でない者との間において合同会社と当該社員との利益が相反する取引をしようとするときは、当該社員以外の社員の過半数の承認を受けなければならないが、定款に別段の定めがある場合には、この限りではないとされている（595条1項）。

競業禁止の場合と同様、一人合同会社においては、承認を受けるべき「他の社員」はいない。また、合同会社と業務執行社員の間に利益相反関係は認められないため、利益相反取引の承認という問題はそもそも生じないということができる。595条2項は「民法第108条の規定は、前項の承認を受けた同項各号の取引については、適用しない。」と規定しているが、定款におけ

る別段の定めにより利益相反の制限を排除した場合にも民法108条の適用が除外されるかについては、疑義が生じるとされている[12]。したがって、明確性の観点から、定款の別段の定めとして、595条1項の利益相反取引規制を排除する規定を置くとともに、この場合には、同項の承認があったものとみなすことにより、民法108条の適用がないことを明確にしておくことが適切であると整理した。

定款記載例

> 第○条（利益相反取引制限規定の適用除外）
> 社員は、会社法第595条第1項各号に定める取引について、他の社員の承認を受けたものとみなす。

3　職務執行者の選任

(1) 選　任

　法人が合同会社の業務執行社員となる場合、当該法人は、職務執行者を選任し、その者の氏名および住所を他の社員に通知しなければならない（598条1項）。一人会社においては、他の社員はいないため、他の社員に対する通知は問題とならない。

　利害関係人の了知しない者が業務執行権限を行使することを防止するため、業務執行社員や代表社員について定款に定めることが合理的であるとする立場からは、法人業務執行社員・代表社員の職務執行者についても定款で定めておくことが合理的であるということになるのであろう。しかし、前述のように、会社債権者に対する定款の閲覧請求権等の定めは設けられておらず、会社債権者は代表社員の職務執行者については登記を確認するほかない

---

[12] 江頭編著・モデル定款132頁。同書では「ただし、当該社員以外に社員が存在しない場合には、この限りではなく、かかる場合には、民法第108条の規定は適用しない」との定款案が示されている。もっとも民法108条は、本人があらかじめ許諾した場合には自己契約および双方代理を認める規定であり、かかる「本人の（中略）許諾」が、595条1項の承認を意味すること（会社法コンメ(14)166頁[北村雅史]）を踏まえれば、特段の手続を経ることなく承認があったものとみなす旨の規定を置くことが適切と思われる。

(914条8号)。したがって、取引先の信頼を確保するために、定款に業務執行社員の職務執行者について明文規定を置く必要は特にないが、この場合にも、対内関係における明確性の観点から、業務執行社員の職務執行者についても定款に定めることとした。また、定款で具体的な職務執行者を定めた場合、当該職務執行者の変更は定款変更事項となり、職務執行者の合同会社内の地位を高める意味も認められるように思われる。

定款記載例1

> 第○条（職務執行者の選任）
> 　社員は、その職務を行うべき者（以下「職務執行者」という。）を選任する。

定款記載例2

> 第○条（○○○○）
> 　当社の社員の職務を行うべきもの（以下「職務執行者」という。）の氏名及び住所は次のとおりとする。
> （氏名）○○○○
> （住所）○○県○○市○丁目○番○号

なお、複数の職務執行者を選任することも許容され、図表1（抜粋のうえ再掲）のとおり、代表社員の職務執行者として複数名が選任され、登記されている実例も多数存在する。

〔図表1（抜粋・一部追記のうえ再掲）〕

商号	代表社員	代表社員の職務執行者として登記された者の人数
Apple Japan合同会社	1名 アップルサウスアジアピーティーイーリミテッド（米国）	2名 （1名は国内在住、1名は海外在住）
アマゾン・ジャパン合同会社	1名 アマゾン・オーバーシー・ホールディングス・インク（米国）	2名 （2名とも国内在住）
エクソンモービル・ジャパン合同会社	1名 エクソンモービル・デラウェア・ホールディングス・インク（米国）	6名 （3名は国内在住、3名は海外在住）
シスコシステムズ合同会社	1名 シスコ・システムズ・ネザーランド・ホールディングス・ビーヴィー（オランダ）	2名 （2名とも国内在住）

　業務執行社員・代表社員の職務執行者が複数存在すると、個々の職務執行者に内部的に加えられた代表権や業務執行権限の制限は、善意の第三者に対抗することができないといった法律関係の明確性を損なう事態を招くことが懸念されるため、職務執行者の数を1人に制限することも考えられる[13]。完全親会社の一事業部門に相当する事業のみを切り出して完全子会社たる合同会社を設立し、完全親会社が唯一の業務執行社員・代表社員となる場合であれば、業務執行社員となる完全親会社の役職員のうち1名を職務執行者として選任することも合理的であろう。大規模な合同会社では、広範な地域や事業分野で事業活動を行うような場合など、合同会社の業務を1人の職務執行者に委ねることが必ずしも適切でない場合も考えられるが、この場合に

---

[13]　一人合同会社において、業務執行社員の職務執行者を複数選任することには合理性が認められるが、その全てを代表社員の職務執行者とすることは代表権の内部的制限等の問題が生ずるので、そのうちの1人を代表社員の職務執行者とすることに合理性があるように思われる。しかし、会社法は、業務執行社員の職務執行者について規定し、これとは別に、代表社員の職務執行者の選任について明示的に規定していないため、実務上、代表社員である業務執行社員が、職務執行者を複数選任する場合、全ての職務執行者が代表社員としての業務執行社員の職務執行者となると解されているようである。

は、執行役員制度を採用することにより、適切に対応することも可能であろう。

いずれにせよ、一人合同会社においては、適宜、業務執行社員・代表社員において、職務執行者を何人選任するか検討すれば足りることであり、特に、定款において、職務執行者を1人に限定する規定を設ける必要はなかろう。

COLUMN　職務執行者の選任手続

定款において、合同会社の業務執行社員である株式会社がその職務執行者の氏名および住所を定めた場合であっても、当該株式会社が取締役会設置会社である場合には、登記実務上、職務執行者に係る登記の申請書類として、職務執行者の選任に関する取締役会議事録を添付することが求められている。これについて、合同会社の規模等に照らして、職務執行者の選任が、業務執行社員たる当該株式会社の重要な業務執行に該当しない場合には当該選任について取締役会決議を行う必要はなく、登記実務の変更が望ましいとされている(14)。

しかし、この登記実務は、代表社員の職務執行者に関するものである（平成18年3月31日法務省民商782号第4部第2　2(3)ア（ウ））。親会社である代表社員の職務執行者は、599条4項・5項が定める包括的・不可制限的な代表権限を代行することとなる(15)。このため、包括的・不可制限的な代理権を有する支配人と同様、代表社員の職務執行者の登記が求められ、支配人の選任が取締役会の専決事項とされているため（362条4項3号・348条3項1号参照）、そのバランス上、代表社員の職務執行者の選任も取締役会の専決事項とされるのである。

(2) 職務執行者の解任

業務執行社員と職務執行者との間の法律関係は委任契約や雇用契約などさまざまな形態があり得る(16)。このような契約関係に基づき、業務執行社員は、

---

(14) 江頭編著・モデル定款128頁。新家＝桑田・留意点34頁。
(15) 合同会社の代表社員の職務執行者の代表権の代行について加えられた制限は登記することができないため、職務執行者の代表権の代行権限についても、会社法599条4項・5項が準用されると解することが妥当である。

職務執行者を解任する権限を留保していると考えられるが、不正行為などがあった場合に直ちに職務執行者を解任して当該業務執行者による合同会社の業務執行を停止することができることを明確化するため、解任に関する規定を定款に置くこととした。なお、定款で職務執行者を具体的に定めた場合、当該職務執行者を解任することは定款変更事項となる。

　職務執行者の解任後、新たな職務執行者が選任されるまでの間は、職務執行者が不在となる。したがって、職務執行者を解任する場合には、速やかに新たな職務執行者を選任しなければならない旨の規定を置くことが適切である。

定款記載例

> 第○条（職務執行者の解任）
> 　職務執行者は、いつでも、社員によって解任することができる。この場合、社員は、速やかに新たな職務執行者を選任しなければならない。

(3)　職務執行者による競業禁止・利益相反取引制限

　職務執行者について、業務執行社員に関する競業禁止（594条）、利益相反取引の制限（595条）の規定が準用されている（598条2項）。594条・595条は、「当該社員以外の社員」の承認を求めている。一人合同会社においては、「当該社員以外の社員」は存在しない。このため、職務執行者にこれらの規定を準用するときは、「社員の承認」と読み替えることが必要となろう。

　競業禁止については、自己または第三者のために合同会社の事業の部類に属する取引をすること、合同会社の事業と同種の事業を目的とする会社の取締役、執行役または業務を執行する業務執行社員となることに加えて、支配人の競業制限（12条1項）を参照に、次のとおり、いわゆる職務専念義務として、自ら営業を行うこと、さらに一般的に業務執行社員以外の会社または商人の使用人や取締役等となることを加えることが考えられる[17]。

---

(16)　会社法コンメ（14）174頁［尾関幸美］。
(17)　江頭編著・モデル定款133頁。

定款記載例

> 第○条（職務執行者による競業等の禁止）
>   職務執行者は、社員の承認を受けなければ、次に掲げる行為をしてはならない。
>   一　自ら営業を行うこと
>   二　自己又は社員以外の第三者のために当会社の事業の部類に属する取引をすること
>   三　当会社又は社員（以下、これらを総称して「当会社等」という。）以外の会社又は商人の使用人となること
>   四　当会社等以外の会社の取締役、執行役又は業務執行社員（若しくは職務執行者）となること
>
> 第○条（職務執行者による利益相反取引の制限）
>   職務執行者は、次に掲げる場合には、社員の承認を受けなければならない。
>   一　職務執行者が自己又は社員以外の第三者のために当会社と取引をしようとするとき
>   二　当会社が職務執行者の債務を保証することその他社員以外の第三者との間において当会社と当該職務執行者との利益が相反する取引をしようとするとき

4　業務執行社員・職務執行者の報酬

合同会社、業務執行社員、職務執行者の間の報酬について、以下の組み合わせが考えられる。

業務執行社員	①　合同会社が、報酬を支給 ②　合同会社が、報酬を不支給
職務執行者	①　業務執行社員が、合同会社から報酬を受けた上で、報酬を支給 ②　業務執行社員が、合同会社から報酬を受けず、報酬を支給 ③　合同会社が、報酬を支給

検討対象たる合同会社のビジネスが、社員である親会社の一事業部門に相当する事業であり、職務執行者は当該完全親会社の取締役または従業員であるという場合には、社員である当該完全親会社および職務執行者のいずれについても合同会社との関係では無報酬とし、職務執行者に対しては従前どおり当該完全親会社から報酬または給与を支給することが簡明と思われる。

もっとも、職務執行者が当該完全親会社から離籍するときは、合同会社が職務執行者に対して報酬を支払うこととなろう。また、税務対策等の考慮から、合同会社が当該完全親会社または職務執行者に対して報酬を支払う場合も考えられる。

定款記載例

> 第○条（社員及び職務執行者の報酬）
> 　社員及びその職務執行者は、無報酬とする。

5　社員・職務執行者の合同会社に対する任務懈怠責任

　社員や職務執行者がその任務を怠ったときは、合同会社に対し、連帯して、これによって生じた損害を賠償する責任を負うが（596条・598条2項）、この任務懈怠責任について、424条のような責任免除にかかる制限規定は設けられていない。このため、責任免除さらには責任それ自体について定款自治を認める見解が有力であり、社員の多数決により責任を全部免除することもありうると解されている[18]。

　完全子会社である合同会社に対する社員の任務懈怠責任は、総社員の同意により免除されることとなり、社員の会社に対する責任について議論する実益はないが、職務執行者の合同会社に対する損害賠償責任について、合理的な責任の免除・軽減規定を設けることが妥当である。したがって、定款において、社員とその職務執行者について、同様の責任の免除規定を設けることと整理した。

　なお、社員・職務執行者の第三者に対する任務懈怠責任（597条・598条2項）については、定款自治は認められない。職務執行者の悪意重過失による任務懈怠から第三者に損害が生じた場合、職務執行者とともに業務執行社員である親会社も、第三者に対する責任を負わなければならない。

---

(18)　江頭編著・モデル定款47頁。

定款記載例

> 第○条（損害賠償責任）
> 　社員及びその職務執行者の任務懈怠による会社に対する損害賠償責任は、悪意又は重過失による場合を除き、これを免除するものとする。

6　計　　算

　合同会社の計算に関する定款の定めとして、一般的に、事業年度、計算書類の作成・承認、損益の分配、利益配当に関する規定を置くことを検討する必要がある。

　事業年度について、定款で定めなければならないとの法令の規定は存在しないが、事業年度は会社にとって重要事項であって、株式会社においても定款に定めを置くことが通例であることを踏まえ、定款において事業年度についての規定を置くこととした。

　計算書類の作成・承認について、一人会社では1人の業務執行社員が作成した時点で計算書類が確定し、他の社員の承認は想定されない。また、法令上、計算書類の作成時期は定められていないが、計算書類の作成が義務とされていること（617条2項）を踏まえ、明確化のため、定款において、計算書類の作成についての規定を置くこととした。

　利益配当については、会社法の原則規定の通り、「社員は、合同会社に対し、利益の配当を請求することができる。」と定めるだけでもよいが、明確性の観点から、一般の合同会社の場合と同様の定款規定を設けることとした。

定款記載例

> 第○条（事業年度）
>   当会社の事業年度は、毎年○月1日から翌年○月31日までとする。
> 第○条（計算書類の作成）
>   代表社員は、各事業年度の末日の翌日から起算して○ヶ月以内に、当該事業年度に係る計算書類を作成しなければならない。
> 第○条（利益配当）
>   当会社が利益の配当をしようとするときは、その都度、業務執行社員は、次に掲げる事項を定めなければならない。
>   一　配当財産の種類及び帳簿価額の総額
>   二　社員に対する配当財産の割当てに関する事項
>   三　当該利益の配当が効力を生ずる日

第3節　定款記載例

以上の検討を踏まえると、大会社の完全子会社としての合同会社の定款は、次のような内容となった。

大会社の完全子会社としての合同会社の定款記載例

第1章　総則

第1条（商号）
　当会社は、〇〇合同会社と称する。

第2条（目的）
　当会社は、次の事業を営むことを目的とする。
　一　〇〇業
　二　〇〇業
　三　前各号に付帯関連する一切の事業

第3条（本店の所在地）
　当会社は、本店を東京都〇〇区（注：最小行政区画）に置く。

第4条（公告方法）
　当会社の公告は、電子公告の方法により行う。ただし、電子公告による公告をすることができない事故その他やむを得ない事由が生じた場合には、当社の公告は、官報に掲載する方法により行う。

第2章　社員及び出資

第5条（社員及び出資）
　社員の名称及び住所並びに出資の目的及びその趣旨は、次の通りである。
　（名称）株式会社〇〇
　（住所）東京都〇区〇〇△丁目△番△号
　（出資の目的及び価額）金銭　金〇円

第6条（社員の責任）
　社員は、すべて有限責任社員とする。

第3章　業務執行及び代表権

第7条（業務の執行）
　当会社の業務は、社員が決定し、当社の業務を執行する。

第8条（代表社員）
　社員は、当会社を代表する（以下「代表社員」という。）。

第9条（職務執行者の選任）
　社員は、その職務を行うべき者（以下「職務執行者」という。）を選任する。

第10条（職務執行者の解任）
　職務執行者は、いつでも、社員によって解任することができる。この場合、社員は、速やかに新たな職務執行者を選任しなければならない。

第11条（競業禁止規定の適用除外）
　社員は、会社法第594条第1項各号に定める行為について、他の社員の承認を受けたものとみなす。

第12条（利益相反取引制限規定の適用除外）
　社員は、会社法第595条第1項各号に定める取引について、他の社員の承認を受けたものとみなす。

第13条（職務執行者による競業等の禁止）
　職務執行者は、社員の承認を受けなければ、次に掲げる行為をしてはならない。
　一　自ら営業を行うこと
　二　自己又は社員以外の第三者のために当会社の事業の部類に属する取引をすること
　三　当会社又は社員（以下、これらを総称して「当会社等」という。）以外の会社又は商人の使用人となること
　四　当会社等以外他の会社の取締役、執行役又は業務執行社員（若しくは職務執行者）となること

第14条（職務執行者による利益相反取引の制限）
　職務執行者は、次に掲げる場合には、社員の承認を受けなければならない。
　一　職務執行者が自己又は社員以外の第三者のために当会社と取引をしようとするとき
　二　当会社が職務執行者の債務を保証することその他社員以外の第三者との間において当会社と当該職務執行者との利益が相反する取引をしようとするとき

第15条（社員及び職務執行者の報酬）
　社員及びその職務執行者は、無報酬とする。

第16条（損害賠償責任）
　社員及びその職務執行者の任務懈怠による会社に対する損害賠償責任は、悪意又は重過失による場合を除き、これを免除するものとする。

第17条（定款の変更）
　定款の変更は、社員の決定をもって行う。

第4章　定款変更並びに社員の加入及び退社

第18条（合併による持分の承継）
　社員が合併により消滅した場合には、当該社員の吸収合併存続会社又は新設合併設立会社は、持分を承継して社員となることができる。この場合において会社法第608条第2項及び第3項が適用される。

第5章　計算

第19条（事業年度）
　当会社の事業年度は、毎年〇月1日から翌年〇月31日までとする。

第20条（計算書類の作成）
　代表社員は、各事業年度の末日の翌日から起算して〇ヶ月以内に、当該事業年度に係る計算書類を作成しなければならない。

第21条（利益配当）
　当会社が利益の配当をしようとするときは、その都度、社員は、次に掲げる事項を定めなければならない。
　一　配当財産の種類及び帳簿価額の総額
　二　社員に対する配当財産の割当てに関する事項
　三　当該利益の配当が効力を生ずる日

第6章　解散

第22条（解散事由）
　当会社は、次の事由によって解散する。

一　社員の決定
二　社員の解散（18条の場合を除く。）
三　合併（当会社が消滅する場合に限る。）
四　破産手続開始の決定
五　会社法第824条第1項（又は同法第833条第2項）の規定による解散を命ずる裁判

第7章　附則

第23条（最初の事業年度）
　当会社の最初の事業年度は、設立の日から平成○年○月31日までとする。

第24条（設立時の資本金の額）
　当会社の設立に際して出資される財産の全額を資本金とし、その額は金○円とする。

第25条（準拠法）
　この定款に記載のない事項は、会社法その他の法令の定めるところによるものとする。

（浦山　周）

事項索引

▶あ 行◀

頭数主義 …………………… 275
1社員1議決権 ……………… 145
一人合同会社 ……………… 39, 43
違法配当 ……………………… 14
印紙税 ………………………… 55
親会社 ………………………… 10

▶か 行◀

会計 ………………………… 178
会計監査人 ……… 3, 33, 46, 194, 358
会計帳簿 …………………… 13, 45
外国法人 …………………… 58, 89
解散
　──事由 ………… 50, 58, 78, 249
　──判決 …………………… 251
　──命令 …………………… 251
会社更生法 …………………… 3
会社設立取消しの訴え ………… 60
会社不存在確認の訴え ………… 98
会社分割 …………………… 243
合併 ……………………… 26, 73, 74
株式移転 …………………… 246
株式交換 …………………… 246
監査機関 …………………… 173
監視義務 ………………… 11, 40
完全子会社 ………………… 15, 40
企業会計の慣行 …………… 178
議決権の代理行使 ……… 147, 276
吸収合併 …………………… 237
吸収分割 …………………… 243

競業禁止 …… 33, 51, 56, 64, 132, 162
競業取引 ……………………… 11
強行規定 …… 11, 12, 28, 29, 37, 39, 172
業務・財産状況調査権 ……… 41, 63, 149, 173
業務執行権消滅の訴え ……… 153
業務執行社員 ………… 10, 35, 62, 140
　──の辞任・解任 ………… 153
　──の報酬 …………… 37, 203
　──の法的地位 …………… 35
業務執行の対価 …………… 167
共同事業性 ………………… 10, 13
共有物分割禁止 ……………… 7
具体的配当受領権 ………… 201
組合債権者保護規制 ………… 9
組合代理方式 ………………… 7
経営監視権 ………………… 41
計算書類 …………………… 45
　──確定手続 ……………… 46
　──の閲覧 ………… 4, 46, 190
　──の確定 ……………… 181
　──の虚偽記載の責任 …… 180
　──の公告 ……………… 46
　──の作成期限 ………… 180
　──の作成、保存・備置・閲覧
　　　 ………………… 13, 46, 189
　──の承認 ……… 83, 179, 180
　──の謄写請求権 ………… 75
決議方法 …………………… 146
決算公告義務 ……………… 182
決算手続 …………………… 46
欠損額 ……………………… 206

400

検査役 ･････････････････ 22, 54
兼任禁止 ････････････････ 162
現物出資 ･･･････ 22, 54, 196, 355
現務の結了 ･･･････････････ 258
公証人 ･･････････････ 18, 54, 55
　──の認証 ･･････････････ 18
合同会社の不成立・不存在 ･･････ 98
合弁事業 ････････････････ 345
合有 ････････････････････ 7
コールオプション条項 ･････････ 350
互選 ･･･････････････････ 156
誤認行為に対する責任 ･･････ 107, 108
コンサルティング会社 ･････････ 286

▶さ　行◀

債権者異議手続 ･････ 5, 14, 31, 47, 137,
　　　　　　　　　　　199, 200, 221
債権者保護手続 ･･･････････ 30, 209
債権者申出手続 ･･･････････････ 259
財産評価方法 ････････････････ 30
裁量棄却制度 ････････････････ 99
詐害的事業譲渡 ･･･････････････ 6
先買権 ･･･････ 350, 366, 368, 369
指図権 ･･･････････････ 40, 380
残余財産 ････････････ 51, 259, 80
　──分配請求権 ････････････ 101
士業 ･･････････････････ 268, 285
事業年度 ････････････････ 45, 83
事業報告 ････････････････ 179
士業法人 ････････････････ 272
自己執行義務 ･･･････････ 40, 380
自己持分 ････････････････ 114
質権 ･････････････････････ 26
執行役員制度 ･･････････････ 390
職務執行者 ････････････････ 40

支配人 ･･････････････････ 33
　──の選任・解任 ･･････････ 152
資本規制 ････････････････ 193
資本金 ･･････････････････ 47
　──の額 ･･･････ 85, 87, 177, 193
　──の額の減少 ･･･････ 30, 47, 49,
　　　　　　　　　　　177, 199
　──の額の増加 ････････････ 197
資本準備金 ････････････････ 47
資本剰余金 ･･････････ 45, 49, 198
資本多数決要件 ････････････ 145
社員
　──の員数 ････････････ 103
　──の加入 ･････ 23, 67, 114, 281
　──の互選 ･････････ 35, 67, 84
　──の資格 ･･･ 82, 104, 106, 133, 284
　──の除名 ･･････ 29, 125, 132, 135
　──の責任 ････････････････ 107
　──の入社 ････････････････ 74
社員総会 ･････････ 32, 51, 142, 271
　──議事録 ････････････････ 148
　──の議決権 ･････････････ 274
　──の決議の省略 ････････････ 148
　──の決議方法 ･････････････ 274
社員平等原則 ･･･････････････ 34
社員持分の質入れ ････････････ 113
出資 ･･･････････････････ 60
　──の価額 ･･････････････ 193
　──の全額払込制度 ･･･････････ 4
　──の払戻し ･･･ 13, 47, 48, 49, 208
　──の履行 ･････････････ 85, 194
出資行為の取消し ････････････ 100
出資割合の決定 ･･････････ 346, 355
準備金制度 ････････････････ 194
商号 ･･･････････････････ 56

401

事項索引

招集の手続 …………………… 145	全会一致主義 ………………… 142
常務 ……………………………… 33	全額払込制度 …………………… 21
消滅時効 ……………………… 202	善管注意義務 …………… 151, 161
剰余金額 …………………… 14, 31	総社員の同意 ………………… 141
剰余金の配当 …………………… 76	相続 …………………… 24, 26, 73
職務執行者 … 10, 23, 42, 44, 51, 64, 66, 104, 151, 157, 170	相続放棄 ……………………… 118
——の資格 ……………………… 43	組織再編行為 …………… 214, 236
——の報酬 ……………………… 44	組織変更 ………………… 214, 217
——の法的地位 ………………… 44	——の効力発生 ………… 223, 233
職務執行状況の報告請求権 ……… 41	組織変更計画等の備置・閲覧等 … 231
職務代行者 …………………… 156	組織変更計画の作成 …… 218, 230
職務代行者選任の仮処分 ……… 156	損益分配 …… 13, 48, 76, 110, 201, 278
除名 …………… 29, 125, 132, 135	損失のてん補 …………… 199, 200
書面投票制度 ………………… 276	存続期間 ……………………… 128
新設合併 ……………………… 240	▶た　行◀
新設分割 ……………………… 245	第三者対抗要件 ………… 25, 86
人的会社性 …………………… 109	第三者に対する責任 …… 5, 8, 11, 39
水産業復興特区法 ……………… 275	第三者に対する損害賠償責任 …… 171
ストックオプション …………… 196	退社事由 ……………………… 123
清算 …………………………… 50, 255	退社に伴う払戻し ……………… 209
清算結了の登記 ………… 52, 264	退社の自由 ……………………… 25
清算合同会社 …………… 50, 255	退社の予告 …………… 70, 128, 283
清算人 …………………… 50, 256	代表社員 ………………… 67, 84, 155
清算人の職務執行者 …………… 51	——の就任承諾書 ……………… 90
清算の結了 ……………………… 51	代表清算人 ……………… 51, 257
成年被後見人 ………………… 105	タグアロング条項 …………… 350
責任追及の訴え …………… 42, 172	忠実義務 …………… 11, 36, 151, 161
責任の軽減免除 ………………… 38	定款の絶対的記載事項 …… 19, 24, 53, 56, 69
設立登記事項 …………………… 84	
設立取消しの訴え …… 6, 22, 97, 98	定款の相対的記載事項 ………… 19, 61
——に係る請求 ………………… 50	定款変更 ………………………… 77
設立の登記 ………………… 23, 86	デッドロック …… 28, 130, 274, 349, 357
設立無効 …………………… 56, 99	電子公告 ………………………… 88
設立無効の訴え ………… 50, 97, 98	電子署名 ………………………… 55

電子定款 …………………………… 55
電磁的記録 …………………… 55, 179
投下資本の回収 ………… 109, 283, 367
登記事項 ……………………………… 23
登記申請の添付書面 ………… 89, 121
同族会社 …………………………… 298
特別利害関係社員 ………… 147, 276
特例有限会社 ………………… 16, 215
ドラッグアロング条項 ………… 350

▶な　行◀

内部統制システム ………………… 3
入社 ………………………………… 67
入社契約 …… 23, 35, 67, 105, 114, 280
任意清算 …………………………… 50
任意退社 …………… 12, 27, 70, 283
任意退社事由 ………………… 124, 128
任意退社制度の活用 …………… 367
任意的記載事項 ………………… 19, 81
任務懈怠責任 ………………… 11, 38, 168
認容判決の対世効 ………………… 101
農業生産法人 …………………… 288

▶は　行◀

パススルー課税 ………… 5, 15, 16, 47, 177, 211
払込取扱銀行制度 ………………… 21
非業務執行社員 ………………… 41, 173
備置 ………………………………… 46
1口1議決権 ……………………… 276
プットオプション条項 ………… 350
不法行為責任 ……………………… 39
分配可能額 ………………………… 14
報告義務 …………………………… 63
報酬 ………………………… 44, 82, 280

報酬契約 …………………………… 83
報酬等の債権の出資 …………… 196
法人格 ……………………………… 15
法人格否認の法理 ………………… 5
法人業務執行社員 ……………… 42, 157
法人清算人 ………………………… 51
法定解散事由 …………………… 117
法定準備金 ………………… 45, 184
法定清算 …………………………… 50
法定責任 ………………………… 38, 168
法定退社 …………… 13, 28, 71, 284
法定退社事由 ……… 26, 28, 106, 117, 124, 131, 133
発起人 …………………………… 18, 54
本店の所在地 ……………………… 57

▶ま　行◀

未成年者 ………………………… 58, 105
みなし種類変更 ………………… 132
持分
　――の換価 …………………… 134
　――の共有 …………………… 118
　――の質入れ ………………… 113
　――の譲渡 ……… 23, 25, 68, 109
持分会社の種類の変更 …… 214, 215
持分差押債権者 ………………… 134
持分譲渡契約 …………………… 281
持分譲渡自由の原則 ………… 25, 68
持分譲渡の効力要件 …………… 112
持分譲渡の対抗要件 ………… 25, 112
持分の払戻し …… 12, 30, 47, 70, 134
　――請求 ………………………… 26
　――の制限 …………………… 137

▶や　行◀

事項索引

やむを得ない事由 ………… 28, 32, 129
有限責任事業組合 …………… 5, 105
　──の財務諸表 …………… 13
有限責任性 …………………… 8

▶ら　　行◀

利益準備金 …………………… 47
利益剰余金 ………………… 45, 48
利益相反取引 …… 11, 33, 83, 165, 277
　──の制限 …………… 51, 65
利益配当 …… 5, 13, 14, 48, 75, 201, 278
利益配当規制 ………………… 204
臨時計算書類 …………… 45, 180
臨時決算 ……………………… 180
連結計算書類 …………… 45, 181
労務出資 …………………… 5, 195

▶欧　　文◀

LLC（Limited Liability Company）… 2

執筆者紹介

- **森本　滋**（もりもと　しげる）
  - 1969 年　京都大学法学部卒業
  - 京都大学名誉教授
    弁護士（弁護士法人中央総合法律事務所京都事務所　オブカウンセル）
  - 【執筆担当箇所】第 1 編第 1 章

- **藤井　康弘**（ふじい　やすひろ）
  - 2000 年　同志社大学法学部卒業
    2002 年　弁護士登録
    2009 年　フォーダム大学ロースクール修了
    2010 年　ニューヨーク州弁護士登録
  - 弁護士法人中央総合法律事務所大阪事務所　パートナー
    同志社大学法科大学院客員教授
  - 【執筆担当箇所】第 1 編第 6、7 章

- **金澤　浩志**（かなざわ　こうじ）
  - 2003 年　京都大学法学部卒業
    2004 年　弁護士登録
    2012 年　ノースウェスタン大学ロースクール修了
    2013 年　ニューヨーク州弁護士登録
  - 弁護士法人中央総合法律事務所東京事務所　パートナー
    戸田工業株式会社　社外監査役
    楽天損害保険株式会社　社外監査役
  - 【執筆担当箇所】第 2 編第 3 章

- **古川　純平**（ふるかわ　じゅんぺい）
  - 2006 年　北海道大学法学部卒業
    2007 年　弁護士登録
  - 弁護士法人中央総合法律事務所大阪事務所　パートナー
    夢展望株式会社　社外取締役
  - 【執筆担当箇所】第 1 編第 2 章

執筆者紹介

- **山田　晃久**（やまだ　あきひさ）
  - 2004 年　立教大学法学部卒業
    2006 年　法政大学法科大学院修了
    2007 年　弁護士登録
  - 弁護士法人中央総合法律事務所東京事務所　パートナー
    原子力損害賠償・廃炉等支援機構　参与
  - 【執筆担当箇所】第 2 編第 2 章

- **浦山　周**（うらやま　ひろし）
  - 2004 年　東京大学法学部卒業
    2006 年　神戸大学法科大学院修了
    2008 年　弁護士登録
  - 弁護士法人中央総合法律事務所東京事務所　パートナー
  - 【執筆担当箇所】第 2 編第 4 章

- **大澤　武史**（おおさわ　たけし）
  - 2009 年　京都大学法学部卒業
    2011 年　京都大学法科大学院修了
    2012 年　弁護士登録
  - 弁護士法人中央総合法律事務所京都事務所　アソシエイト
  - 【執筆担当箇所】第 1 編第 5 章

- **大口　敬**（おおぐち　たかし）
  - 2011 年　京都大学法学部卒業
    2013 年　慶應義塾大学法科大学院修了
    2014 年　弁護士登録
  - 弁護士法人中央総合法律事務所大阪事務所　アソシエイト
  - 【執筆担当箇所】第 1 編第 4 章

- **山越　勇輝**（やまごし　ゆうき）
  - 2012 年　京都大学法学部卒業
    2014 年　京都大学法科大学院修了
    2015 年　弁護士登録
  - 弁護士法人中央総合法律事務所大阪事務所　アソシエイト
  - 【執筆担当箇所】第 2 編第 1 章

- **鈴木　啓市**（すずき　けいいち）
  - 2012年　京都大学法学部卒業
  - 2014年　京都大学法科大学院修了
  - 2016年　弁護士登録
  - 弁護士法人中央総合法律事務所京都事務所　アソシエイト
  - 【執筆担当箇所】第1編第3章

合同会社の法と実務

| 2019年2月6日 | 初版第1刷発行 |
| 2024年7月31日 | 初版第4刷発行 |

編　者　森　本　　　滋

発行者　石　川　雅　規

発行所　株式会社　商　事　法　務
〒103-0027　東京都中央区日本橋3-6-2
TEL 03-6262-6756・FAX 03-6262-6804〔営業〕
TEL 03-6262-6769〔編集〕
https://www.shojihomu.co.jp/

落丁・乱丁本はお取り替えいたします。　　印刷／中和印刷㈱
Ⓒ 2019 Shigeru Morimoto　　　　　　　　Printed in Japan
Shojihomu Co., Ltd.
ISBN978-4-7857-2697-3
＊定価はカバーに表示してあります。

JCOPY＜出版者著作権管理機構　委託出版物＞
本書の無断複製は著作権法上での例外を除き禁じられています。
複製される場合は、そのつど事前に、出版者著作権管理機構
(電話 03-5244-5088、FAX 03-5244-5089、e-mail: info@jcopy.or.jp)
の許諾を得てください。